Mantras Mexicanos

Prem Dayal Italiano de nacimiento, autor teatral, actor, director, asistente del premio Nobel Dario Fo, maestro de meditación y terapeuta, es un artista ecléctico que expresa su talento tanto en el ámbito teatral y de la escritura como en las temáticas cercanas al desarrollo espiritual. Después de haber vivido en Europa y Asia, ahora reside en México donde ha fundado el Osho Meditation Center. Entre sus obras destacan *Rock Pantomime, Tengo Sida, I Love You... Muñequita, El Miles de Plauto* y *El Claus*.

Prem Dayal

Mantras Mexicanos

Tres claves para la liberación del espíritu

Grijalbo

Mantras mexicanos
Tres claves para la liberación del espíritu

Primera edición para Estados Unidos: abril, 2013

D. R. © 2011, Prem Dayal

D. R. © 2013, derechos de edición mundiales en lengua castellana:
Random House Mondadori, S. A. de C. V.
Av. Homero núm. 544, col. Chapultepec Morales,
Delegación Miguel Hidalgo, 11570, México, D. F.

www.megustaleer.com.mx

Comentarios sobre la edición y el contenido de este libro a:
megustaleer@rhmx.com.mx

ISBN 978-607-311-683-1

Impreso en México / *Printed in Mexico*

Prefacio

En mi vida de artista, todas las veces que me han preguntado el significado de mis obras, he respondido siempre: "No tengo la menor idea". No es tarea del artista saber lo que hace. El artista es simplemente un canal a través del cual la creatividad de la existencia se manifiesta de forma impredecible, aun para el mismo artista. Entender cuál es el significado de la obra es más una tarea del público o, aún más, de la crítica. El artista es como un niño que juega, y de hecho el criterio que uso para ver si lo que estoy creando es bueno o no es preguntarme: "¿me estoy divirtiendo en hacerlo?" Si la respuesta es sí, no tengo dudas y continúo.

Entonces, también en el caso de este libro es válido este argumento, pero sólo en parte. Por un lado, escribirlo ha sido simplemente la expresión de mi alegría y del gusto que tengo por la narración, la broma, la paradoja y el irresistible placer que encuentro en provocar. Por el otro, el libro responde al propósito de ofrecer unos elementos de reflexión sobre la condición humana y de abrir, de forma semiseria, una ventana sobre el panorama de los conceptos que están en la base de la meditación.

De hecho, al escribir este libro mis dos almas se han juntado: el artista y el maestro de meditación. Era inevitable que, dedicando tantos años a conducir gente en mis talleres de terapia-meditación, coleccionara formas divertidas de explicar lo que generalmente se presenta como una materia seria, porque es típico de mi índole ver el lado cómico de todas las cosas... casi de todas.

Además, me encuentro viviendo en México, que es un país muy simpático, alivianado, abierto en el corazón, con un idioma muy, muy divertido y ocurrente, que tuve la fortuna de aprender en la calle y no en la escuela (de hecho hay expresiones que sólo sé decir en forma de groserías, y últimamente he aprendido que, por ejemplo, "estar jodido" se puede decir "estar fregado"). Tomar expresiones típicas de este idioma y de este carácter mexicano, que simpatiza a todo el mundo, y transformarlas en Mantras ha sido inevitable.

No habiendo nacido en México, sino en Italia, tuve que pedir permiso a los ancestros de esta cultura, que mezcla lo hispánico y lo prehispánico, para poder hacer ironía sobre una cultura que no es la mía… aun si la siento bien cercana. Amo este país con todos sus defectos; le estoy muy agradecido por el calor con el cual me ha acogido como uno de sus hijos, y, por cuanto me pareció recibir del permiso de los ancestros, espero recibir también el de ustedes.

Este libro es el resultado de lo que la historia de mi vida ha hecho de mí: mis padres, mis hijos, mis amigos, encuentros casuales, mujeres, amantes, libros, películas, mi maestro de teatro y amigo Armando Pugliese, el grande Dario Fo, mi maestro de mimo Hugo Suárez… y más que todos, estalla en el cielo un nombre: Osho.

Me gusta decir que no hubiera Prem Dayal si no hubiera Osho. Me siento bendecido de ser uno de estos seres que fueron tan afortunados de tropezar con la gracia de un maestro, descubriendo la delicia de ser un discípulo. Si la experiencia de la iniciación espiritual es la de un renacimiento, puedo decir que lo he vivido.

En estas paginas Osho está tan presente que a veces no sé si el que escribe soy yo o él. Son veinticinco años que me acompaña cotidianamente en mi camino y son tantos los libros que he leído, son tantas la horas de escucharlo y verlo, que al final empiezo a no saber dónde termino yo y dónde empieza él. Por esto, excluyendo un par de veces, he evitado citarlo.

Y por terminar los agradecimientos. Necesitaría el espacio de otro libro para citarlos a todos. Unas de las riquezas de mi vida son las innumerables personas que siempre he encontrado listas a enriquecer mi vida de tantas formas. Pero al menos dos merecen ser nombrados. Mi amigo Rajan, que parece ser un ángel de la guardia, alguien que verdaderamente me quiere en cualquier parte del cielo, me lo ha puesto para protegerme las espaldas con su infinito corazón e infatigable entrega. Y a Nayeli que, pacientemente, mirándome pasar horas y horas riéndome solito en mi computadora preparando este libro para ustedes, ha sido la primera lectora de cada capítulo, mi vocabulario viviente (el libro lo he escrito en castellano que no es mi idioma), mi consejera en la fase de corrección y mi implacable censora cuando mi manía de provocar se pasaba de la raya.

Por último. He pedido a mi corrector de estilo dejar el estilo exótico en el cual me expreso en castellano, porque éste no quiere ser un libro correcto, sino un libro vivo.

Buena lectura amigos.

Con amor, Dayal.

Introducción

¿Cómo empezó todo este relajo? No tengo la menor idea. El buen viejo Sócrates decía: "Lo único que sé es que no sé nada". ¡Si no lo sabía Sócrates pueden imaginar qué sé yo! Pero hay un chingo de gente que dice saber mucho, que por lo tanto es mucho más inteligente que yo y que Sócrates... que al final como compañero de banca no es de quien te puedas avergonzar. Hay quien habla con los ángeles, quien habla con los muertos, quien con criaturas del bosque, con extraterrestres, con duendes, animales... y los más afortunados hablan por larga distancia directamente con Dios...

Desafortunadamente, a menudo pasa que esta misma gente, que se encuentra a todo dar hablando con fantasmas, plantas, ovnis, ovinos, bovinos y todo tipo de bestias, tiene serias dificultades para comunicarse con sus propios hijos, su pareja, o con el güey del *valet parking*.

Hay quien cree en antiguas mitologías y te sabe dar hasta la dirección y código postal donde se encuentran el paraíso y el infierno y quien, incluso, puede darte el número verde 01800 de atención al cliente del otro mundo, sin hablar de los más afortunados que llegan a tener hasta el celular de San Pedro para intentar sobornos. Hay quien, con calendarios y cálculos astronómicos, te arregla todo el desorden cósmico, quien conoce fórmulas milagrosas para resolver cualquier problema (si conocen alguien capaz de hacer recrecer el pelo díganmelo por favor, estoy dispuesto a convertirme a cualquier religión)... Hay quienes sostienen que vienen de otros planetas, y pueden exhibirte incluso el pasaporte de Venus o de Quirón (que nadie sabe qué es ni dónde está); hay quien te revela el *Secreto*, pero te lo revela si lo pagas; hay otros que te lo esconden; hay quien te cobra pero no sirve de nada y quien no cobra pero lo mismo no sirve y por lo tanto es más conveniente porque al menos es gratis; hay *walk in* y hay *walk out*, que nunca se encuentran entre ellos. Hay muchos que se iluminan y aún más que se fulminan... Y éste es bueno porque, con todós estos que se iluminan, la gente normal se siente un poco pendeja pero, mirando a los que se fulminan, se sienten mejor y van a festejar en una cantina con los amigos. Hay quien no habla por sí mismo, si no que escucha voces de otras entidades o espíritus… y si hay unos de estos que escriben libros y ganan admiradores, hay otros menos afortunados que terminan en el psiquiátrico. Y al final hay los "canalizadores": los que hablan por cuenta de otros que ya han muerto o que están todavía por nacer, o que no se sabe quién demonios son. Hay quien "canaliza" a Nostradamus, San Francisco, Lord Shiva, la Grande Madre, el Gran Hermano, Mary Poppins, el Pato Donald…

Siempre he querido escribir un libro para poner en papel lo que me pasa por la cabeza y los argumentos con los cuales entretengo a mis amigos en talleres y conferencias, pero pónganse en mi lugar: ¿Cómo puede escribir un libro que tenga un poco de credibilidad alguien como yo, que es ignorante como el pobre Sócrates, que nunca recibió un telefonazo, no digo del Arcángel Gabriel sino tampoco de su secretaria, que nunca tuvo una visión ni de una miserable cucaracha dando un sermón, que no viene ni de Venus ni de Quirón sino de un pinche pueblito del sur de Italia, que ha estado mucho más cerca de la fulminación que de la iluminación, que no es un *walk up and down*… y que, además, ni sabe hablar correctamente el español?

Pero el otro día, caminando por la Condesa (¿no la conocen? ¡Está de poca madre…!), me preguntaba a mí mismo: "Dayal, ¿cómo es posible que te pasen tantas pendejadas por la mente? ¡No es posible que tal cantidad de tonterías se produzcan todas solitas en una cabeza tan chiquita!"

Era claro que había alguien que estaba hablando dentro de mí, en mi lugar. ¡Pero esto es sensacional! —me dije—. ¡Yo también soy un *chaneller*, un "canalizador"! ¡Yo también soy un ser excepcional! ¡Yo también recibo mensajes de verdad del más allá! ¡Yo también puedo escribir un libro! Pero, ¿quién será esta entidad a la que estaba canalizando? La cosa rara era que esta voz me hablaba en español, o mejor dicho en mexicano… O para ser más preciso en chilango; y yo hablé y pensé toda mi vida en italiano.

Fue allí cuando me di cuenta de que algo misterioso estaba ocurriendo en mi vida. ¡Fue allí que con gran emoción me di cuenta que estaba canalizando al famosísimo Pancho López!

Era hora de empezar a escribir.

PRIMERA PARTE

LA GÉNESIS

Al principio era el caos

¿En el principio era el caos? ¿O era el verbo? ¿Todo empezó con una explosión magnética? ¿O un hoyo negro? ¿Era el alfa o el omega? ¿Quién tocó el Big Bang? ¿O tocaron el yin yang? ¿O hay un Dios que tiene un taller de barro, que hace estatuitas, les escupe encima y las avienta sobre el planeta? ¿O fue Con-Tiqui Viracocha quien apareció de repente en el peruano lago Titicaca con los primeros humanos, esmerándose por crear el sol, la luna y las estrellas para iluminar el mundo? ¿O es el chino Pangu que, nacido del Huevo Cósmico (y no de la hueva cósmica, como sostiene erróneamente Pancho López), creó el cielo con la parte superior del cascarón del huevo y con la inferior la tierra? ¿O fue el Dios babilonio Marduk (y no Mierduk como dice Pancho López para fastidiar a los babilonios) quien dividió el cielo de la tierra cortando en dos al monstruo marino Tiamat? ¿O la responsable de todo es la Trimurti, el alegre trío hindú de Brahma, Vishnú y Shiva? ¿O fueron Tepeu y Kukulkán al encargar a Huracán —el corazón del cielo—, crear todo intentando primero con el lodo, después con la madera y finalmente con el maíz? ¿O son Caín y Abel... o Rómulo y Remo...? ¿O pertenecemos al mundo virtual de Matrix...? ¡Qué confusión...! ¿O fue a la sombra de las pirámides que el Dios solar Atum, nacido del océano primordial Nun, creó con la saliva el vacío Shu y la humedad Tefnut, de donde surgieron Geb y Nut, la tierra y el cielo (¡esto está complicado!), que a su vez crearon a Osiride, Iside, Seth y Nefti, cuatros hermanos de los cuales nació incestuosamente toda la humanidad? ¿O se trata de isótopos estables y biomarcadores moleculares, que entraron en contacto con ácidos nucleicos, procariotas filogenéticos y biomoléculas ramificadas, que si los mezclas todos juntos te hacen una sopa primordial que, con un poco de chile y limón, te sabe a eternidad?

Yo no sé cómo empezó todo este desmadre cósmico, pero sé cómo empezó mi desmadre personal, que es más o menos el mismo desmadre que ocurre a todos los que se ganan el boleto para subir a este planeta.

Lo que es cierto es que llegamos todos como expresión de la deslumbrante grandeza del misterio de la existencia. De hecho, mira a los niños de este mundo: todo lo que encuentras en sus ojos es pureza, honestidad, generosidad, confianza, inteligencia, valor, sencillez… no hay un niño que no sea totalmente noble. Los niños son gente muy bonita.

Después mira a un grupo de seres humanos adultos: un grupo de licenciados, profesionistas, señoras, comerciantes, políticos, administradores, policías y amas de casa, que lidian con sus vidas cargados con sus manías, ambiciones, miedos, mentiras, timideces, cálculos, hipocresías… y te preguntarás: ¿Dónde quedó toda esta gente tan bonita que había llegado a este mundo? ¿Qué ha pasado a la humanidad? ¿Cómo sucedió todo este relajo?

Del oro al plomo

Todos sabemos que, desde siempre, la humanidad ha sido forjada por padres, maestros y sacerdotes. Lo que, sin embargo, no todos saben es que padres, maestros y sacerdotes son refinados alquimistas que, en sus antiguos laboratorios a los cuales han dado los nombres bonitos de familia, escuela, gobierno, iglesia o templo, se transmiten de padre a hijo los secretos de su arte. Y gracias a milenios de experiencia logran realizar el sueño que miles de alquimistas tradicionales han perseguido desde siempre, buscando la piedra filosofal entre polvos mágicos, fórmulas químicas y alambiques coloridos. ¿Transformar el plomo en oro? No, al revés: transformar el oro en plomo.

Estos extraordinarios brujos son capaces de tomar seres inocentes, confiados, puros, sanos, nobles, íntegros y relajados, y transformarlos en neuróticos, pervertidos, enfermos, sádicos, hipócritas, tímidos y llenos de culpa, ambición, celo, envidia, avidez y violencia. ¿No es extraordinario?

Ora imaginemos que sea verdadera la historia, un poco infantil pero poética, de que un Dios con la barba blanca haya creado al hombre a su imagen y semejanza, y no al revés como sostiene Nietzsche.

De hecho me parece mucho más verosímil que, como dice el filósofo alemán, sea el hombre quien ha creado a Dios a su imagen y semejanza. De hecho si los burros fueran tan burros de crear una religión, ¿ustedes piensan que podrían aceptar la idea de un Dios con forma humana? Seguramente creerían en un Dios en forma de burro. Claro, un burro rampante en estilo Ferrari, con la melena toda blanca y la cola larga y peluda, flameante en el cielo azul, con una sonrisa irresistible y un rebuzno de tenor... ¡Pero siempre un pinche burro! Bien lejos de una forma humana. A lo mejor hubieran elegido la forma humana para representar al diablo, considerando todo lo que los humanos han hecho sufrir a los pobres burros.

Pero nosotros quedémonos con la bella imagen de este Dios artesano en su taller renacentista... Una especie de Miguel Ángel del barro. Señores, este Dios no es simplemente un artista, este Dios es el más grande artista de todos los tiempos. No es un simple Dios, ¡éste es un señor Dios! Un artista que produce continuamente toda clase de cosas ¡Y no en serie! Sino al contrario, produce miles, millones, billones, architetramillones de piezas absolutamente únicas e irrepetibles.

Sé que la historia que nos contaron habla de que Dios creó todo el mundo en siete días, pero francamente no lo creo posible. ¿Pero cómo? ¿Trabajó sólo siete días? Ni siete, ¡porque uno se lo tomó de vacaciones! ¿Y después? ¿Qué hizo desde ese entonces? ¿Nada más? ¡Ni siquiera fumar opio...! y la sospecha de que era un fumador de opio te viene cuando ves el desmadre que ha creado.

Yo puedo entender que uno, después de una semana de trabajo, se tome un par de días de descanso... Puedo entender que se tome una semana... Un mes... Quiero exagerar: ¡un año sabático! Pero no toda la eternidad. ¿Y qué hace desde ese entonces? ¿Mira televisión por cable? ¿Es un apasionado del futbol americano? ¿Juega solitario? Nunca se vio alguien tan flojo. Se dice que los artistas son huevones, pero este Dios no es un huevón, ¡éste es el rey de los huevones!

No, no, no sucedió todo en siete días. Pancho López me asegura que el taller de Dios funciona todavía a pleno régimen, y Dios continúa trabajando con el mismo entusiasmo que tenía incluso antes que hiciera a Adán, Eva, la serpiente, el árbol y la manzana.

Entonces Dios, en su siempre verde entusiasmo, decide regalar al mundo una nueva obra de arte. Y así, con toda la entrega, todo el amor, y todo el genio del cual es capaz, crea un nuevo ser humano y lo envía sobre este planeta en forma de bebé recién nacido.

¿Te has dado cuenta alguna vez de que tú, así como eres, eres un ser único e irrepetible? Uno como tú nunca había aparecido desde la eternidad del pasado y nunca va a repetirse en la eternidad del futuro. Sí, sí, piénsalo un momento. Si un pinche artista no hace dos obras iguales, imagínate Dios, que es el padre de todos los artistas. ¡Dios no hace las cosas en serie! ¡Dios no es la Volkswagen!, y lo siento por los catolicísimos poblanos, pero no vive en Puebla. Dios la única cosa que sabe de Puebla es lo de la batalla, por reminiscencia escolar.

Entonces un bonito día finalmente llega al mundo este bebé.

Cuando llega un bebé recién nacido, mirándolo, la primera preocupación que te viene es: ¿Quién es éste? ¡Dios quiera que no sea otro pendejo! Y la preocupación es comprensible porque basta mirar alrededor para entender que el mundo no aguantaría uno más. Pero, si miras el asunto en profundidad, ésta es una preocupación totalmente inútil, porque no hay niño que no nazca como expresión completa y brillante de la gloria del Dios que lo ha creado. No hay niño que no lleve dentro de sí todos los elementos que sacados a la luz, a lo largo de su crecimiento, revelarán cuál es la nota singular e inigualable que Dios quiso agregar para enriquecer la sinfonía del universo. No hay niño que no sea Oro Puro.

Si hay un chingo de pendejos, la responsabilidad no es de Diosito, es de alguien más. Pero esto lo vamos a ver al ratito.

Ahora, ¿qué haría una sociedad donde los padres fueran simplemente padres, los maestros, maestros, y los sacerdotes, sacerdotes? ¿Qué postura tendría una sociedad evolucionada, humana, inteligente, que vive en el amor y la gratitud para la compasión de Dios, frente a este pedacito de Oro Puro llegado del más allá?

Probablemente diría: ¡Guau! Mira este nuevo que llegó. ¿Quién sabe quién es? ¿Qué cosa podemos hacer nosotros, que somos poderosos, expertos, inteligentes, intuitivos y sensibles, para crear las condiciones para que él revele todo su potencial? ¿Cómo podemos individualizar los instrumentos, el territorio y el ambiente apto para que este nuevo ser pueda desarrollar sus particulares talentos, sus únicas características, su exclusiva e irrepetible forma de sentir, de amar y de expresar la gloria de la existencia? ¿Qué podemos hacer para permitir que todo el potencial que está contenido en este ser pueda manifestarse con toda su gloria, sin interferir con la pureza de su creación y poder honrar este regalo que nos ha hecho el Gran Artista, manifestándole de esta forma toda nuestra gratitud?

¡Eso sería fantástico…! Y de hecho lo es, en el sentido de que esto se encuentra sólo en la fantasía. Desafortunadamente para los niños, gracias a nuestros "sabios" alquimistas, estamos condenados a todo otro destino.

Cuando llega al mundo un niño inocente en su forma de Oro Puro, estos alquimistas que se llaman padres, maestros y sacerdotes vienen poseídos del fuego de su misión y no pueden resistir al impulso de cumplir su siniestra magia: convertir el oro en plomo, sacrificando a la criatura inocente sobre el altar de la mentira y del abuso.

La alquimia "Patas Pa' Arriba"

¿Cómo se produce este milagro de la alquimia "Patas Pa' Arriba" o "Alquimia al Revés"? Es muy sencillo. Presten atención porque ahora Pancho López nos va a revelar los antiguos secretos, para que tú también puedas volverte un pequeño alquimista (al revés) y empieces a practicar.

La primera y fundamental cosa por entender es que los niños no saben nada, confían completamente en ti y son ingenuos de una forma tal, que puedes hacerles creer cualquier clase de pendejadas.

Prueben, es muy divertido.

La segunda cosa es entender que los niños no tienen ningún poder: no tienen fuerza física, no saben hablar bien, no tienen la tarjeta de crédito, no saben manejar el coche, son completamente dependientes y, más que todo, no hay nadie que los defienda. Por eso puedes aprovecharte de ellos como quieras, forzándolos a hacer lo que te da la gana sin darles ni siquiera explicaciones. Y si no entienden por las buenas, puedes siempre intentar por las malas. Y esto es fantástico porque te hace sentir muy poderoso y, aun si con tu jefe te dejas humillar como una oveja, al menos con los niños puedes sentirte un león. ¡Prueben! Hace mucho bien a la autoestima.

Entendidos estos dos principios de base, lo restante es fácil como tomarse un vaso de agua; tienes sólo que estar atento a un par de cositas.

Una vez que lograste tener al niño en tu poder, tienes que estar muy atento para contestar de forma precisa a la pregunta que es la base de todo el delicado proceso de alquimia al revés. La mágica pregunta es: ¿Este niño para qué me sirve? ¿En qué cosa quiero convertirlo? ¿En un mexicano? ¿En un alemán? ¿En un católico? ¿En un hindú? ¿En un judío? ¿En un comunista? ¿En un fascista? ¿En un baterista? ¿En un soldado? ¿En un contador? ¿Un doctor? ¿Un refrigerador? ¿Un elevador…? ¿Quiero que tenga afición por la filosofía o las matemáticas? ¿Por el budismo o la iglesia luterana? ¿Por el Real Madrid, el Milán o el club de Mickey Mouse?

Una vez que contestas a esta pregunta fundamental, tienes sólo que encontrar la forma de doblar su naturaleza a tus expectativas y empezar alegremente tu trabajo.

Prácticamente, el trabajo del alquimista "Patas Pa' Arriba" es convertir obras de arte en Volkswagen. ¡Dios te envía a este mundo en forma de Mona Lisa y ellos te transforman en un pinche Vocho! Si eres afortunado te vuelves un Jetta, y si te va de pelos te conviertes en un Bora. Buen coche, pero nada que ver con la grandeza de la Mona Lisa.

No piensen que tengo nada contra la Volkswagen, al contrario, reconozco a los alemanes, aparte de unos problemillas que han creado a la humanidad el siglo pasado, la capacidad de enriquecer el mundo con cosas bellas y funcionales.

Pero no es una cuestión de coches. El objetivo es convertir obras de arte en productos comerciales que puedes usar según tus deseos.

Dios está desesperado. Desde toda la eternidad le destruyen el trabajo que Él hace con toda su pasión. Dios está en una crisis total… Yo pienso que va con el psicólogo… o se ha suicidado. Es como si Miguel Ángel te pinta la Mona Lisa (en realidad la pintó Leonardo, pero para Pancho López no hace ninguna diferencia) y todo feliz te la enseña, emocionado como un niño en la presentación en la escuela. Y tú tomas un plumón y le dices: "¡Bravo! Pero espera un momentito… Aquí le metemos unos bellos bigotes como los del tío Alonso… Aquí le ponemos un ojo negro que se ve más interesante… Le quitamos un diente, así se ve más chistosa… Y le cortamos también el pelo pa' que se vea más ordenada".

Esto es lo que al final terminamos por ser nosotros: Monas Lisas con bigotes, un ojo negro y sin un diente.

De la educación al adiestramiento

La palabra *educar* viene del latín "educere", que significa sacar a la luz lo que está escondido dentro. Educere, educar. ¡Qué bonita palabra! ¡Y qué bonito significado tenía originalmente!

A mí me gustaría ser educado. Me encantaría encontrar alguien más experto, más maduro, más fuerte, más poderoso y más rico que yo, que me guiara para saber quién soy, para descubrir cuáles son mis verdaderos talentos y que me ayudara a realizarlos. Me encantaría encontrar a alguien que me apoyara a buscar y cumplir mi destino.

Desafortunadamente los famosos alquimistas "Patas Pa' Arriba", para convertir el oro en plomo, han cambiado un poquito el sentido de esta antigua y noble palabra latina, transformando la "educación" en el "manual de adiestramiento del pastor alemán".

¿En qué consiste? Fácil: sofocar todo lo que es natural para sustituirlo con las ideas, los conceptos, la moral y los dogmas de los padres de nuestras tradiciones.

En otras palabras, tienes que tomar todo lo que ha hecho nuestro amado Diosito, que está evidentemente todo equivocado, tirarlo a la basura y sustituirlo con ideas arbitrarias dictadas por las expectativas, los miedos, los deseos y los prejuicios colectivos de la sociedad a la cual perteneces. Obviamente cada padre tiene también la libertad de agregar un marco particular sobre sus propias criaturas: el así llamado marco de familia.

Si quieres practicar exitosamente el arte de la alquimia "Patas Pa' Arriba", necesitas tener un poco de paciencia y dedicación, porque los niños al principio tienden a resistirse. Pero no te desanimes a las primeras dificultades, porque, si se oponen a tu arte alquímica, hay métodos comprobados para enseñar a los infantes cualquier tipo de barbaridad que te guste, y éstos son: los reproches, la manipulación, la mentira, la seducción, la culpa, el miedo, el chantaje, las amenazas, el descuido, los golpes, la tortura, la reclusión… Si sigues estos métodos tradicionales tú también podrás, como los adiestradores de perros, transformar seres humanos libres y orgullosos en obedientes fenómenos de circo.

Lo "lindo" es que cuando eres niño nadie te defiende. Es como les pasó a las mujeres cuando eran tratadas como esclavas. Las mujeres tuvieron que esperar hasta el siglo pasado para lograr una paridad de derechos, que ha constituido el advenimiento de una primavera de la evolución humana. Esto en el mundo occidental, porque en oriente, desafortunadamente, es todavía pleno invierno.

Pero no se preocupen, para los niños esta primavera de la conciencia está todavía muy lejos de llegar. En todo el tercer mundo, por ejemplo, los niños son esclavos para todos los efectos, y en el mundo occidental tuvimos que esperar a un educador judío de nombre impronunciable, muerto en el campo de concentración de Treblinka, para tener una carta de los derechos de los niños: Janusz Korczak. Pero a pesar de este mártir de la niñez, todavía en mis tiempos en las escuelas se usaban castigos corporales y humillaciones. Ahora es impensable, al menos en el mundo "civilizado". Pero la práctica de golpear a los niños con cinturones, palos, chanclas, escobas, cables de la electricidad o cualquier objeto que te quede a la mano, es todavía muy, muy común en las familias contemporáneas, especialmente en las áreas en vías de desarrollo. El setenta por ciento de los participantes en mis talleres ha sido brutalmente golpeado en su niñez; algunos con una frecuencia diaria. Y estoy hablando no de familias especiales, sino de familias absolutamente "normales"; gente religiosa y temerosa de Dios que el domingo puedes encontrar, toda elegante, chismeando en cualquier iglesia o templo de cualquier ciudad. Y por muy horrorosa que sea esta realidad, me divierte mucho la cara que ponen mis participantes cuando les digo: "¿Se dan cuenta que la mayoría de sus padres tendrían que estar en la cárcel?"

Piénsalo bien: si tú en la calle golpeas con el cinturón a alguien, te vas a la cárcel. ¿Correcto? Y si te agarran por segunda vez, te van a dar una condena mayor, por reincidente. ¿Cierto? Y si lo haces muchas veces, probablemente al final te van a meter al manicomio. Si te encierran por golpear a un adulto que de cualquier forma tiene la posibilidad de defenderse o huir, ¡imagínate cuál tendría que ser la pena para quien golpea a un niño indefenso!

Los niños están en una situación de la chingada… (sé que la palabra *chingada* es una grosería, pero les recuerdo que yo canalizo a Pancho López… y además la verdadera grosería es la forma como la humanidad vive y no la forma como habla).

Cuando eres adulto, si una situación no te gusta, puedes siempre intentar cambiarla. Y de hecho cambiamos de todo: cambiamos de trabajo, cambiamos de pareja, cambiamos de amigos, cambiamos de ciudad, país, continente, región, religión… Nos pintamos el pelo, nos hacemos un trasplante, nos quitamos las arrugas, cambiamos de nombre, cambiamos de color… Cambiamos hasta de sexo.

Los niños, por el contrario, no tienen la posibilidad de cambiar nada. Son prisioneros de la familia en la cual nacen. Si no les gusta su familia, no la pueden cambiar. Y la paradoja es que no sólo tienen que sufrir a esta banda de locos que se pelean, se mienten, se traicionan, se contradicen, se insultan y los torturan de varias formas, sino que tienen también que respetarlos. Pena: el infierno.

Oh, sí, queridos amigos, ésta es una de las tantas astucias de los alquimistas al revés. Entre los mandamientos seguramente han notado que está uno que parece inocuo y totalmente legítimo: honrarás a tu padre y a tu madre.

Los invito a reflexionar sobre este tema: ¿Qué necesidad hay de este mandamiento? ¿Por qué lo pusieron? Si los padres fueran personas respetables, ¿qué necesidad hay de poner un mandamiento que impone respetarlos? ¿No les parece un poco raro? ¿No les viene la sospecha de que, si pusieron este mandamiento, es porque no son respetables? ¿No tiene, este mandamiento, el olor de una trampa?

¡Y no echen la culpa a Dios por haber puesto un mandamiento tan tramposo! Él fue forzado, por su gran compasión hacia Moisés, a crear todos estos mandamientos. Y dado que Moisés tenía poco tiempo, porque estaba buscando algo que le habían prometido, Dios tuvo que inventar todos estos mandamientos, presionado por la prisa. Y con prisa, ya se sabe, las cosas no salen bien.

La historia de los mandamientos

La historia es que Dios en verdad tenía un sólo mandamiento, y no era tampoco para el pueblo judío: era para los babilonios y los egipcios. El único mandamiento era: "no desearás a la mujer del otro".

El asunto era que estos dos pueblos se la pasaban a toda madre, pero tenían un problema: cogían como conejos, sin respetar quién era de quién. Esto causaba muchos conflictos y confusiones que a veces acababan en peleas, golpes, asesinatos y hasta guerras. Y entonces Diosito un día, en su infinita compasión, se puso a caminar arriba y abajo por su baranda, devanándose los sesos para encontrar una solución a este problema: "¿Qué hago, qué hago...? ¿le corto el...?, no, no, no es una buena idea... ¿le tapo la...?, no, no, tampoco es una buena idea...". Y después del quinceavo café, cuando las manos le empezaban a temblar, tuvo finalmente una genial idea: "¡Haré un mandamiento! *No te cogerás a la esposa del vecino*". Pero después sintió que era una forma demasiado cruda para enseñarla a los niños en el catecismo y la cambió por la más elegante: "No desearás a la mujer del otro".

Y así, todo emocionado, partió para entregar este nuevo regalo, imaginando, lleno de ilusión, el entusiasmo con el cual iban a recibir esta bella sorpresa.

Primero llegó a Egipto, justo mientras los egipcios estaban haciendo una de sus fiestotas para celebrar a Horus, el Dios Sol... (Lo sé, lo sé, ahora me van a decir: ¿Pero cómo, veneraban a otro Dios? Ya se los dije: no existían los otros mandamientos, y cada uno era libre de hacer lo que le daba la gana. No existía el mandamiento que dice: "Amarás a un solo Dios" …Aparte de que este mandamiento, según yo, tampoco es posible que lo haya inventado Diosito. ¿Cómo es posible imaginar la idea de un Dios que sufre de celos? Yo no puedo creer que Dios sea tan inseguro de sí mismo para vengarse mandándote al infierno por la eternidad, sólo porque de vez en cuando te la pasas bien con Shiva, Halla o Manitú.)

Cuando los egipcios lo vieron llegar, caminando un poco desorientado en medio del relajo general, lo acogieron gritándole:

—¡Hola, Diosito! ¿Qué onda? Ven, siéntate con nosotros sobre este sofá y tómate una copa.

Dios, que después haber caminado en el desierto por días tenía una sed de la chingada, agarró una copa y se la echó "de Hidalgo": los ojos se le salieron de sus órbitas, se le enchinaron todos los pelos del cuerpo y tosiendo un flamazo, gargajeó:

—¡Putísima madre! ¿Qué es esto?

—Tequila Tutankamon —exclamó orgulloso el faraón—; resucita a las momias.

El pobre Diosito tuvo que quedarse sobre el sofá por un par de horas, antes de poder recordar quién era y qué estaba haciendo allí, y cuando pudo mantenerse otra vez más o menos de pie y recuperar casi el uso correcto de la palabra, tambaleándose, fue en busca del faraón, quien, en el ínter, estaba sobre otro sofá, ocupándose precisamente de la esposa de un vecino.

Se acercó tímidamente y, después de muchos intentos, se las arregló para conquistar la atención del jadeante señor.

—Señor fa… faraón… Señor fa… faraón… Te… tengo un regalo pa… pa… para usted —le dijo en la forma más clara que el maldito tequila Tutankamon le permitió.

—¿Qué… tienes? —contestó el faraón sin parar lo que estaba haciendo.

—Un ma… mandamiento —le dijo con una sonrisa emocionada que daba ternura.

—¡Ah…! Un ma… mandamiento… Interesante… —dijo el faraón acomodándose mejor a la esposa del vecino—. ¿Y… de qué se trata?

Diosito tomó aire y de un aliento declaró:

—No de… desearás la mujer del otro.

De repente se hizo un gran silencio alrededor. El faraón se levantó de encima de la vecina y, subiéndose el cierre de sus pantalones dorados, empezó a sonreír con evidentes signos de empacho:

—Graaaacias amigo… Qué buen detalle… te lo agradezco muuuuucho… perooooo… —volteó alrededor para encontrar el apoyo de los demás—, pero… la verdad es queeeee… es que no podemos aceptarlo… ¿Cómo te lo explicooooo…? Si no podemos ir más con la mujer del otro… nos quitas toda la diversión.

Todos alrededor empezaron a dar señales de asentimiento con la cabeza, y entonces el faraón agarró más ánimo y continuó:

—Compadre, ¿para qué complicarnos la vida con esta historia del mandamiento? Escucha a tu hermano, quítate de la cabeza esta idea rara que te vino y quédate aquí con nosotros. Aquí la pasamos a toda madre, porque todas las mujeres, dado que los esposos están ocupados en cogerse a las vecinas, están disponibles todo el tiempo y no hay más que escoger. ¡Éste es el país más chingón del mundo!

Diosito en este punto se engulló otro Tutankamon y se tiró sobre el sofá tratando de olvidar la desilusión.

Después de unas horas de delirio alcohólico, durante las cuales tuvo una visión de la Virgen de Pompeya que le hablaba en napolitano preguntándole qué es el Espíritu Santo, estaba otra vez de viaje hacia la tierra que, entre el río Tigris y el río Éufrates, regala al planeta un pequeño paraíso. Y durante todo el viaje lo atormentó la misma pregunta: ¿Dónde estaba la esposa del faraón?

Cuando llegó a Babilonia las cosas se pusieron hasta peor que en Egipto. Todo el mundo estaba en medio de una fiesta que, en comparación, la de los egipcios parecía fiesta de kínder. Hacía cuatro días que no paraban: estaban todos borrachos y medio encuerados;

había basura por todas partes y, los que todavía podían hacerlo, bailaban las notas desafinadas de los pocos músicos que podían todavía mantenerse en equilibrio sobre sus pies.

Cuando lo vieron llegar con sus chanclas, todo lleno de polvo, con el pelo revuelto y los ojos desorbitados que expresaban todo el vacío del desierto y la ferocidad del famoso tequila Tutankamon, se pusieron a reír de una forma que no podían ni hablar. Señalándolo se bamboleaban sosteniéndose uno con el otro, caían de rodillas, se revolcaban en el piso y, deteniéndose la barriga, trataban de templar los sacudimientos para sobrevivir a la carcajada.

Diosito, a pesar de ser un tipo bastante seguro de sí mismo y a pesar de que a Babilonia y los babilonios los había creado Él, no pudo evitar sentirse un poquito fuera de lugar.

Los babilonios trataron de todas formas de reprimir las risas arriesgando infartos, derrames cerebrales e incontinencia fulminante, y sólo después de muchos intentos terminados míseramente, se las arreglaron para pronunciar unas palabras:

—Di… disculpe… Di… Diosito… —dijeron tratando de no mirarse en la cara uno con el otro para no explotar en risas otra vez—, estamos… nos estamos… ¡Nos estamos dando una divertida…!

Diosito, intentando agarrar otra vez el entusiasmo y su proverbial optimismo, sacó una bella sonrisa y con la entonación típica de quien está por dar una sorpresa, cantó:

—Adivinen qué les traje.

—¿Marihuana? —rebuznó un parrandero que asistía a la escena asomado por la ventana de un primer piso.

Fue imposible contener la risa. Todos explotaron otra vez retorciéndose en los dolorosos espasmos de la carcajada, sin poder parar por otros veinte minutos, a pesar de los esfuerzos que hacían para calmarse pellizcándose unos a otros y tratando de pensar en cosas tristes. Al final un chaparrito con poco pelo, empapado en lágrimas y con la expresión de la cara deshecha por la risa, pudo babear:

—¿Qué… qué… qué cosa nos trajiste?

Diosito, peleando con todas las dudas que crecían en Él desde la mañana, cuando tuvo la pésima idea de ponerse de viaje, tomó el valor para decir tímidamente:

—Les traje un mandamiento.

¡Fue una explosión! Los babilonios perdieron cualquier esperanza de controlarse: se tiraban al piso retorciéndose en el polvo, se agarraban a cachetadas uno con el otro, azotaban la cabeza contra el suelo, un par de ellos empezaron a vomitar sobre los demás y el parrandero del primer piso se tiró por la ventana.

El pobre Diosito tomó el camino de regreso a casa con la cola entre las patas, mientras sentía las carcajadas alejarse detrás de Él.

Para quitarse la desilusión, y también porque no tenía nada que hacer, decidió regresar paseando por el desierto, y mientras caminaba agarrando a patadas una lata de cerveza que alguien había tirado por allí, vio a lo lejos a alguien que caminaba. Era uno como Él, con las chanclas y la barba llenas de polvo, que miraba por todas partes, como si buscara algo. Inmediatamente nació una simpatía. "Ésta me parece una persona seria —pensó—. Éste, me parece que podría finalmente estar interesado en mi mandamiento." Y decidió acercarse.

—¿Hola, qué tal?

Moisés lo miró con desconfianza, pero Dios no se desmoralizó, y fue directamente al grano:

—¿Quieres un mandamiento?

Moisés, para sorpresa, contestó:

—¿Cuánto cuesta?

Dios no se esperaba esto. "¿No será otro excéntrico como estos brutos egipcios y babilonios?", pensó. Y con toda su inocencia dijo:

—Nada… es gratis.

—Entonces dame diez —contestó Moisés, con aire de quien está haciendo un buen negocio.

Agarrado de contragolpe, Diosito no supo qué responder y, para no quedar mal con este simpático peregrino, tuvo que inventarse los otros nueve mandamientos, mientras Moisés, con el aire de quien no tiene tiempo que perder, lo acosaba:

—¡Rápido, rápido!, que estoy buscando algo.

¡Es por culpa de la maldita prisa que no le salieron muy bien estos diez mandamientos!

Ésta es la historia… así al menos la he canalizado de la infinita sabiduría de Pancho López. Sé que no es muy creíble, pero nos hicieron creer tantas chorradas, como que estaba a la altura de las demás.

Un dios infernal

Entonces: honra al padre y la madre.

La situación prácticamente es ésta: tú tomas a un niño inocente e indefenso y, para forzarlo a volverse como tú quieres, lo manipulas, lo ofendes, lo amenazas, le mientes, lo chantajeas, lo castigas, lo agarras a palazos… y después ¡lo obligas también a honrarte! ¡Pero esto es demasiado! Ni siquiera los nazis eran tan crueles. Ellos también torturaban a sus prisioneros, pero tenían al menos el mínimo de humanidad de no pretender que, a pesar de todo, los honraran también.

Nos dan la idea de un Dios infernal que no tiene piedad con sus hijos. Un Dios celoso, susceptibilísimo y despiadado, capaz de castigarte horrendamente por cualquier cosa. Por cualquier pendejada, que hasta en el tribunal más severo de este mundo te condenarían apenas a unos años de cárcel con libertad condicional, el "compasivo" tribunal de este Dios te condena por la eternidad al infierno; no sólo si cometes un pecado, sino también si sólo piensas en cometerlo. Una especie de Tom Cruise en *Minority Report*.

Y espantan a los niños contándoles unas historias del infierno que son de película de horror. De un Dios feroz y sin piedad, capaz de dejarte en las manos de demonios pervertidos que te torturarán atrozmente. ¡Y no por una noche, repito, por la eternidad! Un Dios que tiene un corazón tan insensible, como para dejar a sus hijos por la eternidad plantados de cabeza en el estiércol, con los pies en las flamas, o cubiertos de brea líquida e incandescente; o perseguidos eternamente por manadas de perros famélicos que los devoran; o sumergidos en el Flegetonte, el río de sangre hirviente; o sepultados en el hielo; u horrendamente mutilados por las espadas de los demonios, con la maldición de que las heridas se sanan rápidamente para poder continuar siendo víctima del mismo suplicio por la eternidad.

Es obvio que los niños tienen más miedo de Dios que del diablo. Al final el diablo es un pobre diablo que te propone siempre algo divertido como comer chocolate, hacer travesuras, tocarse el pipín... Al contrario, este Dios no es divertido para nada: te manda a la tristísima iglesia, te hace rezar cantinelas sin sentido, y te mira siempre con una jeta que parece que sufre de constipación desde la creación del mundo; siempre con el dedo apuntando sobre de ti, controlándote continuamente... incluso cuando vas a baño.

¿Vamos, pero qué idea de Dios es ésta? ¿Un Dios mirón que no tiene mejor forma de ocupar su tiempo que espiar por el ojo de la cerradura a los niños que se tocan el pipín? ¿Qué clase de Dios es éste, un Dios pervertido? No. No. No. ¡¡¡Noooo!!! No se pueden contar a los niños esta clase de pendejadas. Presentar a Dios como un mezquino súper policía y juez sin piedad, significa privar por siempre a los humanos de la posibilidad de encontrar en sí mismos la grandeza, la gracia, la compasión y el amor de Dios. Porque, disculpen, ¿a quién le gustaría encontrarse con este gruñón despiadado y pervertido? ¡Vamos! Ni un masoquista profesional quisiera, no digo pasar una velada, pero ni siquiera tomarse un café con un tipo como éste. Al contrario, si lo ves sentado en Starbucks, te vas inmediatamente a Italian Coffe Company. ¿A quién le gustaría llevarse con un güey que mira en los hoyos de las cerraduras y condena a sus hijos a las flamas eternas del infierno?

Presentar esta idea de Dios es el más grande crimen que se pueda cometer contra la humanidad, porque significa alejar por siempre a los humanos del natural sentimiento de una auténtica religiosidad.

Y también pongámonos en los zapatos del pobre Diosito. Este pobre diablo de Diosito lleva milenios oyendo hablar de Él de esta forma, porque, siendo Él omnipresente, escucha todos los chismes de todo el mundo, incluso aquellos que se refieren a Él. ¿Cómo te sentirías tú si la gente hablara de ti como de la peor carroña del universo? Yo en su lugar, a éstos que se inventan estas historias, los hubiera demandado a todos por calumnia cósmica ante el GTJU: Gran Tribunal del Juicio Universal; y aprovechándome de ser todopoderoso, hubiera creado verdaderamente un infierno para que estos señores se divirtieran por la eternidad jugando con Cerbero, Carón Demonio (para Pancho López "Cabrón Demonio") y todos los otros simpáticos diablitos que se dedican a picar el trasero con sus horcones infernales.

Pero Él es tan buena onda que va a perdonar también a estos infelices, capaces de inventar historias tan crueles con el propósito de llenar de pesadillas las noches de los niños.

Nos dicen que Dios es amor. ¿Pero dónde está este amor? Si Dios es amor, te mete al mundo y simplemente te ama. No es que te ame sólo a condición de que tú cumplas con sus infinitas, absurdas e imposibles reglas. ¿Para qué te puso en el mundo?, ¿para torturarte? ¿Cómo puedes pensar que exista un Dios tan sádico de meterte al mundo como si te estuviera haciendo un regalo, para decirte después: "Mi querido hijo, si renuncias al bellísimo cuerpo que te he dado, si renuncias a tu libertad, a la bellísima sensualidad que te he regalado, a esta fuerza irresistible que te atrae (generalmente) al otro sexo, si eres capaz de torturarte rezando diario aburridísimos rosarios o mantras u otros tipos de oraciones, si eres siempre obediente, si renuncias a hacer las cosas siguiendo tu creatividad, y si haces, o renuncias, a mil y una cosa más, te voy a amar"? ¿Pero qué historia es ésta? ¡Si el amor es a cambio de algo no es amor, es negocio! ¡Qué clase de Dios es éste! ¿Un *businessman*? Y si lo piensan bien, todos nosotros escuchamos siempre hablar de amor, pero ¿dónde han encontrado jamás el amor?

El amor es incondicional aceptación, incondicional confianza, incondicional paciencia… digo: ¡Incondicional! ¿Encontraron nunca algo así? Puede ser que hayas encontrado a alguien muy paciente, o muy, muy paciente, al punto de ser capaz de soportarte, pero no incondicionalmente paciente. Puede ser que hayas encontrado a alguien por el cual te has sentido aceptado, pero ¿encontraste alguna vez a alguien que te aceptara así como eres, sin ponerte ninguna condición de ningún tipo, prescindiendo del tamaño de las pendejadas que puedes cometer en tu ignorancia humana? Si nunca has encontrado confianza, paciencia y aceptación incondicional, no puedes hablar de haber encontrado el amor con la A mayúscula. La única cosa que has encontrado es algo mucho más cercano al negocio y la prostitución que al Amor.

Desde el primer día de vida empezamos a aprender que todo tiene un precio, también el amor. No es gratis. El mensaje es siempre: "yo te amo si tú…". Y los niños para recibir este amor que necesitan como el aire que respiran, se rinden a hacer cualquier cosa para obtenerlo. Lo que se enseña a los niños no es amor, es prostitución. "Si tú haces esto yo te doy esto." Y a los niños no les gusta prostituirse. De niños teníamos, todos, una gran dignidad. Todos nacemos como puro amor y nos enseñan a convertirnos en prostitutas.

Un niño rebelde

De hecho, el problema que puedes encontrar, si quieres dedicarte a jugar al pequeño alquimista "Patas Pa' Arriba", es que los niños son tan rebeldes y tercos, hasta el punto en que te dan ganas de aventarlos por la ventana. ¡No lo hagas! ¡Por favor no lo hagas! Porque ahí sí que te vas a la cárcel, haciendo un "bel ensayo" de lo que vas a encontrar en el cerco infernal que te espera. Recuerda, la ropa sucia se lava en familia.

El problema es que ningún niño se somete a este régimen de prostitución sin pelear. Porque los niños tienen una gran dignidad; y si te acuerdas bien, antes de volverte adulto y que aprendieras tú también este "noble" arte de la alquimia "Patas Pa' Arriba", no vendías tu dignidad por un plato de lentejas. Tú tenías huevos. Y éste es justamente el problema que puedes encontrar en la transformación alquímica "del oro en plomo".

Los niños tienen unos huevos que dan miedo. Estos enanitos de pocos kilos, que los puedes mandar al otro mundo con una patada, se atreven cada rato a enfrentarte a pecho abierto para defender sus derechos y su integridad.

Un niño enojado es probablemente uno de los espectáculos más fascinantes que te puedas imaginar. Mira a un niño enfadado: se te para enfrente como un gigante, no hay sombra de duda en sus ojos, todo su pequeño cuerpo vibra de energía, su joven musculatura está lista para la acción; no hay rasgos de vacilación en su determinación a enfrentarte, y sin ningún miedo se te echa encima y te golpea, te patea, te grita, rompe todo… Y no por dinero. ¡No para construir un oleoducto en Afganistán, no! ¡Para defender su dignidad! Para defender su derecho de ser quien es y aprender las cosas con el respeto a su individualidad, su naturaleza, sus tiempos y de las capacidades que tiene, considerando su edad.

¿No es fantástico? ¡Los niños tendrían que ser premiados cuando tienen el valor de defenderse de los abusos, de la ignorancia y de la inmadurez de los adultos!

¡Pero, por favor, no lo hagas! ¡Sería un error fatal! Si quieres ser un exitoso alquimista "Patas Pa' Arriba", nunca hagas entender al niño que la rebeldía es un valor, porque así nunca te las vas a arreglar para transformarlo en una oveja. Nunca se va a volver como tú. ¡Y mírate en el espejo! ¡Mira qué buen trabajo hicieron contigo! ¿Quieres interrumpir esta fantástica tradición de transformar el oro en plomo?

Cuidado, las tradiciones son importantes. En nuestras tradiciones está nuestro pasado glorioso. ¿Quieres perder la herencia del pasado? ¿Quieres renunciar a los tesoros de la historia de la humanidad, como las mujeres tratadas como esclavas, la explotación de los niños, el mercado de los esclavos, todas esas bellísimas guerras que hicimos para defender a nuestro Dios del amor y de la paz; la gente torturada, miles de humanos que mueren de hambre? ¿Quieres renunciar al egoísmo ciego, a nuestros sangrientos himnos nacionales que te invitan a matar al vecino, a esos bellísimos espectáculos donde la gente corría gritando aterrorizada antes de ser devorada por los leones, a los sacrificios humanos… quieres renunciar a todo esto? Si quieres salvar las tradiciones tienes que ser inflexible con el niño rebelde, y nunca hacerle creer que defenderse a sí mismo es algo noble.

No importa que sea evidente para todos que le pides cosas que a un niño no se pueden pedir, como la de no ser un niño, por ejemplo, o la de pedirle que entienda a los adultos, cuando los adultos tendrían que entender a los niños y no al revés. No importa que para enseñárselo lo amenaces, lo chantajees, lo castigues, lo recluyas, lo humilles, lo golpees. No importa. ¿Cómo harías, de lo contrario, para demostrar que la alquimia ha funcionado sobre ti y que la educación te ha transformado en un perfecto imbécil? No importa que estés haciendo una cosa absurda. No importa que uses métodos que son inhumanos hasta para animales de circo. Lo importante es conseguir que el niño olvide lo que es, para que se vuelva lo que tú quieres que sea.

De otra forma no hay manera de doblar a un ser humano a la voluntad de alguien más. Nadie nace oveja, todos nacimos leones. Ningún ser humano que no haya sido humillado en su tierna edad sería tan loco para ir a matar por ideas e intereses que no son los suyos a un desconocido que está en la otra trinchera, víctima del mismo engaño. Los alquimistas "Patas Pa' Arriba" saben bien que, a menos que enfermes la conciencia de los humanos a temprana edad, la guerra y los abusos serían imposibles. Los soldados, mirándose de una trinchera a otra, se pondrían a reír, tirarían los fusiles, correrían uno hacia el otro, se abrazarían y empezarían a contarse chistes y tomar vino. Así son los seres humanos en su profunda esencia. Los humanos, si no les pones ideas raras en la cabeza, son buena onda, no son criminales. Para que se vuelvan criminales, una "educación" es necesaria.

Para que los niños olviden completamente su esencia divina, tienes que operar muy pronto envenenándoles la conciencia con ideas totalmente ridículas, como la de pensar que tu Dios es mejor que el Dios de los demás, como si se tratara de equipos de futbol. ¿Tienes idea, a lo largo de los siglos, de cuántos hombres, mujeres y niños han sido matados, torturados y violentados, con la excusa de "mi Dios es mejor que el tuyo"? Está claro que, aparte de los pobres diablos que mueren en estas guerras, nadie cree que la verdadera razón de estas masacres sea una infantil defensa a capa y espada de su equipo religioso o político. Todos sabemos que la verdadera razón yace en la tierra impía del egoísmo humano de unas pocas personas.

Pero esa verdadera razón tiene que ser enmascarada con palabras dulces como *patria*, *religión*, *libertad*, porque de otra forma nadie estaría dispuesto a ir a matar hermanos de esta madre tierra en otra parte del mundo. Nadie iría a la guerra si le revelaran las cosas así como son y, poniendo las cartas en la mesa, le dijeran: "¡Hey!, joven, me gustaría apropiarme de este pedazo de tierra, donde vive esta gente que no me ha hecho nada, pero que tiene riquezas naturales que me gustaría tener. Por lo tanto he pensado en usarte a ti y a tus hijos como carne de cañón, para que los maten a todos y conquisten esta tierra, mientras yo me quedo en mi jardín a jugar con mis perros".

Frente a tal argumentación, hasta la persona más educada y bien hablada no podría contenerse de mandarlo a chingar a su madre.

Pero el cotidiano, paciente, trabajo de los alquimistas "Patas Pa' Arriba" puede lograr milagros en el campo de la barbaridad humana.

Antes tienes que borrar todos los rasgos divinos, después tienes que embrutecer a las pobres víctimas embutiéndoles cualquier clase de estupideces y prejuicios. Y cuando están finalmente muertos desde el punto de vista de la conciencia, quedan listos para la sociedad.

Es así que a lo largo de tanto tiempo, equipos de gente vestida de colores diferentes se han enfrentado con odio defendiendo ideas que han sido inculcadas en ellos de forma arbitraria y traicionera. Nadie sabe nada y se masacran sin ningún sentido.

Es como la historia de los dos hombres que en la calle se agarran a madrazos, mientras un niño sobre la banqueta, con lágrimas, grita:

—¡Papá! ¡Papá!

Un policía, que pasa por allí, se precipita a separar a los hombres para ahorrar al niño aquel espectáculo feo y, gracias a la autoridad que su uniforme le confiere, después de unos intentos se las arregla para separar a los dos rijosos e increparlos agitando el dedo en el aire:

—¡Qué vergüenza! ¡Golpearse de esta forma enfrente de un niño! —después, dirigiéndose al niño—: Dime, chiquito, ¿quién de estos dos hombres es tu papá?

—No lo sé… —contesta el niño secándose los mocos—, por eso se están peleando.

Ésta es la situación de la humanidad: nadie sabe nada y continúan peleándose sobre la nada.

Dios no hace humanos tan dementes. Para obtener este resultado desconcertante es necesaria la intervención del sistema "educativo". Es necesario un proceso de deshumanización.

Del niño divino al niño jodido

Cuando somos niños obviamente no podemos ni imaginar la idea de que sería mejor ser alguien diferente del que somos. La naturaleza, de la cual somos parte y que es la expresión de Dios, siempre es simplemente lo que es y basta. Por esto podemos hablar de perfección también frente a manifestaciones como los huracanes, los terremotos, las ratas, los ojos bizcos, mi pinche narizota y todas las cosas que la mente lógica tiene la tendencia a juzgar como fallas de Dios. La existencia es relajada porque cada cosa que la compone se acepta tal cual es, y no trata de cambiarse: tiene confianza en Dios.

Pero esto no vale para los humanos. Los humanos son los únicos que tratan constantemente de cambiarse por algo diferente de lo que son. Son los únicos que no tienen confianza en lo que Diosito ha hecho, convirtiéndose, de esta forma, en el único elemento discordante de este planeta.

El ser humano es una especie de enfermedad de la tierra que, exactamente como un cáncer, trabaja contra el equilibrio general de la naturaleza. En lugar de vivir relajado, confiado y armónico como todo lo que vive bajo el sol, continuamente se esfuerza en cambiar las cosas. Y así se la pasa maquillándose para poderse vender mejor, aparentando las cualidades que considera apropiadas y escondiendo todo lo que considera inconveniente, fingiendo de saber cosas que no sabe y modificando hasta su cuerpo para aparentar algo y ocultar algo más.

Diosito siente mucha lástima por nosotros. Cualquier pinche perro callejero con pulgas, sarna y garrapatas tiene más dignidad que cualquier ser humano. Al menos el perro es relajado en su ser un pinche perro. Nosotros, al contrario, vagamos en la incertidumbre, sometiéndonos a la humillación de adaptarnos a lo que los demás quieren de nosotros.

Pero todos nosotros, antes de la "sabia" intervención de los alquimistas "Patas Pa' Arriba", éramos también parte de esta cósmica armonía, donde el laurel está contento de ser un laurel y no puede imaginar ser un roble; la margarita, a pesar de ser torturada para saber si "me ama o no me ama", cosa que a ella le vale absolutamente madres, no trata de ser una rosa; y la mariposa, que curiosea con su vuelo tambaleante entre las cosas chiquitas, nunca desea los horizontes del águila.

Nosotros también, de niños, éramos relajados y orgullosos de ser quienes éramos, exactamente como el ciprés, la vaca, el tulipán y el pájaro carpintero. Por lo tanto no podíamos ni concebir la idea de que para vivir teníamos que convertirnos en alguien más, y nos la pasamos los primeros años de vida peleando para defender el derecho a ser simplemente quienes somos.

Para recordarlo, tienes que ir a un grupo de terapia sobre el asunto. Pero si la palabra *terapia* le duele a tu ego, trata al menos de imaginar cuánto puede ser aterrorizante y desesperante para un niño la idea de que para recibir el amor, el respeto y la seguridad que necesita para crecer, no sólo tenga que prostituirse, sino renunciar en todo a sí mismo y empezar a hacer la "finta" de ser alguien distinto. Lamentablemente, así tú seas consciente o no, esto es exactamente lo que le ha pasado a cada uno de nosotros.

Todo lo que haces y sientes parece estar equivocado: no tienes que hablar, o tienes sólo que hablar en la forma y los tiempos que te permiten; no tiene que gustarte el tenis, sino que tendría que gustarte el futbol americano; y cuando estás tranquilo te dicen que tienes que hacer algo, y cuando haces algo te dicen que no estás un momento tranquilo, y cuando algo te duele y lloras te dicen que no hay razón de llorar, y que si no paras una buena razón te la van a dar ellos; y si te enojas te dicen que te ves feo o te acomodan directamente una bella madriza…

Al principio peleas para defender tu derecho a preferir jugar con
las muñecas en lugar de los soldaditos, y de enojarte, llorar, reír o
cantar cuando te da la gana; pero al final terminas creyendo que
eres tú quien está equivocado y empiezas a pensar: "¿Será posible que Diosito, que ha sido tan bueno para crear todo, conmigo
se haya equivocado desde la A hasta la Z? ¿Será posible que Él,
que ha sido tan chingón con todo, conmigo haya sido tan incompetente? ¿O simplemente quiere más a mi prima que a mí?

Es así que empiezas a odiar a Dios. Es así que empiezas a odiarte
a ti mismo, refunfuñando entre los dientes en la soledad de tu desesperación: "Si este pinche Diosito no me hubiera hecho así, si yo
fuera otro, todo sería perfecto. Mis papás estarían contentos y me
amarían, mis maestros me estimarían y sería capaz de hacerme respetar de los compañeros sin tener que mentir, esconderme o abusar
de los demás… ¡Si yo no fuera quien soy, la vida sería maravillosa!"

Yanoff, el creador de la "Primal", una intensa terapia que, revolcándote como calcetín, tiene como objeto la exploración y sanación de las heridas de la niñez, indica un momento de la vida de
todos los seres humanos que marca el inicio de la neurosis. Pancho López identifica este momento dramático en la vida de todos
nosotros con el nombre clínico de: *ya se chingó el asunto.*

Este momento representa una rotura definitiva en la integridad del ser humano.

Sucede, más o menos, entre los cuatro y los seis años, cuando
nos damos tristemente cuenta de que así como somos no hay forma de obtener el cariño, el amor, el respeto y el reconocimiento
que necesitamos para vivir. Es un momento en el cual el niño se
rinde, colapsa. Se da cuenta que no hay otra forma de sobrevivir
que renunciar a sí mismo y fingir ser alguien más. Alguien que es
aceptable para la sociedad o, de cualquier forma, alguien que tiene
una estrategia para sobrevivir a la situación en la cual se encuentra.

Este momento de *ya se chingó el asunto* marca el principio de la neurosis, es el inicio de la dualidad, de la esquizofrenia. Tú eres alguien, pero actúas como si fueras otro; porque todas las veces que tu verdadera naturaleza se manifiesta eres castigado. Todas las veces que tú eres tú mismo, que Diosito se manifiesta a través de ti, estás en problemas. No hay seguridad, a menos que te vuelvas este "alguien" que la sociedad quiere que tú seas. Y por años y años te dedicas a agarrar a patadas a tu verdadero ser para esconderlo en tu inconsciente, esforzándote por aprender más y mejor a fingir ser alguien distinto.

Todas las veces que tu naturaleza se manifiesta estás en peligro; todas las veces que los rasgos únicos de tu individualidad llegan a la luz, hay alguien listo para criticarte. Por lo tanto, aprendes a esconder a tu ser natural con pudor y culpa. Todas las veces que Diosito alarga el cuello para asomarse dentro de ti con su carita inocente, aprendes a empujar su cabecita en la oscuridad de tu inconsciencia.

Este Diosito podrá estar a toda madre pero te crea un chingo de problemas. Este Dios es peligroso, este Dios tiene todo el encanto de una mala compañía. Claro que con Él te sientes bien, te diviertes, te relajas, juegas, creas, amas… pero nunca estás seguro, porque este Dios odia las reglas: es una especie de terrorista anárquico que se sale siempre con la suya y nunca se sabe qué va a inventar.

Dios es un gran desmadre

El problema es que Dios se manifiesta siempre de forma inocente, nueva, impredecible, original, única: Dios es un gran desmadre. Dios no es alemán. Nunca se vio alguien más desorganizado que Él. No es capaz de hacer dos cosas iguales, no hay un día igual al otro, no hay una planta igual a la otra, y no puedes confiar en las estaciones porque cada año se presentan de una forma diferente. Todo cambia continuamente. ¡No hay un mínimo de organización! Cuando tiene que llover hay sol, y cuando tendría que resplandecer el sol, hay neblina, y cuando le da la gana te manda el granizo que como metralla te destruye el trabajo de meses; y de repente la tierra se pone a bailar alegremente derrumbando edificios y casas, el viento empieza a aullar abatiendo con su siniestro canto todo lo que encuentra en su camino, y los ríos, borrachos de mucho beber, se desbordan arrastrando todo lo que está a su paso, produciendo unos desastres que ningún Dios organizado permitiría. Al final no puedes confiar en este Dios. ¡Dios es un puro creativo! Y los puros creativos son un desmadre. Y te vienen ganas de quitarle el control del gobierno del universo y ponerlo en las manos de un administrador de empresas, alguien que ha estudiado para organizar las cosas.

¿Pero puedes imaginar un mundo donde todo está perfectamente organizado? ¿Donde todo es perfectamente predecible? ¡Sería una hueva tal que te darían ganas de tirarte por la ventana!

Hay una historia de un campesino que se queja con Dios porque cada año tiene que pelear con la incertidumbre del clima.

—Diosito, ¡puta madre! ¡Tú serás Dios pero de agricultura no entiendes ni madres! ¡Cada año es un gran relajo! Un año me mandas el calor demasiado temprano, y otro año no llueve bastante, y otro llueve cuando no tiene que llover, y otro me mandas el hielo cuando ya están las flores y se quema todo. Diosito, ¡zapatero a sus zapatos! ¡Tú ocúpate de otras cosas, y a mí déjame ocuparme de la agricultura! ¡Nómbrame ministro de agricultura y te voy a enseñar cómo se hace! Mi familia desde siempre ha cultivado la tierra, y yo sé perfectamente cómo arreglar las cosas para que el cultivo salga más perfecto de lo que encuentras en el Wal-Mart.

Diosito, con una sospechosa sonrisa pícara, le dijo:

—Vale, por un año te nombro ministro de agricultura.

El campesino todo contento regresó a su trabajo, seguro de demostrar al mundo entero que él era mejor que Dios. Y por un año arregló las temporadas de una forma impecable: perfecta cantidad de lluvia, perfecta cantidad de sol, el viento sólo cuando sirve a la polinización, la temperatura que sube gradualmente en función de la necesidad de las plantas… El campesino miraba sus cultivos crecer con enorme satisfacción, y el momento de la cosecha fue el momento de la verdad: nunca se habían visto plantas tan grandes y llenas de frutos.

Por lo tanto, fumando un cigarro y ostentando toda su seguridad, telefoneó a Diosito y le dijo:

—Compadre, ven a ver la cosecha.

Diosito llegó en la pick up blanca que usaba para sus excursiones en el campo, levantado tras de sí una polvareda que se podía ver hasta de los otros planetas, y escuchando a todo volumen una famosa canción, "Te miro de arriba", de un grupo de rock de querubines que sin mucha fantasía se llamaban Los Ángeles. Bajó con sus botas y sombrero blanco, se quitó los lentes de sol y miró la cosecha:

—Bravo, hiciste un buen trabajo, hijo. A la vista es perfecto, pero prueba a comer lo que cosechaste. Prueba a hacerte una tortilla con este maíz, prueba a hacerte un sope con frijolitos, nopales y quesillo… o prueba a hacerte un licuadito de fresa, plátanos, granola y leche de soya.

¡La gran sorpresa fue que todo lo que había cosechado y que parecía tan perfecto, era tan fofo y carente de sabor que ni Wal-Mart quiso comprárselo!

La vida no es organización. La vida es aventura, la vida es reto, la vida es creatividad, la vida es amor, y ninguna de estas cosas puede ser organizada.

Pero la sociedad quiere que tú seas organizado, coherente, educado, predecible… de hueva en otras palabras. La sociedad no te permite quedarte como parte del reino de Dios, no te enseña a volverte despacito consciente de ti mismo, para poder expresar tu unicidad en armonía con los demás. ¡A la sociedad le valen madre tú y Dios! La sociedad quiere sólo que tú funciones más y más como una máquina y menos y menos como un ser humano. Y trabaja duro para sofocar en ti todo lo que es único y natural, para poder volverte finalmente un fenómeno de masa igual a los demás… justamente predecible y confiable como una máquina. Y, como ya dijimos, usa herramientas muy eficientes para doblarte a sus expectativas.

Por esto todas las veces que Diosito se te presenta, tú, con la voz rota por la desesperación y el coraje de un amor imposible, esperando que nadie te escuche, le dices: "¿¡Qué haces aquí otra vez!? Ya te dije que me dejes en paz, no me tientes otra vez. Todas las veces que me dejo seducir por ti termino sintiendo miedo, culpa, y estoy mal por semanas: tengo que mentir, fingir que todo va bien, me ruborizo… y después te extraño, te extraño a morir; no puedo dormir, te sueño y me desespero por no poderte tener… ¡Por favor déjame en paz, Diosito! ¡Déjame en paz! ¡Resígnate! ¡El nuestro es un amor imposible! ¡Por favor vete y no me provoques más! Déjame aquí a vivir mi dolor y esperar la muerte".

Si ser religioso significa honrar lo que Dios ha creado, si ser religioso significa encarnar el caótico proyecto que Dios tenía para cada uno de nosotros, no puedo imaginar nada más lejos de la religión que lo que "normalmente" todas las sociedades hacen.

Dios es la naturaleza, y su manifestación es el flujo impredecible y ordenadamente caótico de ella; y el ser humano es parte de este flujo.

¡Es por esto que los "pobres" alquimistas "Patas Pa' Arriba" tienen que hacer todo lo que hacen! ¡Para controlar a este desmadroso de Dios son necesarios años de trabajo! Y de hecho nunca puedes estar tranquilo, ¡porque estos seres humanos son terribles! ¡No están un momento quietos! Ahora piensan una cosa y después piensan otra, y después se enamoran y no sirven para nada, tienen intuiciones... ¡Y son tremendamente creativos...! ¡Se parecen al pinche Diosito! Tienes que estar siempre alerta, porque a cada momento se salen con la suya: se inventan continuamente formas diferentes de vestirse, de comer, de relacionarse, de arreglarse el pelo... ¡Y son insoportablemente curiosos! Te cuestionan cualquier cosa, quieren conocer, viajar, explorar, cambiar, probar... Y ahora les gusta jugar (cosa que no sirve para nada), y ahora les gusta cantar (que tampoco sirve para nada) y después quieren tocar, reír, bailar... y como si esto no bastara van locos por el sexo, que es sólo una pérdida de tiempo y de energía. ¡Estos humanos son un gran desmadre! ¡Tal como Diosito!

Pueden entender que no es tan fácil transformar estos torbellinos vivientes en robots que no tengan el mínimo de iniciativa y de independencia. Es obvio que estos "santos" alquimistas se enfrentan a realizar una tarea dificilísima. ¿Y cómo podemos condenarlos si, para poder controlar estas balas perdidas, se ven obligados a usar métodos desleales y a veces brutales? Si te quedas hecho un pinche anárquico como Dios, ¿cómo hacen para controlarte? ¿Cómo hacen para obligarte a hacer lo que ellos quieren y creer en lo que ellos creen?

Si te resistes a este proceso de adiestramiento, si eres un niño rebelde, ¡mucho has de sufrir! Pero si eres un niño bueno, que se porta como un robotito "limpiecito", que tiene ideas fijas, comportamientos fijos, reacciones fijas, los mismos principios y los mismos prejuicios toda la vida, al final te vuelves una persona respetable y hasta te pueden dar un premio: una bonita medalla, una condecoración o hasta una mención sobre una bellísima lápida meada por los perros, en un jardín de la ciudad olvidado entre un paso elevado y el enlace de una circunvalación. ¡Piensa qué bonito! No importa que no viviste, no importa que te chingaste la vida, no importa que renunciaste al hoy por un mañana que nunca llegó, no importa que renunciaste a todo lo que hace la vida digna de ser vivida. ¡Lo importante es que tu nombre se quede indeleble en la memoria de las futuras generaciones…! Y si al contrario, te olvidan después de un par de semanas, como pasa casi a la totalidad de nosotros… ¡paciencia! Significa que no fuiste bastante bueno o que tuviste mala suerte.

Al final todos nosotros somos adiestrados para servir a un resultado que no es el nuestro, sino el de alguien más. Nadie te enseña a cumplir con tu destino. Todos te enseñan a cumplir con el destino de alguien distinto. Un destino que alguien ha elegido para ti. Y este alguien distinto se ha llamado en las diferentes épocas: rey, conde, nación, cristianismo, islam, oligarquía, capital, patria, comunismo, democracia, padre, patrón, madre tierra…

La estructura social, que ha sido creada para cumplir con el servicio de dar orden a las relaciones entre los humanos, se ha vuelto el patrón, el tirano, el verdugo. Y por paradoja ahora los humanos están al servicio de esta estructura que han creado y que, como un monstruo salido de control, brutaliza a sus hijos con sus mil tentáculos.

Se buscan esquizofrénicos

¿Qué esperanza tiene en todo este relajo el pobre niño de salvaguardar su propia unicidad, individualidad y verdad? ¡Cero!

Y así, un bonito día, que de bonito no tiene nada, el niño se rinde a la idea de que, así como es, no va a lograr sobrevivir. Por lo tanto empieza a fingir ser alguien más.

La sociedad generalmente saluda este fenómeno con júbilo. Dice: "¡Yuppy! ¡Está creciendo! Está aprendiendo las reglas del juego. ¡Se está, finalmente, convirtiendo en un hipócrita como todos nosotros! ¡Aleluya!

Los alquimistas "Patas Pa' Arriba" pueden festejar finalmente el primer éxito. Es la primera señal concreta de que su trabajo empieza a rendir frutos. Este primer síntoma de su separación de Dios merece ser celebrado con una bonita primera comunión. Y así el pobre niño, si pasa indemne de las caricias morbosas de la parroquia, se acerca casi puro al famoso sacramento.

Ésta, con ligeras diferencias, es la historia de todos nosotros, más allá del territorio donde naces y de la cultura que sufres. Aparte de unos afortunados que, a lo largo de los siglos, aparecieron por aquí y por allá como manchas luminosas sobre el tapete gris de la mediocridad, constituyendo una esperanza para el género humano, todos los demás tuvieron simplemente que rendirse al garrote de los famosos alquimistas y renunciar a los rasgos básicos de la naturaleza, de la inteligencia y de la compasión de Dios con las cuales nacieron. Tuvimos que renunciar a nosotros mismos.

Este momento típico, que Pancho López elegantemente ha llamado *ya se chingó el asunto*, en el cual las resistencias del infante acaban rotas por el poder de los padres, es el principio de un proceso de *jode y jode* que nunca va a acabar. La escuela, la estructura religiosa, el trabajo, la nueva familia y todos los otros protagonistas de la película de tu vida se van a encargar de completar esta conjura contra ti y contra Dios, hasta el último día.

Los padres hacen el trabajo sucio, y después la sociedad se encarga de darte mantenimiento recordándote a cada rato que si quieres vivir en tu verdad es a tu riesgo. Te arriesgas a la soledad, al desamparo, a la excomunión, al destierro, la marginación, la pobreza… No importa que tú no creas en lo que haces y que todos sepamos que todos somos hipócritas, lo importante es matar tu individualidad y reducirte a un fenómeno de masa. Lo importante es no dejarte ningún espacio de autonomía espiritual e intelectual; lo importante es ser fieles a las tradiciones y obedecer a las leyes de los padres… ¡Obedecer!

Comiendo pasto por la eternidad; santa desobediencia

Nos presentan la obediencia como un gran valor, y nadie se da cuenta de una sencillísima verdad: si todos hubiéramos sido totalmente obedientes a las tradiciones, la humanidad no habría evolucionado ni un chícharo. Si todos, pero todos, hubiéramos repetido como buenos niños las enseñanzas de los padres, nosotros estaríamos todavía comiendo pasto como las vacas. ¡Ni una ensalada hubiera sido inventada! Es sólo gracias a unos desobedientes que, afortunadamente, por cualquier razón, huyeron de los tentáculos infernales de este proceso de descerebración, que la humanidad ha evolucionado. Es gracias a un grupito de atrevidos revolucionarios que se ha inventado la ensalada. Una banda de unos pocos amigos, seguramente italianos, que se encontraban en la noche, a escondidas, en un sótano, fantaseando en cómo poder hacer más sabroso el pinche pasto que estaban hasta la madre de comer desde la eternidad. Y así una noche uno de ellos, de repente, agitando en el aire un puño, vibrante de emoción, temblando por el atrevimiento de osar infringir las tradiciones seculares, se levantó y, con los ojos febriles de *raptus* creativo, eructó un deseo que tenía sofocado en la garganta desde hacía milenios:

—¡Pongámosle sal!

Se hizo un gran silencio. Todos sentían que eran testigos y protagonistas de algo extraordinario en la historia de la humanidad, de un salto histórico. Se miraron los unos a los otros incrédulos, titubeantes, hasta cuando, de repente, otros empezaron a temblar en un ataque de entusiasmo histérico:

—¡Sí! ¡Sí! ¡Siiiiii! ¡La sal! ¡La sal! ¡La saaaaaaal!!!!

Empezaron a abrazarse y a palmearse poderosamente sobre las espaldas, se besaban… y mientras el entusiasmo estaba al colmo… de repente, otro de ellos, con una urgencia irrefrenable, silenció a todos y, cayendo de rodillas, como poseído por algo más grande que él, empezó a repetir con tono hipnótico:

—A… ceite… de… oli… va… A… ceite… de… oli… va…

Por un momento no se entendió bien lo que estaba pasando. Todos se quedaron confundidos. Pero el que parecía el menos vivo de ellos, sorprendiendo a todos, se aventó sobre el amigo que de rodillas continuaba babeando con los ojos en el vacío: "a… ceite… de… oli… va… a… ceite… de… oli… va…", y, abrazándolo y besándolo, empezó a gritar:

—¡Aceite de oliva! ¡Aceite EXTRA VIRGEN de oliva!

Nadie sabía ya cómo expresar la emoción. Las palmadas ya no eran suficientes. ¡Si ya imaginar algo virgen era difícil, imaginar algo extra virgen era ciencia ficción! Empezaron a agarrarse a patadas uno al otro, a jalarse el pelo y a escupirse encima por el entusiasmo… hasta que notaron que uno de ellos, el morenito, se había quedado aparte llorando y sollozando.

—¿Qué pasó? ¿Qué pasó? —le preguntaron preocupados los demás.

Después de muchos desgarradores intentos de contener los sollozos, el morenito se las arregló para encontrar la fuerza para hablar, y finalmente prorrumpió con un grito que más que una voz humana pareció el rebuzno de un burro al que le han pellizcado un huevo:

—¡¡¡Vinagre balsámico… de Módena!!!

En este punto no se entendió nada más, el entusiasmo había llegado a las estrellas: gritaban, lloraban, se agarraban a cabezazos uno al otro, se recetaban unos madrazos en la cara que uno llegó a perder tres dientes y otro se desmayó dándose puñetazos en el estómago solito.

Cuando la emoción bajó de intensidad y pudieron otra vez recuperar algo que se acercaba a la cordura, con caras de borrachos hicieron el solemne juramento de sangre de no revelar a nadie su descubrimiento. Y no por egoísmo ni codicia, sino para no arriesgarse a la condena de los padres guardianes de las tradiciones.

Pero obviamente, como siempre pasa, nadie mantuvo el juramento. Es típico de la naturaleza humana querer compartir con los demás lo que de bueno conoces o tienes. Y así, al cabo de unos días, en muchísimas familias preparaban secretamente esta vinagreta primordial, y los aullidos de placer llegaron inevitablemente a los guardianes de las tradiciones.

No habían pasado siquiera unas semanas, cuando la pequeña banda de italianos estaba detrás de los barrotes del tribunal de la moral pública. Los "malditos" herejes fueron acusados de querer destruir a la sociedad.

—¡Estos criminales tienen que ser detenidos inmediatamente! —dijo el ministerio público—. ¡Se empieza preparando una ensalada y se termina inventando la lasaña a la boloñesa! ¡Es así como se destruyen las tradiciones! Esto es inaceptable. Nuestros antepasados comían pasto, nosotros comemos pasto y nuestros hijos comerán pasto por los siglos de los siglos, amén.

Sus recetas fueron quemadas, sus discípulos perseguidos, y nuestros héroes terminaron rostizados como brochetas de pollo. Pero era demasiado tarde: la evolución humana había dado el primer paso del largo viaje hacia la cumbre de la conciencia humana. La humanidad había cambiado para siempre: ¡había nacido la ensalada!

Buda *vs*. Hitler

Cuando surge algo creativo, nuevo, tiene una fuerza mucho más grande que las mentiras de los alquimistas "Patas Pa' Arriba". Porque lo nuevo, la evolución, la creatividad, la rebelión contra las tradiciones son siempre inequivocablemente la expresión de la energía creativa de Dios, contra la cual las acciones de los humanos son impotentes.

Como lo dije antes, Dios no se detuvo después de seis días de trabajo. Dios continúa creando, y lo hace a través de los humanos que son capaces de infringir las reglas e inventar algo nuevo. Dios se expresa en la visión de un Miguel Ángel, en la locura de un Nijinski, en el genio de un Dostoievski o aun más, en la poesía de un Buda o de un Lao Tse.

Personajes como Napoleón, Hitler, Julio César pueden haber recibido honores en vida, haber conquistado el mundo por unos años, entretenido a estudiantes e historiadores por unos siglos y ganado estatuas cagadas por los pájaros durante milenios, pero el silencio de un Buda, la poesía de un San Francisco, la carcajada de un Bodhidharma, la sonrisa de un Jesús, han conquistado el corazón de la humanidad por la eternidad.

Es increíble que el simple paso de estos pocos hombres en chanclas, sin ejército y sin armas, haya influenciado la conciencia de la humanidad por milenios, y continúa haciéndolo a pesar de sus discípulos. Esto es el verdadero milagro: que, por ejemplo, el mensaje de Jesús haya sobrevivido a la política del Vaticano, a la crueldad de la Santa Inquisición, a las cruzadas, a las intrigas, a las perversiones y a la triste tendencia pedófila de muchos prelados eclesiásticos. ¡Esto sí que es sorprendente! Si alguien tenía dudas, ésta es la demostración evidente de que en el Vaticano se hacen milagros.

Pero la sociedad no toma mucho en cuenta a estos maravillosos seres que de vez en cuando, en los siglos, han honrado a este planeta paseando amablemente con sus discípulos.

La escuela, de hecho, descuida completamente la historia de estos místicos que han enriquecido con gemas esplendorosas la conciencia y el corazón de la humanidad, para poder concentrar toda la atención en enseñarte las historias de los más grandes criminales de la tierra; pretendiendo de los pobres niños, atrapados en sus pupitres con los ojos llenos de consternación, que memoricen incluso su fecha de nacimiento, cuánta gente mataron, cuándo se casaron y cuándo finalmente murieron dejando libre al mundo de su ignominiosa presencia.

No importa si eres canadiense, chino o marroquí, tienes que saber de Alejandro Magno, de Hitler, de Napoleón, Mussolini, Julio César, Gengis Khan… Pero nadie te habla de Buda, Jesús, Moisés, Chuang Tzu, Mahoma, Bodhidharma, Lao Tse… Claro, si eres de familia católica te hablan de Jesús, pero están muy atentos a no contarte de Buda o de Lao Tse por miedo a que puedas cambiar de equipo; si eres judío te hablan de Moisés pero nunca mencionan a Jesús o a Bodhidharma; y si eres musulmán te hablan de Alá, pero si mencionas a Moisés o a Chuang Tzu, te cortan la cabeza.

Los grandes criminales de la historia, que presentamos a nuestros niños como si fueran los protagonistas de nuestro patrimonio humano, en realidad son accidentes en la historia de la humanidad que tendrían que ser olvidados, no estudiados. De ellos tendrían que ocuparse sólo sectores especializados de la facultad de criminología para poderlos reconocer en la eventualidad de que se presenten otra vez y poderlos neutralizar antes que hagan unos desastres. Al contrario, todos los místicos, de cualquier parte del mundo que sean, tendrían que ser conocidos, estudiados, masticados y digeridos desde que somos niños hasta que se vuelvan parte integrante de nuestro ser. Porque ellos son los verdaderos protagonistas de nuestro pasado.

Lo que pasa es que convierten en verdaderos héroes de tu imaginación a estos criminales responsables de millones de muertos y de sufrimientos inauditos, que han vivido en la mentira y en el engaño, mientras que los verdaderos autores de la historia de la humanidad, las piedras angulares del desarrollo de la conciencia humana, los personajes que han contribuido verdaderamente a desarrollar las cualidades que nos hacen ganar el título de seres humanos, vienen descritos como figuras tan irreales, tan cargadas de anécdotas tan increíbles, que terminas no sabiendo ni siquiera si alguna vez existieron de verdad, y al final hasta te arriesgas a confundirlos con personajes de fantasía como Santa Claus, Pepito Grillo y el Hada Madrina.

Si a Jesús lo haces transformar el agua en vino y lo haces caminar sobre el agua; si a Buda lo haces resucitar a los muertos y dices que los árboles florecían a su paso; si a Mahoma me lo haces ascender al cielo con todo y su caballo; a Mahavira le haces salir de las heridas leche en lugar de sangre… es claro que empezamos a percibir a estos extraordinarios seres como si fueran personajes de Walt Disney. ¡Y esto es una verdadera lástima! Porque de esta forma nunca vas a conocer el verdadero mensaje que estos gigantes de la conciencia tienen para ti, limitándote a considerarlos una especie de antiguos fenómenos de circo como la mujer barbuda o el hombre cabezón.

Pero, afortunadamente, a pesar del enfoque escolar y el infantilismo de las comunes enseñanzas religiosas, la humanidad ha sido influenciada mucho más por Buda que por Hitler, mucho más por Jesús que por Hernán Cortés.

De hecho, contrariamente a lo que muchos sostienen, la humanidad mejora de generación en generación. Hasta hace sólo un par de siglos había bandas de europeos que iban a África a cargar con cadenas a miles de negros, para transportarlos al nuevo mundo y vender como esclavos a los que sobrevivían a la terrible travesía del océano. Esto hoy día es impensable. Las mujeres eran esclavas, los niños eran esclavos... Y sólo hace setenta años alemanes, franceses, italianos, ingleses, rusos y otros por allí se han descuartizado entre hermanos, empapando el suelo de Europa con la sangre de sesenta millones de víctimas. Éstas son cosas completamente inadmisibles el día de hoy.

El mundo despacito, despacito, está mejorando. La presencia de estos rebeldes, de estos *outsiders*, de estos excéntricos, de estos místicos medio locos, ha arrancado despacito a la humanidad de su condición primitiva y bárbara para despertarla a las cualidades humanas y, al final, a las cualidades divinas. Lenta, pero inexorablemente, Buda gana contra Hitler.

Una cuestión de huevos

La diferencia entre los grandes criminales de la historia y los grandes maestros y místicos de todos los tiempos es que los criminales son reconocidos por sus contemporáneos, mientras los místicos no sólo no son reconocidos, sino que, al contrario, han sido siempre combatidos, ofendidos, amenazados y muchas veces acaban mal: la historia del pobre Jesús vale para todas.

Y esto sucede porque los grandes criminales son parte de la sociedad. Han aceptado las reglas del egoísmo, del abuso y del atropello, que son las reglas sobre las cuales se fundan todas las sociedades del mundo.

Al contrario, los místicos van siempre contra tendencia; son siempre críticos hacia la sociedad. Estos personajes que han sido capaces de tocar el corazón del mundo no eran gente obediente. Al contrario, eran grandes rebeldes que exponían las hipocresías que están ante los ojos de todos. Pancho López me asegura con entusiasmo: "¡Estos cabrones estaban a todísima madre!". ¡De hecho, estos raros seres han sido los más grandes revolucionarios de la historia! Jesús no era un buen cristiano, ¡él ni siquiera escuchó jamás la palabra *cristiano*! Jesús era un judío; un judío rebelde, pero un judío. ¿Y acaso piensan que Buda era un devoto budista? ¡Ni madres! ¡Él ni siquiera escuchó nunca la palabra *budismo*! Él era un hindú, un hindú rebelde; así como Mansur era un musulmán rebelde, Sócrates un griego rebelde y San Francisco de puro churro no terminó en la hoguera con todo y pajaritos, en brocheta, como los italianos de la ensalada.

Ésta no era gente obediente, tradicional… de hueva, en otras palabras.

"¡Estos güeyes estaban a toda madre! —continúa enfebrecido Pancho López—. ¡¡¡Estos güeyes tenían dos huevotes de no mames!!!" ¿¡Y cómo podemos no estar de acuerdo!? Imagínense lo que significa ser deshonrado, difamado, burlado, perseguido por toda la sociedad y, a pesar de todo, quedarse fiel a su propia verdad. Éstos son los seres humanos más grandes que la humanidad ha dado a la luz. Y en vida han sido los más despreciados.

Einstein dice que todas las personas de genio sufren los ataques de las mentes mediocres, y dado que las mentes mediocres son un chingo, ya se sabe cómo acaba el asunto.

Las mentes mediocres no crean nada, sólo repiten lo que ya existe. Siguen las reglas, o fingen seguirlas, tratando de sacar el mayor provecho, y miran con sospecha a los que se atreven a crear algo nuevo y a cambiar las cosas.

Ya vimos que la obediencia es todo menos una virtud, porque no requiere ninguna inteligencia. Cualquier máquina es obediente. Lo que requiere inteligencia es la desobediencia. Para ser desobediente tienes que ser inteligente, tienes que tener las agallas de ir contras las reglas, de intentar algo nuevo por primera vez, de arriesgarte en lo desconocido... ¡Esto requiere seguramente inteligencia! Para seguir el camino de los padres y de los padres de los padres no se necesita ninguna inteligencia: basta ser un buey o una oveja. Pero para tantear una nueva vereda, para asomarse a un nuevo valle, atravesar un nuevo río... se necesita mucho más.

Si los padres amaran verdaderamente a sus hijos, tendrían que enseñarles a ser desobedientes como Jesús y como Buda. ¡No obedientes! ¡Tendrían que enseñarles incluso a ser desobedientes contra ellos! La autoridad y el respeto, los padres tendrían que conquistarlos dando un ejemplo de coherencia y madurez, no a golpes de cinturón y mandamientos. Como padre, tu conducta tendría que ser tan noble que a los niños les venga, naturalmente, la gana de aprender de ti y ser como tú. Y si no eres capaz de ser noble, ¿qué autoridad tienes para decirles a tus hijos cómo tienen que vivir? ¿No eres tú ya bastante ejemplo de fracaso?

En lugar de forzar a las nuevas generaciones a perpetuar los mismos errores, ¿no sería más honesto rogarles que nos perdonen, que nos olviden y darles nuestra bendición para que intenten algo diferente? ¿No sería mejor invitarlos a inventar equivocaciones siempre nuevas a través de las cuales crecer? En lugar de imponerles nuestras creencias, ¿no sería mejor invitarlos a arriesgarse a caminar por senderos desconocidos?

Pero esto, desde el punto de vista de la sociedad, es incómodo y peligroso. Porque si tú dejas a estos torbellinos de seres humanos en posesión de su propia integridad y autonomía, ¿cómo haces para controlarlos? Cada uno sería libre de vivir como le da la gana y ya no sería posible doblar a nadie a tus expectativas. Seguirían su propia intuición y, creando cada uno su propia forma de vivir, serían todos libres y felices. Y esto para la sociedad es insoportable. Por eso es tan indispensable la "santa" obra de los alquimistas "Patas Pa' Arriba".

¿Y de qué forma estos "santos brujos" se la arreglan para sofocar tu inteligencia y tu creatividad? Poniéndote en conflicto contigo mismo.

Cuando tú pones a un ser humano en conflicto con su cuerpo, con su energía sexual y con su espontaneidad, lo has puesto en conflicto con la naturaleza, lo has puesto en conflicto con el universo, lo has puesto en conflicto con Dios. En lugar de sentirse en su casa en este mundo, empieza a sentirse como un huésped en casa ajena, como alguien que tiene que pedir permiso para existir. Y en lugar de ser el rey se convierte en un pordiosero. O al contrario, puede desarrollar un mecanismo de defensa al revés, diciendo: "Dado que yo no pertenezco a este mundo, mejor conquisto mucho poder de forma que nadie me pueda correr. Creando, de esta forma, mucho sufrimiento a los demás".

Al final: o vives como un fantasma o vives como un usurpador; o vives como un siervo o eres un tirano. Y todos somos, contemporáneamente, siervos con unos y tiranos con otros. Una cosa es segura: es muy difícil encontrar alguien que esté relajado y en paz consigo mismo. Y si lo encuentras es probable que te enamores.

Al momento que entras en conflicto contigo mismo has cortado la conexión con la existencia, has perdido el arraigo en ti mismo, te has desconectado de tu raíz. Cuando esto pasa te conviertes en un ser manipulable porque no tienes más un centro, el universo no es más tu casa.

Los hindúes, en su milenaria sabiduría, dicen que cuando pierdes el contacto con tu verdadera naturaleza, significa que te has *desconectado del primer chakra*. Con toda la deferencia por los hindúes, Pancho López prefiere usar una expresión más contundente, diciendo que cuando has perdido el respeto de ti mismo significa simplemente que *te han cortado los huevos*.

La triste realidad es que todos somos criados para responder a un proyecto que alguien tiene sobre nosotros. Nacimos libres, pero no podemos vivir como tales. Y para forzarte a vivir en función de las expectativas de los demás tienen que lavarte el cerebro, tienen que pervertir tu naturaleza, tienen que alejarte de Dios… tienen que *cortarte los huevos*. Obviamente hablo de los *huevos espirituales*, que en otras palabras significa: perder el respeto de ti mismo.

Al final todos nos vendemos. Todos, en diferentes formas y medidas, nos prostituimos por migajas de amor, de reconocimiento, de dinero, de seguridad o de poder. Todos nacimos como orgullosos toros llenos de energía y todos acabamos transformados en pinches bueyes resignados al miserable destino de quedarnos atados toda la vida al yugo de otros. No importa cuánto éxito tengas en tu vida, si no estás en paz contigo mismo, tu vida es igual de miserable. ¡En realidad aún peor! Porque cuando eres pobre tu miseria tiene poco espacio para manifestarse, porque vives en un ámbito restringido; pero si eres rico y tienes una casa de mil metros cuadrados, tienes un chingo de espacio para sentirte miserable; y después te vas a tu casa en las playas del Pacífico para sentirte miserable allí también, y te sientes miserable manejando tu Ferrari o navegando hacia Antigua en tu barco de 32 metros.

Es fácil darse cuenta de que mientras más cosas tienes, más espacio tiene tu miseria interior para manifestarse. Una vez que has perdido la conexión contigo mismo, los diablos del infierno están ya bailando enfrente de ti. A veces se disfrazan de ángeles, pero raramente se tardan en mostrar su verdadera naturaleza.

Cuando no vives tu vida siguiendo tu verdadera naturaleza, el paraíso está verdaderamente perdido.

Ésta es exactamente la tarea de los alquimistas "Patas Pa' Arriba": humillar la vitalidad, el orgullo, la fuerza y la independencia de un toro para atarlo a tu carro para que te lleve donde tú quieras. "¡Prueba atar a tu carro un toro con sus huevotes íntegros —continúa con pasión Pancho López— y vas a ver si no se van a la chingada tú y tu carro!"

Nada qué hacer: las tijeras son necesarias.

Mujeres con huevos

Obviamente, como ya dije, estamos hablando de huevos espirituales, por lo tanto las mujeres no se sientan discriminadas. ¡Al contrario! Aun cuando los hombres traten de esconderlo, todos sabemos que las mujeres tienen más huevos que los hombres. Mira a tu familia con atención y te vas a dar cuenta.

Las mujeres a menudo, sólo por su instinto maternal y por compasión (y también por astucia política), te hacen creer que los pantalones los llevan los hombres, pero todos sabemos que no es así.

Hay una bellísima historia de un rey que estaba estupefacto al observar que en su reino no había casa en la cual no fuera la mujer la que mandara y tomara las decisiones. ¡No sólo en su casa pasaba esto, sino por todas partes!

Pero en lugar de sentirse aliviado por el hecho de que él no era el único pendejo que se dejaba manejar por la esposa, se empezó a preocupar por el pensamiento de que, estando así las cosas, él no sólo era el rey de un pueblo de maricones, sino ¡era el REY de los maricones!

Algo tenía que hacerse. Así que un día mandó llamar a su secretario y le dijo:

—Carmelo —así se llamaba el secretario—, toma los dos caballos más bonitos de mi escudería, el blanco y el negro, y ve a todas las casas del reino hasta que encuentres una casa donde sea el hombre el que manda. Cuando lo encuentres déjale elegir cuál caballo prefiere y regálaselo con mi bendición.

Carmelo titubeó mucho porque sabía que su esposa no le iba a dar el permiso de estar fuera tantas semanas. ¡Pero era el rey quien lo pedía! No había otra que huir de noche mientras ella dormía.

Por meses visitó miles y miles de casas sin nunca encontrar una familia donde no fuera claramente la mujer la que llevaba los pantalones, y precisamente cuando se había resignado a regresar al palacio del rey con la cola entre las patas, para devolver los dos caballos al soberano… y aún más resignado a someterse a la ira de su esposa, cerca del confín del reino entró en una casita que tenía un bello patio. Y allí vio a un hombre. Mejor dicho: ¡EL HOMBRE!

¡Era enorme! Con los músculos bien marcados por todas partes, con la barba y el pelo negros, dos ojos verdes y grandes que lanzaban relámpagos metálicos, y dientes blancos y fuertes capaces de abrirte una cerveza con sólo los incisivos. Estaba sentado con su taparrabo sobre una enorme piedra de granito que él mismo había puesto en el centro del patio, y con sus manos enormes se estaba masajeando, con aceite de almendra, los músculos de los brazos y de las piernas que parecían esculpidos por Miguel Ángel en persona. Cuando vio llegar al pobre Carmelo, le dio la bienvenida con una especie de rugido:

—¿QUÉ?

La voz era aún más impresionante que el físico. Hasta la tierra tembló por las vibraciones de sus tonos bajos, tanto que Carmelo miró alrededor si había un *subwoofer* que lo amplificaba. El mensajero real tímidamente contestó:

—Estoy buscando… una casa… donde sea el hombre el que manda.

—¡JA JA JA JA JA JA JA! —su carcajada retumbó en el patio espantando a centenares de pájaros, que volaron dejando huérfanos todos los árboles de la zona. Después, dirigiendo el trueno de su voz hacia el interior de la casa, llamó—: ¡¡¡LUPITA!!! ¡¡¡VEN ACÁ!!!

Salió de la casa una mujer que no debía de tener más de treinta años, flaca, flaca, flaca, con cabellos sutiles, sutiles, sutiles, de un color indefinible entre el rubio, el castaño y el ceniza, con la espalda encorvada y con el paso incierto de quien no tiene un buen equilibrio sobre las piernas. El gigante, señalándola con aire irónico, con su voz de barítono bombardeó:

—¿Según tú, quién crees que manda aquí?

Carmelo no podía creer a sus ojos… y aún más a sus orejas: ¡Su viaje no había sido en vano! ¡Allí estaba él! ¡El ganador! Se felicitó y, mientras seguía buscando el *subwoofer* con la cola de los ojos, le explicó el motivo de su visita, presentándole los dos magníficos caballos:

—Aquí están los mejores pura sangre de la caballeriza real: el blanco y el negro. Elige el que quieras y será tuyo.

El hombre miró a los dos caballos, con ojos redondos… se rascó la cabeza con aire dudoso… después pasó a masajearse la barba del mentón… y al final con evidente desconcierto se volteó hacia la mujer y con un hilo de voz le preguntó:

—…¿Cuál elijo?

—El blanco —contestó la mujer sin pensarlo ni un momento. Y volteándose, sin dignarse a dirigir ni una mirada más a su esposo, a los caballos y a Carmelo, regresó a sus quehaceres con el mismo paso tambaleante.

Ésta es la situación. Cuando los hombres, dejándose ganar por el orgullo, toman las decisiones por su cuenta, la mayoría de las veces las consecuencias son desastrosas. No hay nada que hacer: las mujeres son más vivas, tienen más sentido práctico… (Pancho López, para poder decir esto, seguramente se pasó de copas) son más rápidas… Siempre, en mis viajes, he notado que, si pides una información a una pareja, mientras el hombre está todavía tratando de entender lo que le has preguntado, la mujer ya te contestó.

La suerte de las mujeres es que los alquimistas "Patas Pa' Arriba" se concentran, generalmente, más sobre los hombres que sobre las mujeres. Para la sociedad, al final, las mujeres son simplemente *pinches viejas* que tienen que adiestrar para estar en casa, cuidar a los hijos y no crear problemas. Una especie de prostituta-sirvienta-*babysitter* sin salario… y últimamente también proveedora sin derechos. Y también al interior de las religiones las mujeres tienen un perfil de segundo plan: no puedes imaginar una mujer Papa o una rabina o un *muezzin* mujer. Hasta hace no mucho se pensaba que las mujeres incluso no tenían alma. Pero sin ir muy lejos, a nivel social, hasta el siglo pasado a las mujeres les era negado el derecho a votar... sin hablar de los países musulmanes, y otros países por allí, donde a las mujeres les falta mucho más que el derecho de voto.

Los alquimistas se concentran más sobre los hombres, ¡porque son los hombres los que la sociedad va a utilizar como soldados y trabajadores! ¡Los hombres son los verdaderos esclavos! Las mujeres son simplemente entrenadas para ser las esclavas de los esclavos y para producir nuevos esclavitos... pero los hombres... los hombres... ¡Ellos son! Son ellos las importantísimas piezas que los que tienen el poder mueven con cinismo sobre el tablero del nefasto juego del egoísmo humano.

Una fábrica de esclavos

El egoísmo humano necesita esclavos. Esto es inevitable. Si tú quieres tener más de lo que necesitas, tienes inevitablemente que chingarte a alguien más.

El problema es que nadie está dispuesto a dejarse chingar sin protestar. Por esto tienen que enseñarnos a volvernos "ovejas del rebaño de nuestro Señor". ¿Pero quién es este Señor? ¿Y a quién le gusta ser la pinche oveja de un rebaño?

Es precisamente porque nadie quiere volverse una oveja que la sociedad tiene que inventarse algo para entrar en posesión de ti. De otra forma tú harías la vida que te gusta hacer, sin tener presentes las expectativas de los demás. Pero esto la sociedad no puede permitirlo, porque tú le sirves. La sociedad no te ama, la sociedad te usa.

Al final, si lo piensas bien, todo nuestro proceso "educativo", desde la familia a la parroquia, a la universidad, es toda una conjura para prepararte y hacer de ti lo que quieren. Y si alguien duda de esta afirmación, intentemos hacer una abstracción, y a ver qué sale.

Imaginemos llegar a un continente desconocido donde hay gente inocente, ignorante y sin poder (exactamente como los niños). E imaginemos ser tan cabrones que queremos aprovecharnos de ellos de forma que, mientras ellos trabajen partiéndose el lomo en nuestro lugar, nosotros podamos pasar el tiempo jugando al golf, y haciendo cuentas de lo que vamos a ganar este año, esperamos el momento de llenar los barcos con las riquezas que ellos han producido, y regresar a nuestras casas para construir los lujosos mausoleos en los cuales van a tirar nuestros cadáveres. En otros términos: imaginemos que queremos hacerlos nuestros esclavos.

Para lograrlo, ¿qué harías tú? ¿Les enseñarías a tener confianza en sí mismos? ¿Los alentarías a buscar una experiencia autónoma e individual de la verdad? ¿A descubrir que pueden ser independientes y que no te necesitan? ¿Que ellos tienen dignidad y pueden pelear por sus derechos? ¿Les hablarías de un Dios buena onda que los acepta así como son? ¿Les enseñarías a defender su dignidad contra los abusos de los demás?

Es evidente que si usas estos métodos educativos, nunca vas a tener esclavos y nunca vas a ser capaz de aprovecharte de los demás para volverte rico y poderoso. Si tú quieres dominar a los demás, tienes que aprender de los alquimistas "Patas Pa' Arriba". Tienes que meterles todo tipo de miedo, tienes que decirles que hay un Dios hijo de la chingada que no tiene ninguna piedad hacia las debilidades humanas, tienes que hacerles creer que no tienen ningún poder, que sin ti están perdidos. Tienes que espantarlos, aislarlos y crear culpa, mucha culpa. Así, cuando tú no estás presente para controlarlos, ellos se controlan solitos, y si pecan, la culpa les quita la integridad, la fuerza y el respeto hacia sí mismos. Si eres capaz de hacer esto, podrás controlarlos incluso cuando hayas muerto.

A través de la culpa puedes crear una especie de guardián interior. Pero si quieres obtener unos buenos esclavos es fundamental operar inmediatamente cuando son todavía inocentes e indefensos. Tienes que inocularles este *chip* de control cuando ellos no tienen los recursos para entender lo que está pasando. Lo sé, sé que es gacho, inmoral, inhumano y criminal, pero de otra forma, ¿cómo haces para constreñir seres libres, llenos de energía y creatividad, en la angosta y humillante cerca de un rebaño?

El carnero de Dios

Jesús hablaba de rebaño, pero ¿pueden imaginar a alguien más fuera del rebaño que él?

Él, milagrosamente, se salvó de la obra de los alquimistas al revés (a veces ocurre) y salió de su rebaño de nacimiento. Él pertenecía al rebaño de los judíos. Nació como judío, fue circunciso como judío y fue educado como judío. Esto es de considerar. Jesús no era cristiano, era judío. El cristianismo vino después y no tiene nada que ver con él.

Jesús pertenecía al rebaño de los judíos. Y el rebaño de los judíos es un rebaño que espera: cree que un día va a llegar el mesías, un salvador, un guía… y disculpen si tengo que reportar las barbaridades que Pancho López me sugiere, pero la imagen de un rebaño que espera un guía te da inmediatamente la idea de que, tarde o temprano, a guiarlo va a llegar como mínimo un carnero, quiero decir un animal un poco más cabrón que una cabra, que un borrego o que una pinche oveja.

En este contexto Jesús tuvo el valor, tuvo la integridad… tuvo los *huevos* de levantarse del rebaño y erguirse en su verdad contra todas las ideas convencionales de su tiempo y de su país, y descaradamente ofrecer a los rayos del sol su belleza, su inocencia y su infinito amor.

Su simple presencia era una provocación para los judíos. Podemos entender la reacción de los pobres políticos y religiosos de aquel tiempo, que vieron amenazado todo el paciente trabajo de sus famosos alquimistas "Patas Pa' Arriba" judíos, en el cual se había invertido tanto tiempo… ¡y más que todo dinero!

Entonces un bonito día este jovenazo de pelo rubio, con el corazón apasionado y desprovisto de cualquier sentido de prudencia, se fue al rebaño de los judíos, que pastoreaba pacífico entre la Tora y el Antiguo Testamento, y les dijo:

—Tengo una buena noticia para ustedes. Llegó El que estaban esperando. Y adivinen quién es… ¡soy yo! —dijo abriendo los brazos con una bella sonrisa—. ¡Soy yo el único Cabrón de Dios!

Los judíos levantaron sus morros y, continuando a rumiar sus textos sagrados, con los ojos mansos típicos de los rebaños, lo miraron con la misma sorpresa con la cual miras a un borracho bajo el sol a las diez de la mañana. Necesitaron un poquito de tiempo para entender que estaban en un pedo.

Para decir una cosa como ésta frente a una multitud de judíos, que tienen sentido del humor por unas cosas pero que les falta completamente para otras, tienes verdaderamente que tener huevos octagonales… o tienes que estar totalmente loco… o borracho de verdad. Proclamarse como el que estaban esperando desde la noche de los tiempos es como decir: "no desperdicien más tiempo esperando, ¡ya llegué! Toda su cultura y tradición basadas en la espera pueden tirarlas al escusado y amén".

¡Claro que lo mataron! ¿Cómo podríamos pretender que estos pobres judíos aceptaran como salvador a esta especie de hippie que se la pasaba con borrachos y prostitutas y que incluso daba la impresión de fumar marihuana? ¿Cómo podemos pretender que de un día para otro tiraran a la basura todas las bonitas copias, frescas de la imprenta, del Antiguo Testamento, con una hermosa cubierta en piel de cordero de Dios? Ningún editor, especialmente judío, hubiera aceptado tirar a la basura siglos de trabajo y renunciar a todas las ganancias que el éxito editorial prometía. ¡Vamos! Tantas bellas copias con la foto de Dios en el acto de regalar al pobre Moisés las tablas con los diez mandamientos, mientras que, con su divino sentido del humor, le hace creer que pertenece al pueblo elegido…

Ahora disculpen si me permito, pero aquí Dios se manchó. A la burla hay un límite. ¡No se puede aprovechar de la ingenuidad de las personas y reírse a sus espaldas! Los judíos tienen fama de ser gente astuta, pero a veces… ¡Vamos! ¿Cómo se puede creer que Dios tenga preferencias? Ya es indecoroso saber de un padre normalmente neurótico que tenga preferencias entre un hijo y el otro. ¿Qué decir de Dios? ¡Lo siento, pero Diosito exageró! Yo puedo entender que, después de estar solo por tanto tiempo, cuando vio a Moisés todo empolvado y con el bastón en la mano le vino la idea de divertirse un poquito haciéndole una broma, pero dejarle creer esta barbaridad por todos estos siglos, me parece una crueldad. ¡Además las consecuencias de esta burla "inocente" son muy pesadas! Si en una familia hay un hijo favorito es inevitable que al final el pobre le va a caer mal a todos los hermanos. ¿Y la culpa de quién es, del hijo? ¡No! Obviamente es del padre.

Diosito me cae bien en todo pero en esta cosa se pasó. Esta pendejada del pueblo elegido ha hecho sentir a los pobres judíos siempre aislados de los demás. Si, al contrario, Diosito le hubiera dicho a Moisés: "Moisés, tú eres un pinche güey como todos los demás", los judíos se hubieran podido finalmente relajar, casarse con quien les diera la gana y vivir todos en armonía, andando de parranda con quienquiera.

Una venganza servida fría

Esta historia de Jesús, Caifás y Poncio Pilatos ha dejado un rastro muy doloroso. Cuando es asesinado uno de estos poquísimos maravillosos seres humanos que realizan el pleno potencial de las cualidades divinas que todos poseemos en potencia, el universo vierte lágrimas de sangre tan pesadas, que dejan en el inconsciente humano huellas profundas de pesar y resentimiento difíciles de cancelar.

Hay unos que hasta sostienen la fantasiosa teoría de que el mundo católico, después de dos mil años, todavía no ha perdido la ocasión de vengarse con los judíos por la muerte de su maestro. ¿Cómo? Con la concesión del Estado de Israel. Un pedazo de tierra infestado de musulmanes, donde los judíos son condenados a vivir constantemente en guerra, rodeados por todas partes de enemigos que los odian. Una venganza servida fría, con la sonrisa en los labios, el 15 de mayo del 1948.

Los judíos estaban todos emocionados como niños bajo el árbol de Navidad el 6 de enero esperando a los reyes magos, diciendo gracias, gracias, con las lágrimas en los ojos. Y el mundo cristiano dándose de codazos y carcajeándose a sus espaldas: "¿Quieren también tomarse Gaza? Adelante, sírvanse a gusto. ¿Un pedacito de Egipto? ¿Y por qué no? ¿Empujar más allá la frontera con Siria? ¡Por favor, como si estuvieran en su casa!" Y ellos, ingenuos, cayeron en la trampa. Y ahora todo el mundo está pagando las consecuencias de una guerra que parece que nunca va a terminar y que ha causado inmenso sufrimiento de un lado y del otro.

Estos judíos son gente sencilla, nostálgica… ¡También en este asunto de querer regresar a este pedacito de desierto después de tanto tiempo! Su tierra prometida… Que al final uno se pregunta: ¿Quién se las había prometido? Y ¿qué clase de promesa es ésta? ¡Si quieres prometerle algo a alguien, prométele algo bonito, no le prometas un pedazo de desierto, además habitado por gente que te cae mal! ¡Ésta más que una promesa parece un anatema!

Pero ellos tenían precisamente una fijación con este pedazo de desierto, se habían emperrado.

—¿Quieren un pedazo de tierra fértil con ríos por todas partes…?

—¡No!

—¿Una montaña fresca con vista al mar, aislada… donde pueden hacer todas las fiestas que quieren sin molestar a los vecinos…?

—¡Nnno, no!

—¿Una tierra en los trópicos, con la fruta buena, las palmeras y playas de poca madre?

—¡Nnno, no… no!

—¡Está bien! ¡Y entonces chútense esta bella promesa!

No sé si esta teoría es plausible o Pancho López se metió algo, pero vengarse así después de tanto tiempo me parece bien gacho. ¡No es justo que todos se burlen de ellos! ¡Antes Dios, ahora el mundo cristiano! ¡Basta! ¡Alguien tiene que defenderlos! ¡No se vale que todos se aprovechen de ellos!

Además, es fácil juzgarlos por esta historia de Jesús, pero prueben meterse un poco en sus zapatos. Si los judíos son un pueblo tradicional al día de hoy, cuando las tradiciones se han vuelto más y más cartulinas para los turistas, pueden imaginar en el tiempo de Jesús. Es verdad que crucificar no se vale, pero también pónganse en su lugar, con este joven que hacía fiestas por todas partes con gente equívoca, que transformaba el agua en vino, que se jactaba de ser el único hijo de Dios y que llamaba a todos ovejas. ¡¿Al pueblo elegido por Dios?! No puedes decirle eso al pueblo elegido por Dios! ¡También la ingenuidad tiene un límite! ¿A quién le gustaría ser llamado oveja? Hasta en una sesión chamánica para descubrir tu animal de poder, todos esperamos ver aparecer un tigre, un león,

un águila, un lobo… un venado blanco con los cuernos enormes…
¡No una pinche oveja! ¿Qué haces con una oveja? Basta escuchar
la voz de la oveja para entender que el pobre animal no tiene ningún poder. ¡Vamos, no se puede llamar ovejas al pueblo elegido de
Dios! Aquí fue Jesús el que se pasó.

Teorías, hipótesis… No importa si son verdaderas o no, de cualquier forma exponen la sustancial enfermedad humana de dejar que
ideas, creencias y odios viejos de milenios determinen las elecciones y las reglas de hombres potencialmente inteligentes y sanos.

Hay una bellísima película de un director judío originario de Buca-
rest, Radu Mihaileanu, *Va, vis et deviens*, en español *Camina sin mí*,
que muestra con rara inteligencia lo absurdo de las creencias y el
dolor que provocan sin alguna razón. La película cuenta la historia
de la *Operación Moisés*, la repatriación, en 1984, de los falasha, una
multitud de judíos etíopes de piel negra, refugiados en Sudán para
huir de la guerra. Una marcha marcada por la hambruna y la sed,
donde miles encontraron una muerte horrible por llegar a la famosa tierra prometida. Y una vez allí, sufrir humillantes interrogato-
rios para que las autoridades pudieran intuir si estos prófugos eran
de verdad hermanos judíos o simplemente unos "pinches negros
infiltrados". La historia es tan absurda y triste que a veces se vuelve hasta cómica. El cuadro final de la película es un grito de dolor
cósmico que levantándose desgarra el cielo, llevando consigo la pregunta que relampaguea siniestra en los ojos aterrorizados de todas
las víctimas de la locura humana: ¡¿Por qué?!

Las tradiciones son sólo bonitas como fenómenos folclóricos, pero
como fenómeno espiritual son fatales. Y las creencias son aun más
peligrosas que las tradiciones, muy peligrosas.

Alguien se está riendo

Nacimos libres y sin ideas, capaces de ver el mundo por lo que es, sin estar pervertidos por ideas preconcebidas o peor aún por creencias. Los viejos conocimientos tendrían que servir, si acaso, sólo como un trampolín de despegue para volar hacia los horizontes más desconocidos y lejanos de la conciencia, no como cadenas que humillan tu libertad de ser humano. Porque encerrar a un ser humano en un sistema de creencias es como encerrar un águila en una jaula, esperando que sus alas, hechas para cernir en los siempre verdes e infinitos panoramas del misterio de la vida, se atrofien reduciendo su majestad de reina de las alturas a la humillante dimensión de pollo de corral.

Las creencias son muy peligrosas. Las creencias le impiden a tu inteligencia desarrollarse. Cuando tú crees en algo que no sabes, tu inteligencia termina de funcionar sentándose en lo que creen los demás; tu conciencia se atrofia y tú, como el águila en la jaula, te conviertes en un animal de patio.

Cuando no sabes algo, la mejor cosa que puedes hacer es tratar de conocerlo, no buscar alguien que te diga en qué cosa creer. Si no sabes algo búscalo: si lo encuentras, no hay ninguna necesidad de creerlo, y si no lo encuentras continúa buscándolo. Ésta es la forma para tener tu inteligencia viva, no la de creer en algo que estás acostumbrado a escuchar repetir de gente que parece víctima de una fea enfermedad.

Creer es para los ciegos. Sólo los que no pueden ver la luz se tienen que contentar con creer en ella. Los que tienen vista, la luz la ven con sus mismos ojos; la cuestión de *creer* está fuera de discusión.

El verdadero mensaje religioso tendría que ser: "¡Ve en búsqueda de la verdad! ¡Utiliza todos los instrumentos que encuentres y que sean adaptados a tus características; viaja, equivócate, duda, corrige, cae, levántate... pero no te pares hasta cuando la hayas encontrado y mirado con tus ojos! Hasta que tu oro brille otra vez iluminado directamente de la deslumbrante luz de Dios".

Normalmente, al contrario, lo que te dicen los "grandiosos" alquimistas "Patas Pa' Arriba" es: "¡No tires tu tiempo en buscar la *verdad*! ¡Yo te digo cuál es la *verdad*! Vive como un ciego. Limítate a utilizar tu cerebro para aprender, recordar y obedecer lo que te digo yo, y si alguien te propone algo diferente de lo que está escrito en nuestros textos sagrados, evítalo, denúncialo, enciérralo, quémalo".

Las creencias y los prejuicios son muy peligrosos, porque hay muchos textos sagrados que dicen cosas diferentes. Y por cada texto hay interpretaciones diferentes, y diferentes interpretaciones de las interpretaciones diferentes, e interpretaciones de las diferentes interpretaciones que son diferentes de las interpetaciones diferentes de las diferentes interpretaciones,... ¡Un desmadre! Y, a pesar de la ridiculez de todo el asunto, cada uno se jacta de tener la interpretación correcta, y hasta está dispuesto a matar o a dejarse matar para defenderla. De esta forma es inevitable empezar a pelear. Y la gente, de hecho, se ha peleado y continúa peleándose por chorradas que ni un descerebrado hubiera tomado en serio.

Sé que unos de ustedes se van a sentir ofendidos y van a tirar el libro en el escusado; sé que otros en el escusado quisieran tirarme a mí y a Pancho López; sé que continuar provocando las creencias es peligroso; sé que me voy a hacer muchos enemigos y voy a arriesgar la reputación y la integridad física; sé que mi mamá me está rogando no continuar con esta mamada de Pancho López y en cambio buscarme un buen trabajo en el gobierno... Pero disculpen: si estás verdaderamente interesado en la búsqueda de la verdad, y algo en lo cual has creído hasta ahora de repente te resulta ridículo, debes tener el valor de tirarlo a la basura. Si tienes amor a la verdad, tienes que tener los huevos de quitar del medio cualquier cosa que reconoces como un obstáculo a tu búsqueda, aun si se trata de ideas que han sido veneradas por siglos. ¿Si no, qué buscador eres?

Si al contrario la verdad te vale madres y lo único que te importa es salvaguardar el honor de tus tradiciones y creencias, denuncia, destierra, recluye, destruye, mata aquellos que las ponen en duda y después esconde la cabeza bajo la arena y trata de olvidar... si puedes.

Los hindúes tienen 7 000 divinidades: el dios elefante, el dios chango, el dios rojo, el dios azul... Cualquiera puede entender fácilmente que estas creencias sean maravillosas como elementos de folclor; sean ridículas como parte de una sincera fe, y sean fatales cuando un grupo de hindúes armados de palos asalta un arrabal de musulmanes, matando a palazos hombres, mujeres y niños. Todo el mundo occidental se encuentra de acuerdo en considerar este tipo de creencias primitivo e infantil... aparte de peligroso.

Hay una secta (que, para variar, Pancho López no recuerda cómo se llama) que cree que cuando te sientas sobre el escusado tienes que hacer ruido golpeando dos piedras una contra la otra para espantar los famélicos fantasmas que, atraídos de tus ruidos fisiológicos, podrían llegar a devorar tus heces.

Para nosotros occidentales este tipo de creencia nos hace doblar de la risa. ¿Pero, no se dan cuenta que nuestras religiones no están tan lejos de ridiculeces de la misma calaña?

Dejemos de un lado todo el rollo de paraíso, infierno, ángeles y demonios, y parémonos un momento sobre dos dogmas de la religión católica, que es la que conozco un poco mejor, dado que fui criado católico en un país católico...

...y yo era un niño tan noble, como son todos los niños, que no podía imaginar que toda esta gente que tenía mi incondicional confianza no tenía la menor idea de lo que me hablaba. Por esto era un apasionado católico. Mi sueño era ser monaguillo y después franciscano (los hippies siempre me gustaron).

El problema era que me sentía indigno del nombre de los mártires cristianos que destacaban en las vivaces impresiones pegadas a las paredes de mi catolicísima escuela siciliana. Estos santos y estas santas capaces de no renegar de su fe ni en medio de las torturas más atroces. Sentía que yo no estaba a la altura de estos héroes del cristianismo, capaces de dejarse matar a pedradas, dejarse desollar vivos, capaces de salmodiar con los ojos al cielo mientras las flamas los devoraban. O estos que en el Coliseo, enfrente de las divertidas familias romanas comiendo palomitas con sus niños, se dejaban adentellar por los leones mientras, en sus labios ensangrentados, las dulces palabras de Dios permanecían como una eterna sonrisa.

Siempre supe que no hubiera tenido el valor de defender el nombre de Dios como hicieron mis predecesores. Estaba tan aterrorizado por los cuentos de los suplicios de los mártires cristianos que estaba seguro que en su lugar me hubiera bastado que me dijeran: "Si no renuncias a tu Dios, hay chance que en unos años, quién sabe, te vamos a torturar", para que yo estuviera dispuesto a renegar del Padre, el Hijo, el Espíritu Santo y todos los ángeles del paraíso, para convertirme a cualquier religión, aun si tenía que venerar a Batman cinco veces al día. ¡Era un cobarde!

Es así que empecé a odiarme a mí mismo, a odiar a los que mataron a Jesús, a odiar al Coliseo, a los leones, a los romanos, a las palomitas y a todo lo demás. Empecé a odiar.

¡Gracias a Dios encontré los mantras mexicanos, si no quién sabe qué hubiera sido de mí!

Pero regresemos a nuestras creencias.

Después haber reído a las espaldas de los hindúes por sus 7 000 dioses, analicemos dos de los principales dogmas católicos y veamos si hay alguien que en cualquier otra parte del mundo se pone a reír.

El primero que me atrevo a tratar es la virginidad de la Virgen… hasta Pancho López se encuentra sin palabras. Pero disculpen, déjenme entender: esta historia de la Virgen, ¿es una metáfora o la tomaron a la letra? Como metáfora es muy bonita, pero si la toman a la letra, me parece una historia bien triste, especialmente para San José. ¿A quién le hubiera gustado estar en los zapatos del pobre San José, en su taller de carpintero, todo sucio de aserrín, siempre con el serrucho en las manos, sin nunca poder aprovechar de sus derechos nupciales y además pasar a la historia como un pendejo? Sí, mis queridos lectores, porque si María se quedó virgen, él también se quedó virgen, pero al menos la esposa se volvió famosa y, al contrario, a él nadie lo pela.

La historia no es tan bonita, si la ves desde la perspectiva de San José. ¿A quién le gustaría rogar a la esposa por años para recibir, cuando le iba bien, sólo unos castos besitos sobre la frente? ¡Claro que se la pasaba todo el día en su taller descargando su frustración con el serrucho en las manos…! Sin hablar de ser la burla de todos los amigos.

Imagínate la cara que puso cuando un día, mientras serruchaba en solitario, llegó la esposa, y como si nada le dijo:

—Estoy embarazada.

—¿Qué cosaaa? —gritó San José cortándose tres dedos con el serrucho por la sorpresa.

—Estoy embarazada.

—¿Y quién te ha embarazado? —apremió San José con la cara ruborizada.

—El Espíritu Santo.

—¡¿El Espíritu Santooooooo?! ¿Quién es este hijo de la chingada? Dime quién es, que lo voy…

—¡Pepito, no seas blasfemo!

—¡¿Cómo que no sea blasfemo?! ¡¿Este cabrón te embaraza y yo no tengo que blasfemar?! Pero yo quiero matar a éste…

—¡Calma, Pepe! ¡Calma…! No puedes matarlo —trató de tranquilizarlo María con la más inspirada de las expresiones—. El Espíritu Santo es una parte de Dios.

—¿Una pa…parte de… de Dios? —tartamudeó José con la mirada extraviada de un niño que se entera demasiado pronto cómo nacen los niños; e inocentemente continuó—: ¿Y qué parte es? ¿Con la que te ha embarazado?

—¡No, tontuelo! Y no digas estas cosas o vas a terminar en el infierno como Dayal y Pancho López… o aun peor, vas a terminar en las manos de la Santa Inquisición. Por lo tanto, por favor, regresa a tu serrucho y no digas tonterías.

Si hay alguien que quiere creer a esta historia, yo lo respeto completamente, como respeto los hindúes que creen en el dios rata; pero seguramente hay alguien en cualquier parte del planeta que se ríe del uno y del otro.

Y el otro dogma que me hace enloquecer es: la ascensión al cielo de Jesús. Hay siempre cuatro preguntas que me vienen desde que tomé el camino de la herejía.

Primero: ¿dónde está el Paraíso? Considerando que Jesús ascendió, probablemente está arriba, en el cielo. Y tarde o temprano los astrónomos, con los instrumentos que tienen hoy día, van a descubrir dónde está.

La segunda es: ¿ascendió con todo y los zapatos y los vestidos, o ascendió desnudo? Si la respuesta es que ascendió vestido y con zapatos, me gustaría saber de qué marca son, porque tiene que ser ropa hecha para durar en eterno. Y además si aceptamos la idea de que Jesús ascendió vestido, tenemos también que aceptar la posibilidad de que, como dicen los musulmanes, Mahoma ascendió al cielo con todo y caballo.

La tercera pregunta es: si ascendió desnudo, ¿no le dará pena ser el único en el paraíso dando vueltas en pelotas? ¿O están todos desnudos como en un club de nudistas?

Y la cuarta: ¿cómo es su cuerpo casi dos mil años después de su muerte?

Yo no sé nada de todo esto, y Pancho López ni hablar, pero de una cosa estamos seguros: alguien se está riendo.

Abuelitas rostizadas

En otros tiempos, por bromear de esta forma sobre estos asuntos, me hubieran puesto en la hoguera. ¡Simplemente por unos chistes!

Esta gente, estos religiosos, estos moralistas, no tienen el mínimo sentido del humor, y en los siglos lo han demostrado ampliamente revelándose como gente muy malvada.

No han pasado muchas generaciones desde que torturaban a las mujeres para hacerles confesar que se habían acostado con el diablo. ¡Sí, con el diablo! Parece una broma pero desafortunadamente no lo es. En los mismos salones, en las mismas oficinas del Vaticano donde ahora elegantísimos prelados manejan las conciencias y el dinero de los fieles, hace sólo unos cientos de años, los mismos prelados, vistiendo las mismas batas, daban el consenso a la Sagrada Inquisición de perseguir con métodos infernales estos reatos tan "comunes" como acostarse con el diablo. ¿No se los contaron en el catecismo? ¿No? ¡Qué raro! ¿Les enseñaron sólo el Ave María y a no tocarse el pipín? ¡Que lástima! Porque la historia es una perla rara de la demencia y de la maldad humana... y además es una historia que tiene como protagonistas a millones de nuestras abuelas.

Imagínate qué traviesillas eran nuestras abuelitas, que se la pasaban a toda madre con el diablo en persona, ¡hasta llegar a acostarse con él!

Los inquisidores, que eran expertos en genitales, afirmaban con certidumbre que el señor Satanás no sólo estaba bien dotado, sino que también tenía un doble pene para doble penetración, como los que se encuentran en las "sex shop" de Ámsterdam. Y dado que estas "nuestras abuelitas" no sólo eran bien traviesas, sino también mentirosas, se negaban a confesar una cosa tan evidente y común como acostarse con el diablo. Por lo tanto, grupos de religiosos, todos hombres, con la santa paciencia, tenían que reunirse con la mujer de turno en subterráneos equipados con instrumentos de tortura, que en comparación Freddy Kruger es una caricatura de Walt Disney, para convencerla de que hiciera una "espontánea" confesión. Y estos pobres emisarios de Dios tenían que trabajar duro días y noches torturando a estas mujeres tercas que, fingiendo lágrimas y sollozos, se atrevían a decir que ese acostón con el diablo era una mamada cósmica. Pero al final estos "santos" hombres de iglesia se la arreglaban, de una forma o de otra, para regresar a esas berrinchudas a la razón y hacerlas confesar la "verdad".

Entonces en el pueblo se organizaba finalmente una bellísima fogata donde, mientras la pinche bruja era purificada de sus pecados, la gente podía también calentarse las manos, asar malvaviscos y ahumar salmones.

Me pregunto si alguna vez hubo un Papa que públicamente se haya disculpado con el mundo en nombre de la Iglesia católica por estos crímenes contra la humanidad que cometió, y si los Papas que estaban sentados sobre el trono papal en estos siglos, responsables directos de estos crímenes, han sido borrados del elenco de los representantes de Dios en la tierra, o están todavía presentes en representaciones marmóreas en San Pedro.

El poste de la luz no crece...

Ahora dediquemos un poco de tiempo a analizar las consecuencias de todo este desmadre.

Como vimos, hay un momento dramático en la vida de cada uno de nosotros: el momento en el cual nos rendimos a la idea de que, persistiendo en ser lo que simplemente y naturalmente somos, no vamos a tener la posibilidad de recibir lo que necesitamos para vivir: cosas sencillas como cariño, seguridad, respeto, atención...

Este momento dramático, que Pancho López, con su lenguaje académico, llama elegantemente *ya se chingó el asunto* es, en sustancia, el inicio de la esquizofrenia humana. Es el momento en que, en lugar de ser uno, te vuelves dos: lo que eres para ti mismo y lo que eres para los demás.

En la realidad nos volvemos más de dos, porque a los demás no les enseñamos siempre la misma cara. Al contrario, aprendemos a construir diferentes máscaras y diferentes personalidades, dependiendo de las diferentes personas y situaciones con las cuales tenemos que lidiar.

Pero ¿por qué Pancho López llama a este momento con una expresión tan colorida? La razón es que éste es el momento más dramático de la vida espiritual de todos los seres humanos. Es el momento en el cual entra en la mente del niño la conciencia de que puede fingir ser lo que no es para manipular al mundo a su conveniencia. Éste es el momento en el cual se pierde la inocencia y, con ésta, la conexión con Dios. En otros términos, cuando todo esto pasa *ya se chingó el asunto*.

Ésta es la verdadera caída, la verdadera expulsión del Jardín del Edén. Ésta es la madre de todas las políticas y de todas las guerras. Una vez que te abres a la posibilidad de esconder lo que eres verdaderamente para aparentar algo que no eres, empiezas a caminar en un sendero que, a lo largo de la vida, te va a llevar más y más lejos de ti mismo.

Las consecuencias de este acontecimiento son desastrosas en muchos aspectos, pero voy a analizar el aspecto que más me interesa, que es el espiritual… Sí porque, aun si les parece raro, éste es un relato acerca de la espiritualidad. Yo trato de todas formas de llevar al maestro Pancho López a usar un lenguaje más consonante al argumento, pero sin resultado. Le dije muchas veces que expresándonos con "groserías" la gente no nos va a tomar en serio; pero nada, él habla así.

Entonces, a nivel espiritual, el aspecto más desastroso de esta situación es que cuando tú renuncias a ti mismo y empiezas a fingir ser alguien que no eres, dejas de crecer o, en otros términos, podríamos decir que el natural proceso de transformación de la conciencia se detiene. ¿Por qué? No es difícil de entender.

La situación es que una vez que *ya se chingó el asunto*, tú te enfrentas a ser dos entidades: una verdadera y una falsa. La verdadera te crea siempre problemas porque no es aceptada, es criticada y castigada por no ser conforme a las estrictas reglas que la sociedad te impone. La falsa, que es la que la sociedad acepta, al contrario, te hace ganar el respeto, la seguridad y el cariño que necesitas para vivir… o, aun si a la sociedad no le gusta, es una máscara con la cual has aprendido de qualquier forma a procurarte poder y dinero. Obviamente, entre la cara que te hace ganar respeto, dinero y seguridad, y la cara que te hace ganar desprecio, crítica y condena, ¿cuál eliges?

Después de tantos intentos de vivir con el respeto de ti mismo, con el tiempo más y más terminas eligiendo la parte falsa, porque con la parte verdadera lo único que ganas son problemas; con la falsa, al contrario, obtienes lo que necesitas.

Por esto, como ya vimos en el capítulo "Del niño divino al niño jodido", aprendimos a cultivar la parte falsa y descuidar la parte verdadera; poniendo más y más energía en ganarte la respetabilidad, volviéndote un buen católico, un buen judío o buen musulmán, y menos y menos energía en ser tú mismo, o sea en cultivar la amistad con Dios.

Todas las veces que tu verdadero ser se manifiesta, lo escondes en las tinieblas de tu inconsciente, esforzándote constantemente en estabilizarte en lo que no eres, refinando, día tras día, la creación de un ser que no existe, que es pura ficción, dedicándote por completo a la creación de tu personalidad: esta máscara que te protege de los ataques del mundo exterior. Y así pasas la vida limando, corrigiendo y embelleciendo esta imagen de ti que no tiene nada a que ver contigo, y que te lleva gradualmente a estar más y más identificado con tu parte falsa y menos y menos con tu parte verdadera... hasta olvidarte por completo de quién eres.

El problema que conlleva esta situación es que, estando así las cosas, tu proceso de crecimiento está completamente bloqueado, porque sólo lo que es verdadero crece y evoluciona. Lo que es falso no puede crecer, porque no está vivo. Lo de crear algo vivo, que tiene una vida propia y por lo tanto evoluciona, es una prerrogativa de Dios. Todo lo que crea el ser humano no tiene ninguna vitalidad propia: es una cosa, no es un ser. Sólo lo que Dios ha creado es bendecido del natural proceso evolutivo, lo que ha creado el hombre está muerto y no puede crecer... Seguramente puede ser mejorado por obra del hombre, pero no tiene ninguna posibilidad de transformarse. ¿Has visto alguna vez crecer un poste de la luz? ¿Has visto evolucionar una silla? ¿Has visto transformarse tu lavadora? A lo mejor la viste envejecer. Sólo lo que está vivo y es verdadero crece. Tu ser natural puede crecer porque es verdadero, pero el personaje que aprendiste a interpretar no puede crecer porque es falso, no está vivo: lo creaste tú, como creaste el poste de la luz, el teléfono y el refrigerador.

El problema es que, dado que tú siempre pones tu energía en tratar de volverte el personaje que te gustaría ser y ninguna en descubrir o recordar quién eres, tu proceso de crecimiento espiritual está totalmente bloqueado.

Tratemos de entender. Hay una ley de la naturaleza que dice que todo lo que está vivo está sujeto al proceso evolutivo del planeta. Todo lo que está relajado y rendido a la voluntad de Dios, naturalmente evoluciona: los árboles evolucionan, los animales evolucionan... todo el planeta evoluciona... y obviamente tú también tendrías que evolucionar. A menos que...

...A menos que, peleando contra el relajado curso natural de las cosas, y resistiendo al misterioso e impredecible flujo de la existencia, trates de convertirte en una lavadora.

…¡Y no eres una lavadora!

¿Cuántas personas conoces que estén beatamente rendidas al misterioso e impredecible curso de la vida? ¿Cuántas veces te has sentido en un estado de total y relajada aceptación de las cosas así como son, aun si no corresponde a como según tú tendrías que ser? ¿Cuántas veces has aceptado sin berrinches la voluntad de Dios?

No es necesario que contesten, porque son preguntas retóricas… o casi. Nosotros humanos, aparte unos rarísimos casos, estamos siempre quejándonos con Dios porque la vida no es como nos gustaría. Y como niños berrinchudos golpeamos con los pies el piso porque nuestro esposo, esposa, hijos, padres, parientes, colegas y el mundo entero no son como quisiéramos que fueran. ¡Hasta del clima nos quejamos! Nos quejamos del frío, del calor, de la lluvia, de la sequía… no somos ni siquiera capaces de aceptar que el clima está hecho así.

Estos continuos conflictos son hijos mal criados del conflicto originario: el conflicto contigo mismo, que empieza cuando *ya se chingó el asunto*.

Desde este momento en adelante, nadie más se deja llevar por la corriente del impetuoso río de la voluntad de Dios. Todos perdemos la confianza y aprendemos a manipular las cosas. Y dado que todos confundimos el río de la voluntad de Dios con el río de la voluntad del diablo (porque todo lo que es espontáneo y natural nos lo presentan como un pecado), aprendemos a construirnos un yo artificial, al cual sacrificamos religiosamente nuestra vida.

Es así que inviertes toda tu energía vital en construir tu personalidad que, no perteneciendo a Dios, no está viva y por lo tanto no se transforma; y todas las veces que se manifiesta tu verdadero ser, o sea lo que Dios ha creado, lo reprimes con vergüenza y culpa. Tu ser se manifiesta espontáneo como expresión única de Dios y tú te esfuerzas en ser católico, judío o musulmán.

Es como decir que Dios te hizo humano y tú te esfuerzas para convertirte en una lavadora. ¡Es obvio que el pobre Diosito no sabe qué hacer contigo! Tú le pides puras cosas que no son su terreno. Tú le pides dinero, le pides poder, le pides que tus hijos hagan lo que tú quieres, le pides tener un ojo particular contigo y que los demás se chinguen… Y Dios no puede contentarte, porque el único regalo que Dios tenía para ti ya te lo dio cuando naciste, haciéndote perfecto en tu unicidad y dándote todo lo que necesitabas para vivir de forma sencilla, relajada y dichosa, enfrentando la vida por lo que es, como una persona madura. ¡No es su culpa si tú haces de todo para convertirte en una lavadora! La única cosa que podemos rogar humildemente a Dios es la de ayudarnos a encontrar otra vez lo que un día estaba presente y que se perdió. La única cosa que podemos pedirle es la gracia de regresar al Jardín del Edén.

Pero nosotros no entendemos nada de todo esto, y la única cosa que sabemos hacer es ofenderlo continuamente quejándonos de que la lavadora no funciona. ¡Y la lavadora la construimos nosotros, no Él!

¡Es dramáticamente ridículo que haya constantemente millones de personas, en cada rincón del mundo, de rodillas, con los ojos al cielo, rogando a su Dios que les arregle la lavadora! Y el pobre Diosito sabe hacer tantas cosas, pero de lavadoras no entiende ni madres.

¡Él había hecho un trabajo tan bonito contigo! Le había puesto tanto amor en hacer de ti una obra de arte, que al verte transformado en una lavadora con un zumbido defectuoso a veces le vienen ganas incluso de llorar. Y por lo tanto, en su infinita compasión, hace lo que puede: se pone su overol azul de mecánico, todo limpiecito con su pecherita, y viene a tu casa para intentar arreglarte la lavadora. Y después de un rato lo encuentras sentado en el piso de la lavandería, todo sucio de grasa hasta las orejas, con el desarmador agarrado al revés, que mira una tuerca con la misma perplejidad con la que un salvaje de las Amazonas mira por primera vez un celular que suena. ¡Una inocencia que te vienen ganas de comértelo a besos! Por lo tanto le ofreces un café para consolarlo por su incompetencia y lo mandas de regreso al paraíso con su trajecito de mecánico todo sucio. Y mientras lo miras irse a su casa con su cabecita balanceante, la espalda un poco encorvada y la cola entre las patas, te das cuenta de que lo amas que te mueres. Después cierras la puerta y te quedas solo, con la pinche lavadora descompuesta.

Pero a pesar de los mil fracasos de Diosito, y de los mil cafés que le ofreciste, continúas impertérrito, pidiéndole que te arregle la lavadora. Hasta perder la paciencia y empezar a pensar que este Dios es un verdadero incapaz, o es sólo una ilusión en la cual tienes que fingir creer, como todos lo hacen. Por lo tanto, aun si continúas rezando a ese Dios de fantasía, ya sabes que si tú no arreglas esta pinche lavadora, nada va a pasar. Y entonces te esfuerzas por mejorar: le das una mano de pintura, le cambias la manopla del lavado en frío, le pegas un adhesivo para cubrir una mancha de herrumbre, le pones encima un florero, así se ve más bonita… te cortas el pelo, aprendes inglés, te inscribes al gimnasio, te compras una falda nueva, una nueva corbata, te vas a terapia, te pones las chichis de plástico… Después te miras al espejo y te das cuenta tristemente de que, por más esfuerzos que hayas hecho, te quedaste con la misma pinche lavadora de siempre. Incluso peor: Una lavadora con chichis.

Lo que tenemos que entender es que mejorar no es transformarse. Las cosas mejoran, los seres se transforman. *Mejorar* significa simplemente que el ser humano toma algo que él mismo ha hecho y lo hace un poquito mejor de lo que era. Podemos mejorar un coche, podemos mejorar el aparato del aire acondicionado, podemos mejorar el procesador de la computadora, pero es obvio que un coche o una computadora no se transforman.

Al contrario, es fácil entender que un pino marítimo, una rosa, un águila o un venado no mejoran, sino se transforman, evolucionan. Lo que hace Dios no mejora, sino se transforma. Lo que hacen los humanos puede mejorar pero no transformarse. Si están de acuerdo con este argumento, no les será difícil intuir que una rata cualquiera, a pesar de no tener conciencia, con las debidas proporciones, tiene mucha más posibilidad de transformarse y vivir en la gloria de Dios, respecto a un religioso perfectamente ortodoxo que sacrifica su naturaleza para encarnar el ideal ficticio que le impone su "moral". Porque la rata la ha hecho Dios, mientras las religiones son un producto de los humanos. Si también los religiosos más ortodoxos evolucionan al menos un poco, es sólo porque ninguno de ellos sigue a la letra los preceptos; sólo fingen seguirlos. Por paradoja su hipocresía y sus "pecados" los salvan de la definitiva perdición. De esta forma la inteligencia de Dios puede deslizarse entre las fallas de su moral, para llevar al menos una chispa de vida en la tierra estéril de la ortodoxia.

Si tú te inmolas a la causa de tu personalidad, de tu educación, de tus tradiciones, que son todas cosas creadas por el hombre, es obvio que no hay transformación posible.

Sólo si nos rendimos a la voluntad de Dios, si nos reconectamos a nuestro ser natural, si nos volvemos otra vez parte armónica y relajada de esta existencia, podemos convertirnos en seres humanos más conscientes, más amorosos, más creativos… más divinos.

El mensaje de Pancho López es una invitación a no hacer nada para convertirte en algo innatural, sino, al contrario, ser exactamente lo que eres, hacer lo que te sale natural… de forma de poder descubrir cuál es el legado que Dios ha mandado al mundo a través de ti; ser más como un pino marítimo y menos como un aire acondicionado.

Pero ¿cómo hacemos para quitarnos de encima esta personalidad, este falso yo, para regresar a ser otra vez parte de Dios? ¿Para volvernos otra vez pacíficos, silenciosos, sabios, naturales… eternos como un roble, un clavel, una ardilla o un oso polar? Teóricamente no es difícil, porque ser quien eres tendría que ser la cosa más natural del mundo. No necesitas esforzarte, porque tú ya eres quien eres. ¿Cómo puedes esforzarte para serlo? Sólo relajándote puedes ser quien eres. El esfuerzo podrá ayudarte a volverte alguien que no eres, pero nunca te ayudará a volverte quien eres. Pero la cosa ridícula es que todos nos esforzamos por ser quienes somos. Sólo en el momento que paramos todos estos "eres y no eres", que ya nos tienen un poco hasta la madre, podemos finalmente entrar otra vez, sin ni siquiera darnos cuenta, en el tanto extrañado Jardín del Edén.

La mala noticia es que para que esto pase tienes que estar dispuesto a confiar en este desmadroso de Dios.

Si no te tomas el riesgo de soltar todas las ideas de lo que es bueno y de lo que es malo, de renunciar a la presunción de que tu Dios es más chingón que el Dios de los demás, de olvidar las opiniones que tienes acerca de ti mismo y de los demás, de abandonar todas las ideas, los prejuicios y las tradiciones que constituyen tu seguridad… no tienes ninguna esperanza de poderte evolucionar como ser humano y encontrar a Dios.

La inocencia es necesaria. Precisamente como dijo Jesús siendo malentendido por dos milenios: … *A menos que seas inocente como un niño no puedes entrar en el reino de los cielos.* Cuidado, no dijo: "a menos que seas católico o cristiano". Ser católico o cristiano no tiene nada que ver con la inocencia. Ser inocente significa ser inocente y basta; significa no tener algunas ideas preconcebidas, ser abierto a ver la realidad por lo que es, como si la vieras por primera vez, como un niño que ve el mundo con los ojos de Dios. ¿Cómo le haces para ser inocente si eres católico, cristiano, judío o musulmán? ¿Cómo le haces para ser inocente si ya elegiste el ángulo desde dónde interpretar la realidad? Podemos sin duda decir que ser católico, judío, musulmán o hindú es un obstáculo infranqueable que te impide de encontrar a Dios.

La confianza es necesaria. O aceptas el riesgo de dejar a Dio-sito hacer lo que quiere contigo, o no hay forma de conocer la gloria de ser un ser humano. No hay forma de conocer la gloria de Dios.

El ser humano es un buen proyecto

Alguien dijo: "El ser humano es un buen proyecto". El pinche Pancho López no se acuerda si lo dijo Bertrand Russell o George Bernard Shaw... o alguien más... aun si es más probable que sea un *Bernardo o un Bertrando*. Yo le dije: "¡Pero, puta madre, busca en tu infinita librería! ¿Si no qué papel hacemos con los lectores?" ¡Pero a él le da hueva...! y al final él no distingue entre Bertrand Russell, Tomás de Aquino o Schopenhauer, porque no tiene la menor idea de quiénes sean.

"El ser humano es un buen proyecto." ¿Qué significa? Que el ser humano es una posibilidad, no es un hecho. Ésta es la gloria y la condena de nacer ser humano. Si tú naces perro, eres un perro y haces tu vida de perro en santa paz; si naces eucalipto, haces la vida del eucalipto; si naces golondrina, haces la vida de la golondrina; y si tienes la mala suerte de nacer gallina, haces la vida pinche de la gallina.

Pero cuando tú naces ser humano, en realidad puedes elegir si vivir como un ser humano o como un perro (elección muy común), o como un pollo (también ésta, elección muy común). Si te limitas a comer, coger, dormir y esperar la muerte, podemos decir que tu vida no es muy diferente de la de cualquier animal y si a esto le quitaras también el sexo, como le gustaría a casi todas las religiones del mundo, tu vida se volvería muy similar a la de la alcachofa.

Nacer ser humano implica una responsabilidad, porque no eres esclavo de tu programa biológico como los bueyes, las jirafas y las cucarachas que, desde la noche de los tiempos, son condenados a repetir la misma pinche vida de sus progenitores. Como ser humano no estás forzado a seguir las tradiciones de familia como un burro, un hipopótamo o una cabra de montaña, porque tienes el don de la conciencia: eres libre... y por lo tanto responsable de tu vida.

La libertad y la responsabilidad van siempre juntas. Cuando eres esclavo no tienes la libertad de elegir qué hacer, entonces el problema de la responsabilidad ni siquiera se presenta. Por eso la gente se deleita tanto en el victimismo. Porque ser víctima de algo te quita la libertad, y esta privación de la libertad te consiente de no tomar la responsabilidad de tu vida.

Pero el ser humano no nace víctima. El ser humano nace libre porque tiene la conciencia y puede elegir qué hacer con su vida. Aun cuando los alquimistas "Patas Pa' Arriba" usen toda la experiencia de siglos para encontrar formas siempre más eficaces para apendejarte, la conciencia se queda allí como una brasa dormida: basta el ligero soplo de un maestro para volverla otra vez una flama orgullosa, vital, curiosa y hambrienta de aventura.

Por eso Platón... o Schiller... o Copérnico... o quien sea, dijo que "el ser humano es un buen proyecto".

El ser humano es un proyecto que no se realiza cuando naces, sino, al contrario, se realiza cuando aceptas las travesuras que Dios te propone para expandir tu conciencia y realizar todo tu potencial.

Nacer ser humano significa poder cambiar las cosas, probar cosas nuevas, tomar el riesgo de equivocarse. Nacer ser humano significa atreverse a tantear, con pasos temblorosos, los territorios inciertos del amor, de la poesía... de la religión.

Sí, de la religión. Obviamente Pancho no se refiere a ninguno de estos clubes de "ultras" religiosos que se han aprovechado de una humanidad ignorante, sino a un sentido de religiosidad sin etiquetas. Ese sentimiento que te lleva a romper definitivamente los límites de tu mente racional, para poder hablar a algo que no ves, que no huele, que no puedes tocar y que no sabes ni siquiera si existe. La religión es esta sensación de sentirse tan frágil y vulnerable, tan chiquito y perdido en la infinidad del universo, que, por paradoja, te hace sentir fuerte, absoluto y sin dudas.

Todo lo que existe es parte de Dios... o mejor dicho: es Dios. Los árboles, las montañas, los océanos, los animales forman parte de Dios, sin que ellos puedan saberlo. Los únicos que pueden volverse conscientes de esto son los humanos.

Los humanos son la conciencia del universo. Por esto Oscar Wilde... o Mao Tse Tung... o el Hombre Araña, dijo que "el ser humano es un buen proyecto". Porque a menos que descubra quién es, el ser humano se convierte simplemente en un proyecto abortado.

Pero para descubrir quién eres se necesita una extraordinaria confianza en Dios. Una extraordinaria confianza en tu propia naturaleza.

Desafortunadamente nadie confía en Dios. Todos te dicen que tienes que confiar, pero todas las veces que Él se manifiesta de forma natural dentro de ti, tú te espantas porque estás traumado desde tu niñez: todas las veces que te perdías jugando a ser Tarzán, o que te distraías en clase mirando una pinche mosca peleando con el vidrio para salir por la ventana, o que eras espontáneo, o que no tenías ganas de hacer lo que los demás te decían, o que te tocabas el pipín (por mencionar un ejemplo nuevo), eras atropellado con un reproche, o un castigo, o un juicio, o una burla o un madrazo (depende del estilo familiar y del contexto cultural)... cosas que tarde o temprano vas a trabajar en terapia, haciendo feliz a tu terapeuta y ayudándolo a comprar su casita en la famosa costa del Pacífico.

Todas las veces que tu instinto, tu intuición, tu espontaneidad rompían las reglas de la "educación" o de la tradición o de la religión o de la superstición, las consecuencias eran tan pesadas que al final aprendiste, como ya dijimos, que Diosito es una mala compañía, y para estar a salvo de Él es mejor refugiarse en la parroquia.

Para proceder en el camino de la liberación total, que Pancho López nos indica revelándonos los sagrados mantras mexicanos, es de fundamental importancia recuperar la confianza en tu naturaleza; es fundamental recuperar la confianza en Dios.

Tenemos que darnos cuenta de que, a pesar de que nuestro pasado ha sido sólo una fea pesadilla animada por seres ignorantes, infantiles y muchas veces mediocres... exactamente como nosotros, nadie nos impide renunciar a nuestros modelos de referencia y empezar un proceso de transformación. ¡No hay razón para cargarnos estos modelos psicológicos y de comportamientos por toda la vida, podemos soltarlos ahora mismo! Sólo una poca de conciencia es necesaria.

Nacer ser humano es una responsabilidad. El ser humano puede crear o destruir. En su manifestación más baja e inconsciente el ser humano usa su energía vital para destruir. Es lo que sucede desde siempre. La única diferencia es que ahora el ser humano es tan poderoso que los desastres que hace se notan. Antes, por milenios, los hombres se han agarrado a madrazos usando palos, espadas, fusiles, cañones... lo peor que podía pasar era que unos miles o unos cientos de miles se quedaran cadáveres en los campos de batalla como fertilizantes para los campesinos. Ahora el ser humano tiene el poder de destruir por completo la vida sobre el planeta. Antes se podía ensuciar un río, un lago... ahora estamos envenenando el océano; antes podíamos hacer un poco de humo, ahora estamos envenenando la atmósfera.

La misma energía el ser humano puede usarla creativamente. Depende de su nivel de conciencia. Si vive dormido en sus tradiciones, repitiendo como niño bueno las huellas de los padres, y cargándose el dolor y la frustración de estar desperdiciando su vida, el planeta no tiene ninguna esperanza. Si despierta su conciencia y es capaz de recuperar los horizontes sin límites de su ser, este mundo se puede volver un paraíso.

"El ser humano es un buen proyecto", un proyecto que requiere compromiso. Compromiso consigo mismo, compromiso con Dios.

El ser humano tiene dos posibilidades: o despertar y darse cuenta que nunca ha salido del Jardín del Edén, o creer que fue corrido de allí y continuar soñando que vive en el infierno. Es una cuestión de elección.

Esta libertad-condena del ser humano encuentra su origen en la historia de Eva y la serpiente. Antes de este encuentro, antes de esta arquetípica historia de seducción, los humanos eran beatos e inconscientes tal como los animales y las plantas. Haber comido del árbol del conocimiento del bien y del mal los llevó a abrirse a esta promesa que la serpiente hace a Eva cuando le dice: "Comiendo de este árbol te volverás como Dios". Y la serpiente tenía razón completamente: a través del fruto del conocimiento, los humanos tuvieron acceso a descubrir su naturaleza divina. Lo que la pinche serpiente no le dijo es que no bastaba comer este fruto para volverse libre y consciente como Dios, sino que se necesitaba también una tremenda entrega, una absoluta responsabilidad y un grande valor para alcanzar esta cumbre. Comer del árbol del conocimiento abrió solamente a una posibilidad, a "un buen proyecto".

La pobre serpiente

Esta historia del Jardín del Edén se puede interpretar de muchas formas. La más común y pinche, al menos desde el punto de vista de Pancho López, es la de que Dios es un cabrón que no ha perdonado a sus hijos por desobedecerlo, y los ha sacado de casa por la eternidad. Después hay otras interpretaciones. La que tomaré en cuenta es la que mira a la historia como una metáfora de la pérdida de la inocencia a causa del conocimiento.

Diosito había prohibido comer del árbol del conocimiento. La primera cosa que se te ocurriría decirle a Diosito es: "¡Pero eres bien tontuelo! ¡Si no quieres que se acerquen a este árbol, no se los indiques! Entre los millones de árboles que hay, nunca lo van a encontrar. ¡Es claro que si se los indicas, y además lo prohíbes, vas a crear una irresistible curiosidad!" Es evidente que Diosito tiene muchas cualidades, pero de psicología humana no entiende ni madres: es ingenuo.

Y así dijo a Adán y Eva: "Chicos, pueden comer de todos los árboles menos de éste".

El problema no era tanto Adán, que era un poco pendejón, pero Eva, a pesar de haber nacido de una costilla de Adán, era tan viva que nadie podía aguantarla. Estaba siempre alrededor de este maldito árbol, y un día era su destino que encontrara la famosa serpiente colgando del famoso árbol.

—¿Hola, que tal? —empezó la serpiente con sus lentes de sol y su inconfundible aire de matón de esquina.

Eva era una que hablaba hasta con las piedras, y probablemente era por esto que Adán estaba trastornado. Diosito le había dicho bien claro: "No hables con desconocidos y, más que todo, no aceptes dulcecitos". ¡Pero Eva era una pinga!

—¡Hola! ¿Qué haces sobre ese árbol? Mi papá me dijo que éste es un árbol prohibido, por eso no me puedo acercar. A decir la verdad, me acerco de vez en cuando… un par de veces a la semana… si tengo que ser sincera: un par de veces al día. A mi hermano Adán… que la verdad no termino de entender si es precisamente mi hermano o es otra cosa, porque tampoco conocemos a nuestra madre… Si mi papá es papá soltero… no, no en el sentido de que la esposa huyó con un africano, sino en el sentido de que propiamente nunca se casó… Si mi papá es contrario al matrimonio: le gusta hacer todo por su cuenta, también los hijos… La verdad me hubiera gustado tener una madre… también para saber cómo me voy a ver cuando sea viejita. Mi hermano… o lo que sea, al contrario, sabe que de grande se va a volver como mi papá: él también va a tener la barba blanca y finalmente va a tener unos vestidos para taparse… que es también mejor porque esa cosita que le queda colgando no es estética para nada. Yo, al contrario, no sé si me voy a quedar en cueros toda la vida. Francamente al menos una tanga me hubiera gustado. Una tanga fucsia con unos brillantitos en forma de corazón en la parte de atrás como los de Victoria's Secret… ¿O un tanga naranja con el dibujo de una mariposa al frente…? ¿O de una flor? ¡Una margarita…! No, no… una margarita no… ¡Ah, ya sé! ¡Claro! ¡Cómo no se me ocurrió antes! ¿Sabes qué cosa? ¡Una violeta! ¡Una violeta violeta con todos los puntitos amarillos…! ¿O mejor un hibiscus rojo con lunarcitos blancos…? que te parece mejor a ti, una violeta o un hibiscus?

La pobre serpiente fue agarrada completamente en curva: atropellada por la formidable labia de Eva, ya se veía menos segura de sí misma y, a pesar de sus gafas de sol, había empezado a tener la expresión trastornada de Adán. Además no se esperaba ser interpelada sobre un asunto de moda. Por lo tanto tuvo que rápidamente reordenar las ideas para entender qué estaba pasando y poder seguir el guión del antiguo testamento que había aprendido de memoria con increíbles esfuerzos. Pero esta vacilación le fue fatal, porque mientras tomaba aliento para contestar, Eva atacó otra vez:

—¡¡¡Un cactus!!! —dijo brincando de entusiasmo—. ¡Pero, por cierto! ¡Una tanga con un cactus nunca se ha visto! Estas mariposinas, pajaritos, florecitas son cursis... ¡Pero un cactus se vería bien chido...! y me quiero también hacer un *piercing* en el ombligo... y un tatuaje: quiero tatuarme una serpiente sobre la espalda. ¡Pero no una serpiente como tú que tienes una expresión que se parece a aquel tonto de mi hermano! Quiero una serpiente poderosa, con los ojos amarillos, una sonrisa chueca y un cigarro en la boca. Mi papá no quiere que me lo haga y pienso que me tiene encuerada para evitar que me lo haga a escondidas... ¡Es tan tradicionalista! ¡¡¡Y celooooso!!! Ni siquiera ha creado unos amigos para ir de parranda, organizar fiestas, echar relajo o al menos hablar un poco. ¡Nada! La única compañía: aquel atarantado de mi hermano que nunca habla y la única cosa que hace es jugar con la resortera y construir carritos con ramitas, cáscaras de coco y rebanadas de jícama para hacer las ruedas... que con este calor incluso se le pudren y tiene continuamente que cambiarles las llantas... ¡¡¡Y no habla, no hablaaaaa!!! ¡Nunca habla! ¡Nunca tiene nada de decir...! ¡Pero tú tampoco hablas mucho! ¿Qué pasó con ustedes? ¡Nadie quiere hablar conmigo! También mi papá cuando pasa hace finta de no verme. Y no entiendo por qué. Dime algo, por favor, al menos tú, dime algo... no sé... dime... por ejemplo: ¿cómo te llamas?

La pobre serpiente, a estas alturas, había hasta olvidado quién era y qué estaba haciendo colgada en ese árbol. Esas gafas que, hace un momento, le daban un aspecto tan chingón, ahora la hacían parecerse a un ciego sin bastón y sin perro, perdido sin remedio en un mercado navideño. Además, sólo en este momento se dio cuenta que Diosito se había olvidado de darle un nombre, y esto le daba mucha pena. Tenía que inventarse algo de prisa, antes que la pinche chamaca empezara a hablar otra vez, y así le dijo el primer nombre que le vino.

—Hugo.

—¿Hugo? ¿Pero qué clase de nombre es éste? Hugo va bien para un emú… para un alce… o a lo mejor para un elefante, no para una serpiente. ¿Por qué no te lo cambias? ¡Ándale, no seas tradicionalista como mi papá! ¡Por qué no te pones… Sandokan? "Sandokan: la serpiente del Edén". ¡Suena de poca madre! No te preocupes, mi papá nunca se va a dar cuenta que te cambiaste el nombre. Él dice que sabe leer el pensamiento, pero no es verdad, y además es un tipo muy distraído… se parece un poco a mi hermano, siempre en su taller creando cositas. ¡Cámbiate ese pinche nombre! Yo ya me lo cambié. No me gustaba Eva. Demasiado corto para mí: "Eva", cuando empiezas a pronunciarlo ya has terminado. Por eso me lo cambié. Primero me puse Hermenegildamaría. Her-me-ne-gil-da-ma-rí-a, al menos cuando uno se presenta tiene algo que decir; pero después me di cuenta que para los niños del catecismo sería demasiado presentarles la historia de "Adán y Ermenegildamaría", así que elegí Samantha. Samantha con la hache: Samant-hhha. Así los niños van a aprender la historia de "Adán y Samantha", que como título me parece que tiene más pegue que "Adán y Eva". ¡Vamos! ¿Tú irías al cine a ver la película de Adán y Eva? Ya se entiende que es una historia de hueva. ¡Pero la historia de "Adán y Samantha"! ¡Seguro que va a tener éxito…! Hasta la puedes meter como clasificación "C". La vida es toda una cuestión de *marketing*, mi querida serpiente. ¡Los nombres son importantes! Con este "Hugo" nunca te vas a volver famosa.

Hasta ese punto, la serpiente, sin darse cuenta, se había deslizado de la rama hasta casi tocar el piso y, como Adán, había empezado a construir un carrito con cáscaras de coco y rebanaditas de jícama, olvidándose por completo de su misión bíblica. Afortunadamente Samantha no era una que soltara fácilmente la presa.

—Escucha, Hugo, no empieces tú también con estos pinches carritos. ¡Dime algo, por favor, dime algo…! ¿Qué haces aquí sobre este árbol prohibido?

Al escuchar "árbol prohibido", la serpiente recobró la conciencia y, antes que Eva Samantha empezara a hablar otra vez, se precipitó a escupir de un aliento la parte más importante de su guión:

—¿Quieres una manzana?

—¿Una manzana? ¿Qué haces, eres verdulero? Mi papá me dijo que no aceptara nada de los verduleros... Para ser precisa, me dijo que no aceptara dulcecitos de los desconocidos... Pero tratándose de una manzana y viniendo de un buen amigo como tú... ¿De qué manzana se trata...? ¿No será de casualidad como esa manzana de la bruja de Blanca Nieves, que te hace dormir, que después llega el príncipe azul con el caballo blanco, que te da un beso en la boca y te despiertas en medio de siete enanitos que están a toda madre y que organizan unas fiestas buenísimas? Porque si es este tipo de manzana yo me la echo en seguida. ¡Estoy hasta la madre de estar con mi pinche hermano! Al contrario, con este príncipe azul y los enanitos, nos la podemos pasar de poca madre...

—No... No es exactamente la manzana de Blanca Nieves...

—¿Y de qué manzana se trata, entonces? ¡No me digas que es una de esas manzanas que hacen en Ámsterdam, en cultivo hidropónico, que cuando te la comes ves elefantitos rosas que bailan como en la película de Dumbo y te sientes todo mareado y te agarra el tonto y no puedes parar de reírte y ves las estrellas fluorescentes...!

—¡¡¡No, no, noooo!!! —gritó la serpiente casi al borde del llanto. La situación era crítica. No podía arriesgar que lo que tenía que ofrecer no fuera interesante por esta maldita chamaca, que parecía todo menos la del guión que había aprendido y esperaba recitar desde toda la eternidad.

—¡¿Y entonces, qué manzana es?! —apremió Eva.

—La... manzana... del conocimiento —contestó tímidamente la serpiente.

—¿La manzana del conocimiento? ¡Oh que la chingada! ¡Todo este desmadre por el pinche conocimiento! Yo pensaba que era algo del tipo de la marihuana, peyote, ayawaska... ¡Me vale madre el conocimiento! ¡Dale al pendejo de mi hermano el conocimiento! ¡A mí dame algo más divertido!

—¡¿Qué hago yo con el conocimiento?!

A la pobre serpiente le agarró un susto que se puso toda pálida y le empezaron a sudar las manos que no tenía. No podía arriesgarse a fallar su misión histórica por culpa de esta pinche escuincla, y volverse la burla de todos los otros personajes del antiguo testamento, ya veía a Isaac, Salomón, Jacob y David sentados en el café Macabeo Starbucks, con sus barbitas, riéndose de ella por la eternidad. Tenía, absolutamente, que inventarse algo para que esta mocosa malcriada se interesara en la manzana. Si hubiera sido un mango hubiera sido más fácil ¡Este Dios como guionista no sirve para nada...! ¿A quién le interesa la manzana? Sólo cuando estás enfermo recuerdas que existe la manzana. ¿Qué hacer? ¿Qué hacer...? y justo cuando ya se estaba resignando a volverse la burla de la Biblia, la Divina Providencia le sugirió un astutísimo argumento:

—El conocimientoooo... te sirve... para poder hablar más.

—¿Y por qué? —preguntó Eva, sospechosa.

—Porqueeee... con el conocimientooooo... vas a conocer muchos argumentos nuevos y... en lugar de repetir siempre las mismas cosas, vas a tener infinitos temas de conversación para entretener a tu hermano.

Eva se paró un ratito a pensarlo bien, y después, con resolución, dijo:

—Si es así, ¡dame diez!

La serpiente no se lo esperaba:

—¿Conoces a Moisés y los judíos?

—¿No, quiénes son? ¿Un grupo de rock?

Todos sabemos cómo termina la historia. No sólo Eva comió el fruto del árbol del conocimiento, sino que hizo comer también al inocente Adán que, gracias al conocimiento, pasó de construir carritos con ramitas y cáscaras de coco, a construir Volkswagen.

¿Qué cosa representa el comer del árbol del conocimiento? Es el fin de la inocencia, que corresponde a la expulsión del Jardín del Edén. En otras palabras, corresponde a perder la inocencia necesaria para ver las cosas por lo que son, sin interpretarlas. Perder la inocencia significa perder la capacidad de ver al mundo a través de tu inteligencia, para mirarlo a través del filtro de tu mente. Y, como vimos, tu mente y sus conocimientos son limitados y accidentales: depende de tu casual pertenencia a una cultura u otra.

Cuando miras a la vida, haciéndola antes pasar por la lente coloreada de tu mente, no puedes verdaderamente vivir en función de tu inteligencia, sino de tu cultura. No puedes ya ver las cosas por lo que son, sino interpretarlas a través de los criterios que enseñanzas arbitrarias te han inculcado.

De hecho, Adán y Eva, comiendo del árbol del conocimiento, no fueron expulsados del Jardín del Edén, perdieron simplemente la capacidad de verlo.

Como dije en el capítulo anterior, fue bueno que Eva comiera del árbol del conocimiento, porque le dio al ser humano el acceso consciente a su naturaleza divina. Pero esto puso a la humanidad en una condición difícil: de un lado, si nos entregamos a la "búsqueda de Dios", tenemos acceso a la bendición de vivir a su nivel de conciencia; del otro, sufrimos la maldición de ya no podernos relajar en la beata ignorancia de los animales, porque de cualquier forma nuestra conciencia reclama explorar los horizontes que nos han sido destinados por haber nacido en forma humana. La humanidad es condenada a una elección drástica: o dicha o miseria.

Por eso Pancho López nos invita a pisar en el sendero de los mantras mexicanos. El partido es una final de copa sin apelación: o ganas o pierdes.

Somos todos criminales

Es obvio que nunca salimos del Jardín del Edén. De hecho nosotros nacimos y vivimos en el Jardín del Edén, porque nada aparte del Jardín del Edén existe.

El problema que tenemos es que este Jardín del Edén en el cual nacimos es habitado por gente que piensa estar en *un valle de lágrimas*. Gente que, como sonámbulos, a merced de una pesadilla viven sin confiar en nadie, con caras amargadas, egoístas, son violentos, hipócritas, rígidos, rencorosos y llenos de prejuicios. Esta gente, como todos nosotros, nació inocente y en la gracia de Dios, en un Jardín del Edén habitado por muertos vivientes, que a su vez nacieron en un Jardín del Edén de zombis, que habían nacido de familias de zombis en un Jardín del Edén habitado por muertos vivientes… y así sucesivamente, para dar vida a una gloriosa tradición de familia al estilo de *Resident Evil*. Sólo que los productores de *Resident Evil* tuvieron la bondad de no pasarse del quinto episodio, y la humanidad ha llegado a *Resident Evil* 12 439, y está muy orgullosa de continuar la serie.

Éste es el problema. Como ya vimos, el niño emplea varios años en darse cuenta de que no puede permanecer inocente como mariposita en la tierra de los muertos vivientes. Necesita unos años y varios madrazos para convencerse de que, para estar a salvo, tiene que convertirse él también en un muerto viviente. Y al hacerlo, firma su condena al destierro del Jardín del Edén en que había nacido: firma su definitivo divorcio de Dios. Y desconectándose de su ser natural, no sólo el niño renuncia dolorosamente a sí mismo, sino que empieza un conflicto global que lo acompaña hasta el último día de su vida.

Estar en conflicto consigo mismo equivale a estar en conflicto con los demás, en conflicto con la vida, en conflicto con la existencia... en conflicto con Dios. Porque tú, los demás, la vida, la existencia y Dios son la misma cosa. Renunciar a sí mismos es el principio de una guerra a 360 grados, que dura toda la vida y que está continuamente frente a los ojos de todos.

La guerra que vemos en los noticieros, en las calles, en las oficinas y en las familias, es sólo el reflejo de la guerra que se ha originado dentro de ti desde cuando eras un niño, gracias a la "inteligentísima" intervención de los alquimistas "Patas Pa' Arriba".

Pancho López no se cansa de decirnos que cuando impides a un ser humano ser quien es, cuando lo pones en conflicto consigo mismo, de hecho lo pones en conflicto con la naturaleza, lo pones en conflicto con Dios. Todos los horrores que la humanidad comete en el mundo, como envenenar los mares, contaminar el aire, exterminar las selvas tropicales, crear las condiciones para la continua dolorosa extinción de especies animales, la alteración del ecosistema que nos permite vivir, las continuas guerras, la explotación de un hombre por el otro, los delitos sexuales sobre niños y mujeres... son el simple resultado, en forma macroscópica, del conflicto que en forma microscópica está presente al interior de cada uno de nosotros.

Nuestras acciones son el reflejo de los humores de nuestro mundo interior.

Si dentro de ti hay paz, relajación, paciencia, sensibilidad, confianza... tus acciones llevarán en el mundo amor, poesía, armonía, hermandad. Si tu mundo interior es afligido por los atormentadores monstruos de la avidez, del resentimiento, de la competición, del celo, de la desconfianza, de los juicios, de los miedos y de los inconfesables deseos, eres condenado a eructar dolor, destrucción, atropello, abuso, guerra... creando alrededor de ti el mundo que tanto criticas.

Nosotros creamos el mundo; no son los demás quienes lo crean para nosotros. Cada uno es responsable. Cada uno es responsable en función del alcance de su energía y de su poder personal. Si tu alcance es limitado, te limitas a crear dolor en tu familia; si eres un poco más extrovertido puedes crear dolor en tu condominio. Y si tienes una empresa puedes hacer infelices a docenas o cientos o miles de personas. Si eres gobernador de un estado puedes contribuir fuertemente a hacer miserables a millones de ciudadanos, y si eres jefe de gobierno tienes a tu disposición a toda la población para mortificarla con tu neurosis... y si el país del cual eres jefe de gobierno es poderoso como los Estados Unidos o China, tienes el poder de crear miseria en todo el mundo.

Obviamente es más fácil ver los daños que crea un político, respecto de los que creas tú. Pero es una diferencia sólo cuantitativa y no cualitativa. No importa si tu contribución a la infelicidad de este planeta se limita sólo al 0.000001%. Aun un porcentaje tan bajo te da derecho al deshonroso estado de pertenecer a la misma banda de los que mandan aviones lanzando bombas sobre poblaciones inermes, que vierten miles de toneladas de petróleo en el mar por razones económicas o por culpable ligereza, que se aprovechan de las enfermedades y del sufrimiento de la gente para hacer negocio, que atropellan los derechos de sus ciudadanos para ocupar el poder... No importa de qué forma y en qué cantidad contribuimos a la fealdad del mundo, una cosa es cierta: somos todos socios del mismo negocio criminal.

El efecto mariposa

Darse cuenta que todos somos responsables, sin exclusión, de la condición en la cual se encuentra el planeta y la humanidad, puede ser *shoqueante*; y a los más cobardes les van a dar ganas de correr a esconder la cabeza bajo la arena, esperando que la marea negra de su irresponsabilidad los sumerja. Al contrario, los más responsables y valientes se preguntarán simplemente: ¿Qué hacer?

Si pensamos resolver de un jalón los catastróficos problemas del mundo, nos sentimos inmediatamente tan impotentes que la reacción normal es tirarse sobre el sofá y anestesiarse con un bello episodio de Biography Channel sobre la "noble" vida del mafioso Frank Turturiello, o ir al refrigerador y abrirnos una cerveza, o sentarnos en el balcón y, mirando una puesta del sol como si fuera la última, enrollarnos un churro de mota y esperar que la marea negra, que ya mencionamos, nos trague en el olvido.

Es obvio que nosotros, gente común, no podemos hacer mucho contra el hoyo del ozono, la desaparición de la floresta amazónica, el drama de los niños que pasan su niñez pegados a máquinas textiles en India o Pakistán, o la tragedia de los millones que mueren de hambre cada momento bajo los ojos impacientes de los buitres que los rodean... sin embargo, algo se puede hacer igualmente. Se necesita sólo un poco de paciencia, mucha entrega e infinita confianza.

La primera cosa que tenemos que entender es que somos *uno*. ¿Qué significa? Significa que todos los elementos que componen este planeta, incluso la atmósfera y el sol, están interconectados. Esto desde el punto de vista del ego es una cosa absurda, porque el ego dice: "Yo soy yo y tú eres tú. ¡Me vale madres que se extinga el armadillo! Hasta cuando esté el último ejemplar, me lo voy a guisar con jitomate, chilitos y cebolla".

Pero desde el punto de vista existencial, el planeta es un organismo único donde, como explicaremos más adelante, todas las funciones de todos los elementos contribuyen a un proyecto común que se llama *vida*. En otras palabras, tú y el mundo son una sola cosa.

"No puedes tocar una flor sin molestar una estrella", dijo Gregory Bateson, un antropólogo inglés del siglo pasado, experto en cibernética, al que nunca nadie ha pelado, aparte de, quién sabe por qué, justo Pancho López. "No puedes tocar una flor sin molestar una estrella": cualquier acción, hasta la más insignificante, tiene consecuencias en todo el planeta. Se trata del famoso *efecto mariposa*: el batido de las alas de una mariposa en Japón provoca un huracán en México. (¡Ahora saben de quién es la culpa de todos estos desastres!) Estamos interconectados. Hasta la más pequeña de las acciones tiene consecuencias en cadenas que modifican la historia de todo el planeta, de forma más o menos evidente. ¿Les parece una exageración? Veamos un ejemplo.

En la mañana te lavas los dientes y dejas el tubo de la pasta abierto, cosa que tu esposo detesta y ya te pidió mil y una veces que no lo hagas. Una acción inocente y aparentemente irrelevante, pero…

Cuando tu esposo va al baño, y ve la pasta de dientes malamente apachurrada y sin tapa (cosa que también lo pone furioso), le viene un ataque de nervios y durante el desayuno pelea con tu hijo Pablo, por la cantidad de gel con la cual se esculpió el pelo. Pablo queda tan frustrado por el pleito que, camino a su Facultad de Biología en su escúter (sin ponerse el casco para no desarreglarse la bella escultura que ha hecho con su cabello negro), en un crucero no ve un coche y choca, produciéndose un trauma craneano. Un colega de él, Carlos, al día siguiente, va a visitar al amigo accidentado al hospital central de Guadalajara, donde conoce a Marielena, la sobrina del cirujano, que está haciendo práctica en el hospital. Los dos se enamoran perdidamente. Después de unos años Carlos y Marielena se casan y se van a vivir a Barcelona, donde, gracias a unos conocidos de la familia de ella, Carlos puede entrar a trabajar en un instituto de investigación bacteriológica. Después de sólo unos meses Carlos se infecta accidentalmente con una bacteria que estaba estudiando y después de un par de semanas muere cubierto de ronchas. En el funeral, Marielena conoce al doctor Smith, un científico americano, que trabaja en el instituto de investigación. Entre los dos nace una simpatía que los llevará, en el lapso de unos años, a casarse, tener dos hijos y a vivir en Boston. El doctor Smith, empujado por la ambición de la esposa, empieza a trabajar con el Ministerio de la Defensa haciendo una rápida carrera. Pero Marielena, que no es en lo absoluto del tipo tranquilo, se enamora de un prófugo kurdo y se va a vivir con él en una comunidad en Costa Rica, llevándose a los güerísimos hijos. El doctor Smith desahoga su dolor y su frustración en el trabajo, aceptando un encargo importante en el Pentágono para elaborar un arma bacteriológica para hipotéticos escenarios de guerra. Con el pasar de los años la herida del abandono de su esposa no se sana; al contrario, el doctor Smith, que en este tiempo ha pasado a dirigir un sector importante de la CIA, desarrolla un carácter sombrío y cruel que lo lleva a hacerse promotor de un test para experimentar la mortífera bacteria que ha aislado en su laboratorio, sobre una población del tercer mundo. ¿Sobre qué población probar esta nueva arma? ¿Cuál ocasión mejor para vengarse idealmente de aquel hijo de puta que le había chingado a la esposa? Su propuesta es aceptada sin vacilaciones: el arma bacteriológica será probada sobre el pueblo kurdo, del cual no hay nadie en el mundo que le importe un carajo. La propuesta es aceptada con entusiasmo. El científico no tiene dudas: ¡Kurdistán! El experimento es exitoso y en las oficinas de esta siniestra sección de los servicios secretos todos pueden festejar los miles de muertos caídos como moscas por razones aparentemente naturales. Pero los chinos, que son bajos pero no tontos, responden a este solapado ataque invadiendo unos territorios neutrales al confín con Afganistán. Los gringos, con su proverbial tacto diplomático, lanzan misiles tierra-aire, por razones tácticas inexplicables, en Argelia. Los chinos lanzan sus misiles aire-tierra, quién sabe por qué, en Somalia. Los somalíes, que no pueden reaccionar porque tienen sólo misiles tierra-tierra, se contentan con agarrar a bastonazos a los etíopes; los etíopes agarran a patadas los eritreos, y los eritreos, no sabiendo qué hacer, se desahogan con los animales y los animales para vengarse mean en el agua potable.

…Tú dejas una pinche pasta de dientes abierta en Guadalajara y se desata una guerra en África.

Esto es más o menos el *efecto mariposa*. Te parece que lo que tú haces no es muy importante, pero en la realidad todas nuestras acciones arrojan en el éter un mensaje que se reproduce y crea una reacción en cadena. Tenemos que estar atentos a nuestras acciones, porque, como dice Pancho López explicando el *efecto mariposa* de forma más casera: "El pepino termina siempre en el trasero del campesino que lo ha plantado".

La cosa buena de este *efecto mariposa* es que si funciona por los aspectos negativos de nuestras acciones, obviamente funciona también para los aspectos positivos. Así como, si tú eres un mentiroso, el mundo se vuelve un poco más mentiroso; de la misma forma, si eres buena onda, el mundo se vuelve más buena onda.

A raíz de esto, hacer algo por el mundo se vuelve muy sencillo: haz algo por ti mismo, y en consecuencia vas a hacer algo por el mundo; sé un poquito más amoroso contigo mismo, y el mundo se vuelve inmediatamente más amoroso.

Lo importante es entender que este círculo virtuoso no empieza fuera de ti, sino al contrario, dentro de ti. No empiecen por favor a ser "buenos". El mundo está hasta la madre de gente "buena". El mundo necesita gente *verdadera*, no "buena". Que la consecuencia de ser *veradaderos* sea volverse buenos (porque Dios es bondad) es otra cosa, viene después. No se puede mejorar el mundo simplemente imponiendo un modelo moral que cubra lo feo, como se esconde el polvo bajo una alfombra. No es una obra moral la que el mundo recesita. El mundo necesita un despertar de la conciencia.

Como dijimos que todos los conflictos del mundo son el reflejo del conflicto interno contigo mismo, de la misma forma podemos decir que la realizacion de un mundo mejor es el reflejo de una paz y una armonía interior que se irradia hacia el exterior. ¿Cómo puedes pensar en crear un mundo más pacífico si dentro de ti hay una guerra? ¿Cómo puedes pensar en ser bueno con los demás si contigo mismo eres un cabrón que nunca se deja en paz, juzgándose continuamente, criticándose, comparándose, castigándose, jalándose y empujándose de un lado y del otro? El primer paso necesario es un acto de absoluto e incondicional amor hacia uno mismo. El resto viene solito.

La única cosa que puedes hacer para realizar el sueño de un mundo mejor, que todos, un día, cultivamos en lo profundo de nuestro corazón, es la de volverte un poco más humano tú.

Me parece obvio: lleva un poquito de paz en ti mismo, y habrá más paz en el mundo; sé más compasivo contigo mismo y el mundo se volverá más compasivo; vuélvete más creativo y el mundo va a ser más creativo; despierta la melodía del amor en tu corazón y el mundo será imperceptiblemente recorrido por la gran sinfonía del amor.

Pancho López está sólo tratando de cambiar un poco la frase de Bateson de "no puedes tocar una flor sin molestar una estrella" a "no puedes tocar una flor sin acariciar a una estrella".

Si piensas resolver los problemas del mundo en su totalidad y de golpe, es inevitable que te desanimes, y esto, como vimos, se vuelve una excusa perfecta para no hacer nada. ¿De qué sirve ahorrar unos pocos litros de agua cuando hay un chingo de gente que le vale madres? ¿De qué sirve diferenciar la basura, si la gente tira basura por todas partes a lo bestia? ¿De qué sirve no descargar el caño de mi casa en el río, cuando un ducto petrolero que se rompe envenena todo el Golfo de México?

Es verdad, desde el punto de vista lógico y de la matemática, ahorrar pocos litros de agua o construir una fosa biológica más, no hace mucha diferencia para el planeta; pero hace una gran diferencia para ti. Tan sólo hacerlo te transforma. Simplemente no pertenecer a la misma banda de la gente que tú criticas te transforma; te hace un poquito más consciente. Y por el famoso *efecto mariposa*, si tú te vuelves más consciente, el mundo se vuelve más consciente contigo.

Ser coherente con tu verdad y con lo que dices, más allá de las consideraciones lógicas, es el único rezo que Diosito ama escuchar. Ser coherente con tu verdad, con el corazón puro de un niño, es un batido de ala que imperceptiblemente, pero inevitablemente, contagia a los que están alrededor de ti, haciéndolos un poquito más conscientes; y que se vuelvan más conscientes los que están alrededor de ti, es un batido de alas que no puede dejar de contagiar a los que están alrededor de los que están alrededor de ti... y así sucesivamente. Y un batido de alas por aquí y un batido de alas por allá... la brisa refrescante de la conciencia y del amor acariciará sin falta el rostro cansado de nuestro querido planeta.

Pero para lograr estos resultados, para tener en el mundo más amor, paz, aceptación, compasión, alegría, creatividad, gozo... para transformar a este mundo en el Jardín del Edén que es, no es suficiente forzar nuevas reglas de comportamiento sobre los ya bastante sobrecargados humanos. Todas las reglas provocan resistencia. Y un mundo donde los comportamientos de la gente no son el libre y espontáneo reflejo de su conciencia, sino el resultado de una imposición autoritaria, se convierte en un mundo de esclavos. Esclavos más "civilizados", pero siempre esclavos cargando la peligrosa bomba de la frustración y del resentimiento.

No, para la creación de un nuevo mundo, una nueva humanidad es necesaria. Una humanidad que sea desconectada de su horrible pasado. Una humanidad capaz de renacer y llevar a la luz su cualidad divina.

De aquí nace la absoluta necesidad de difundir en el mundo la sabiduría mexicana que Pancho López vierte con abundancia sobre nosotros. De aquí la incontenible urgencia de enseñar a todo el mundo los sagrados mantras mexicanos.

SEGUNDA PARTE

QUÉ COSA ES LA MENTE

Riepílogo

Ha llegado finalmente el momento de revelarles los secretos gloriosos de los mantras mexicanos. Sé que ustedes todavía piensan simplemente que estamos haciendo burla de nosotros mismos y que los mantras son un producto típico de la sabiduría del Oriente, pero yo tengo que revelarles que también México posee poderosísimos mantras, capaces de transformar la vida de millones de personas y contribuir a un despertar de la conciencia que no tiene precedentes en la historia de la humanidad.

Pero antes de adentrarnos en estas preciosas enseñanzas es mejor resumir un poco lo que discutimos hasta aquí, porque lo que ha hecho Pancho López, hasta ahora, más que un relato me parece un relajo. Entonces:

- Naces como única e irrepetible expresión del misterio de la existencia; un ser que nunca apareció antes y nunca aparecerá después.
- Los alquimistas "Patas Pa' Arriba", con unas hábiles movidas, convierten el noble "proceso educativo" en el pedestre "adiestramiento del pastor alemán", transformándote en un pinche Vocho... que en otros términos significa quitarte todo lo que tienes de original para volverte un fenómeno de masa.
- Tú, en una heroica defensa de ti mismo, resistes con todas tus fuerzas esta horrible conjura que urden contra ti, tratando, hasta donde puedes, de defender quien eres.
- La sociedad, para reprimir todo lo que es natural en ti, usa antiguos métodos de convencimiento, comprobados por

siglos de experiencia (algunos de los cuales han sido vetados por la Convención de Ginebra), como: la amenaza, el chantaje, el engaño, la seducción, los castigos corporales, las torturas, la reclusión, la manipulación, la mentira... y otros ingeniosos métodos.

- No pudiendo resistir a estos argumentos, llega el momento de *ya se chingó el asunto*, en el cual las circunstancias te obligan a abandonarte a ti mismo y empezar a fingir ser alguien más funcional a la sociedad para poder sobrevivir a la banda de neuróticos en la cual estás condenado a vivir los primeros años de tu vida.

- Este alejamiento de ti mismo te lleva gradualmente a sentirte separado de los demás, separado del mundo y separado de Dios, y crea una situación de aislamiento y de conflicto permanente dentro y fuera de ti.

- Para cubrir todo el desmadre que tienes dentro de ti, creas unas máscaras que sean aceptables para la sociedad, fomentando aún más el proceso de desconexión de ti mismo.

- Estando desconectado de ti mismo, no es posible crecer y evolucionar en un ser más maduro y consciente, por la famosa ley: *el poste de la luz no crece*.

- Por todas estas razones, te vuelves un ser traumado, reprimido, amargado, triste, desconectado, frustrado... y, obviamente, encabronado como una bestia.

- Por lo tanto estás listo para volverte tú también un alquimista "Patas Pa' Arriba", suficientemente preparado para adiestrar a las nuevas generaciones, y perpetuar tus gloriosas tradiciones por los siglos de los siglos y amén.

Es evidente que la situación es triste. Algo tiene que hacerse.

La naturaleza de la mente

Un paso fundamental para poder descubrir los secretos de los mantras mexicanos es entender la naturaleza de la mente. ¿Qué cosa es esta mente?

La primera cosa que se debe tener en cuenta es que tú no eres tu mente.

La primera vez que escuché esta expresión francamente no pude entender de qué se estaba hablando. ¿Qué significa que no soy mi mente?

Pero con el tiempo, meditando y familiarizándome más y más con el misterio de la existencia… y más que todo bajo las preciosas enseñanzas del maestro Pancho López, me resultó tan claro que hasta risa me dio.

Cuando tú naces no tienes ni mente ni un diente. Y por un buen rato así te quedas: perfectamente vivo y perfectamente tú. Si puedes vivir unos meses de tu vida sin mente y sin dientes, significa una cosa simple e irrefutable: que aun sin mente y sin dientes, tú eres tú.

Obviamente los dientes son útiles, pero puedes vivir sin ellos sin que tu esencia cambie… Claro, no vas a tener una sonrisa para comerciales, y comerse una manzana se vuelve un asunto de horas; pero puedes vivir sin ellos.

Lo mismo es para la mente. La mente es seguramente un utilísimo instrumento, y podemos sin duda declarar que es más útil que los dientes, porque con la mente puedes construir una dentadura artificial, pero ¡prueba a construir una mente artificial con los dientes!

Pero más allá de las consideraciones filosóficas de Pancho López, un dato es cierto: si pudiste vivir sin mente los primeros años de tu vida, significa que esta mente no es parte esencial de ti; es solamente una parte de ti. Es un instrumento, útil, pero un instrumento y basta, como los dientes, las manos, las piernas, los pelos…

…¿Qué utilidad tienen los pelos? Diosito, ¡quita estos pinches pelos! Son miles de años que no los usamos más. ¿No ves que estamos siempre quitándonos pelos por todas partes? Si en la noche de los tiempos nos fueron muy útiles para protegernos del frío, ¿qué sentido tiene continuar teniéndolos ahora? Es como guardar en el clóset un abrigo que no se usa desde hace miles de años. Diosito, ¡animo! Uno debe tener el valor de liberar el clóset de lo que no se usa más. ¡Quita estos pinches pelos…! ¡No, nooo! ¡¡¡No los cabellos!!! ¡¡¡Dije los pelos, los pelos…!!! ¡Chingao! ¡Demasiado tarde! Con la edad se está volviendo sordo.

Bueno, dejemos los pelos y los cabellos y regresemos a la mente.

Cuando tú naces, no tienes la mente, y por un buen rato vives sin tener ningún tipo de mente. Como ya dijimos, si puedes vivir un período sin tu mente, significa que la mente no es parte integrante del ser humano. La mente se forma después: es un fenómeno accidental, determinado por la buena o la mala suerte que tienes de nacer como parte de una determinada familia, raza, nación y religión.

Nadie nace mexicano, italiano, japonés o turco. Al contrario, venimos programados para ser mexicanos, italianos, japoneses o turcos.

La mente es como una computadora, de hecho es un *biocomputer* que puede ser alimentado con la información que queremos ponerle dentro.

Así, la información que tenemos en nuestra mente es sólo aparentemente nuestra, pero en la realidad depende sólo de cómo la sociedad en la cual nacimos y crecimos quiso programarnos.

Si naces suizo, por ejemplo, te regalan inmediatamente un bonito reloj y una barrita de chocolate; si naces israelí te meten una pistola en los pañales; si naces iraní antes de salir del hospital ya sabes quemar una bandera americana... y así por el estilo. Funciona según lo que quieren obtener de ti. Cuando un niño nace la sociedad se pregunta: "¿Qué hacemos de éste? ¿Un católico? ¿Un judío? ¿Un musulmán?"

Y así empieza este proceso de programación que, durante tu niñez y tu adolescencia, hasta la edad adulta, alimenta tu mente con información destinada al propósito de transformarte en lo que la sociedad quiere que tú seas.

Lo que sufrimos es un gradual envenenamiento de la conciencia. Tan gradual que cuando llegas a los treinta años estás muerto sin que te hayas ni siquiera dado cuenta. Después esperan unas docenas de años más para llevarte finalmente a tu tumbita y hacerte una bonita ceremonia, pero espiritualmente habías muerto mucho antes. Por esto se dice que ésta es la tierra de los muertos vivientes y que nosotros somos todos zombis.

Había un dicho hippie de los años setenta que decía: "never trust in a man who is over 30", nunca confíes en un hombre que tenga más de treinta años. ¿Por qué? Porque es un zombi, parece vivo, pero ya está muerto. Espiritualmente muerto. Hay unos que mueren mucho antes de los treinta y otros que llegan agonizando a terminar la universidad; y los ves, como peces rodeados de la árida conjura de las tradiciones y del prejuicio, bracear para mantenerse a flote en lo que un día era el océano sin límites de su individualidad, y que cada día se vuelve más y más un charco fangoso, donde el lodo de las desilusiones, de las traiciones y de la soledad les quitan la esperanza de salvarse del destino de sus padres: quedarse moribundos, atorados en la tierra seca de la "normalidad", hasta que un olvido piadoso les quite la memoria.

Una enfermera burlona

¿Te parece que las ideas que tienes son las tuyas? Cuanto antes te quites esta ilusión será mejor.

Imaginemos que cuando naciste, en lugar de quedarte en la familia y en la nación donde creciste, te hubieran llevado a otra parte del mundo. ¿Piensas que serías la misma persona que eres?

Imaginemos que cuando naciste… en México, por poner un ejemplo, tu familia mexicana y católica te hubiera dado en adopción a una familia hindú de Calcuta. Tú serías siempre tú, como Diosito te ha hecho, pero ¿piensas que serías la misma persona que eres? Obviamente no. Hubieras sido programado de forma diferente, tendrías una *forma mentis* completamente diferente, patrones diferentes y una concepción del mundo y de la vida diferente… y en lugar de tener la visión de la Virgen de Guadalupe con Juan Diego de rodillas con la boca abierta por la maravilla, tendrías la visión de Krishna tocando su flauta sentado sobre una vaca sagrada cagando…

Como acabamos de decir, lo que tú piensas no son tus ideas; lo que piensas es únicamente el resultado de la forma en la cual fuiste programado.

Pongamos otro ejemplo más tragicómico… francamente más trágico que cómico.

Transportémonos a ese pedacito de tierra atormentada del odio y de la discordia que es Israel, e imaginemos que a una enfermera burlona del departamento de maternidad de un hospital de Jerusalén, todavía bajo el efecto del alcohol por el reventón de la noche anterior, se le ocurre hacer la broma de intercambiar los brazaletes de identificación de dos bebés recién nacidos, uno judío y el otro palestino, antes de echarse otra chelita con un colega, escondidos en el almacén entre sueros, vendas y otros medicamentos.

Como sabemos, estos pinches recién nacidos son todos iguales y no se puede distinguir uno de otro, por lo tanto nadie se da cuenta del intercambio y, después unos días, las dos familias, todas felices, regresan a sus casas con el niño equivocado.

La cosa sensacional es que, creciendo, el niño judío se vuelve palestino y el niño palestino se vuelve judío. El palestino te recita de memoria toda la Tora y el judío declama el Corán con lágrimas en los ojos; el palestino se siente orgullosamente parte del pueblo elegido por Dios y el judío se vuelve un devoto del Islam… Y creciendo, el palestino empieza a odiar los palestinos y el judío empieza a odiar los judíos… y un tragicómico día, mientras el palestino, creyendo ser judío, sobre una camioneta acorazada irrumpe en un territorio palestino desparramando terror y muerte entre sus mismos hermanos palestinos, el judío, creyendo ser palestino, repleto de dinamita se deja explotar en un centro comercial de Tel Aviv, gritando: "¡¡¡Allah Akbar!!!" (Alá es el más grande), desparramando terror y muerte entre sus mismos hermanos judíos.

¿Se dan cuenta de lo absurdo? ¿Se dan cuenta de la locura en la cual los humanos viven? Nadie sabe quién es, y todos corremos como kamikazes hacia un fracaso seguro.

Víctimas de la mente

Ahora, lo que pasa es que todos vivimos en función de lo que nuestra mente nos dice. Nótalo: es tu mente la que te dice lo que es correcto y lo que es equivocado, lo que se hace y lo que no se hace, lo que conviene y lo que no conviene, lo que es oportuno y lo que no lo es, lo que tienes que sentir y lo que no tienes que sentir. ¿Verdad?

Pero lo que te dice tu mente, como acabamos de ver, está determinado simplemente por el accidental programa educativo al cual fuiste sometido, no es expresión de lo que tú eres. Por lo tanto, si tu vida es el resultado de las elecciones que tú haces según lo que te dice tu mente, o sea por efecto de este programa que alguien ha creado para ti, ¿no te parece que tu vida es más parecida a la de un robot que a la de un humano libre y consciente?

Si tú vives siguiendo lo que tu mente te dice, en realidad no estás viviendo tu vida, y no puedes declarar que tienes verdaderamente una vida propia, como no lo puede declarar un robot.

Si no te das cuenta de esto, estás destinado a vivir como una máquina condenada a seguir toda su vida el mismo programa: ésta es la triste verdad.

¿Y cómo puede ser feliz un ser humano si es humillado a vivir como un robot? ¿Si en lugar de vivir su vida vive la vida que alguien más ha preparado para él? ¡Es obvio que experimenta un profundo y básico sentimiento de frustración! Y de hecho, este sentimiento de frustración pertenece no sólo a ti, sino a toda la humanidad. La frustración es la única cosa que nos hace a todos iguales, más allá del color de la piel, de la nacionalidad y de la religión. No importa si eres poderoso o impotente, rico o pobre, feo o bonito, lo que es cierto es que te estás cocinando en el mismo caldero de la frustración, como todos los demás. Si todavía no se ha podido realizar sobre este planeta el principio democrático de que *la ley es igual para todos*, podemos sin dudas afirmar que no hay lugar en el mundo donde no se haya realizado el principio de que *la frustración es igual para todos*. La frustración es la expresión planetaria de la verdadera democracia.

Nadie está contento con su vida sólo porque todos creen estar viviendo *su propia* vida. ¡Pero nadie vive su vida! ¡Nadie es el protagonista de su propia vida! Al contrario, todos vivimos como un "extra" en la película de alguien más; mientras todos nacimos con la gloriosa promesa de ser protagonistas, directores y guionistas de nuestra película personal.

Si tú vives en función de lo que tu mente te dice, el fracaso es cierto y fragoroso, como el del pobre judío y el pobre palestino, víctimas de la enfermera borracha. Pero en realidad somos todos, de cualquier forma, víctimas de una enfermera borracha, porque nadie de nosotros ocupa el lugar que tendría que ocupar en el misterioso diseño de la existencia. ¡Es tan obvio que del punto de vista existencial, del punto de vista de Dios, nadie es judío, palestino, católico o japonés!

¿A quién le importa la paz?

Todo el mundo se llena la boca hablando de paz. Dan premios Nobel por eso. Hacen asociaciones, donaciones, convenios y reuniones para decirse uno al otro una cosa tan obvia, que ni una telefoneada sería necesaria para expresarla. ¿Y cuál es esta idea genial que quieren expresar? Que la guerra es una cosa mala. ¡Puta madre! ¡Qué idea genial! ¡¿Cómo se les ocurrió una idea tan aguda?!

Hablan tanto contra la guerra, pero nadie hace nada para extirpar de raíz las razones que la crean.

La semilla de la guerra se siembra en el momento en el cual creas separación en las mentes de los humanos.

Una sociedad verdaderamente religiosa, como primera cosa tendría que enseñar que los humanos son todos iguales, y que las distinciones son todas superficiales y arbitrarias. Al contrario, todas las sociedades y todas las religiones gastan un montón de tiempo y energía en crear distinciones, enseñando a los niños judíos: "¡atención!, tú no eres un pinche musulmán"; y a un musulmán: "tú no eres un pinche hindú"; a un estadounidense: "tú no eres un pinche mexicano"… y al final terminan en que son todos pinches: judíos, musulmanes, hindúes, gringos, mexicanos y todos los demás.

Todos te enseñan a respetar tu bandera y a despreciar la de los demás, a honrar tu religión y a ridiculizar la de los demás, a venerar a tus maestros como divinos y a considerar a los maestros de los demás como blasfemos. Hacen de todo para darte el orgullo de ser un francés, un argentino o un chino y mirar a todos los demás como "los otros". Y te cuentan de ofensas viejas, de siglos. Te dicen que los tatarabuelos de estos hijos de la chingada que viven del otro lado del río ofendieron a nuestros tatarabuelos mostrando el trasero durante la fiesta de nuestro santo patrono... Por eso una noche fuimos a prenderle fuego a su iglesia... y estos malditos se vengaron hundiéndonos todos nuestros barquitos que acabábamos de pintar de azul, que es el color de nuestra bandera, mucho más bonito del color caca de su bandera...

Así, con estas tonterías, se cultivan separación, odio y sentimiento de venganza que duran por milenios.

Esta gente que habla tanto de paz tendría que hablar menos y hacer algo. La primera cosa que se tendría que hacer es eliminar en todo el mundo todos los símbolos que crean separaciones como las banderas y los himnos nacionales.

Hay himnos que son hasta sangrientos. El himno francés por ejemplo:

> Marchemos, hijos de la patria,
> que ha llegado el día de la gloria
> el sangriento estandarte de la tiranía
> está ya levantado contra nosotros.
> ¿No oís bramar por las campiñas
> a esos feroces soldados?,
> pues vienen a degollar
> a nuestros hijos y a nuestras esposas.
>
> ¡A las armas, ciudadanos!
> ¡Formad vuestros batallones!
> Marchemos, marchemos,
> que una sangre impura
> empape nuestros surcos.

¿Y el himno mexicano? Reflexionen un momento sobre las palabras, por favor:

> Mexicanos, al grito de guerra
> el acero aprestad y el bridón,

y retiemble en sus centros la tierra
al sonoro rugir del cañón.

¡Guerra, guerra sin tregua al que intente
de la patria manchar los blasones!
¡Guerra, guerra! Los patrios pendones
en las olas de sangre empapad.
¡Guerra, guerra! En el monte, en el valle
los cañones horrísonos truenen…

¿Les parece una canción para enseñar a los niños? ¿Y después nos maravillamos si nuestro amado México es uno de los países más violentos del mundo? ¿Que Ciudad Juárez es más peligrosa que Bagdad? ¿Que en tres años la guerra al narcotráfico ha generado más muertos que la Revolución mexicana? ¡Quién sabe de dónde vino esta tendencia a la violencia que lleva a estos traviesillos a tirotearse en las calles como en una película de vaqueros, a torturar y a cortar cabezas!

Y aun si no todos los himnos son invitaciones tan explícitas a la guerra, de cualquier forma todos ponen gran énfasis en resaltar el sentimiento nacional, reforzando la idea de que más allá de la línea arbitraria de las fronteras de tu nación están los enemigos.

Si unos cantan su himno nacional honrando la bandera pakistaní de un lado de la frontera, y a pocos kilómetros hay otros que cantan y honran la bandera de la India, has creado las premisas para una guerra que tarde o temprano va a explotar.

Si interesara verdaderamente la paz, todos los símbolos que distinguen una religión de la otra, una ideología de la otra, tendrían que ser absolutamente prohibidos. No se tendría que enseñar a los niños nada que los lleve a sentirse separados o en conflicto con los demás. Al contrario, tendrían que ser educados para el respeto y el amor por lo que es diferente de ellos. Todos los niños del mundo, cada mañana, en las escuelas de todo el mundo, no tendrían que cantar un himno nacional sino un himno internacional, mundial: ¡El himno al amor! Algo del tipo:

Mis queridos hermanos del mundo,
qué bonito es cantar para vos
y sentir justo junto a mi pecho
el latido de su corazón.

Por favor ven a mi casa,
hay comida y un hogar para vos.
Qué bonito mirarte a los ojos
y descubrir la sonrisa de Dios.

Mando besos a los niños del mundo,
aunque sean de cualquier color.
Bajos, altos, delgados y gorditos,
justo a todos les mando mi amor.

Niños blancos como una estrella,
niños negros como la noche,
rojos, verdes, naranja o amarillos,
todos están dentro mi corazón.

A mi vecino le abro mis brazos
pa' que juntos podamos bailar.
Y si un día se la pasa triste
venga aquí a mi pecho a llorar.

Qué bonito vestirnos de fiesta
e invitar a todo el mundo a venir,
porque lo que más que todo me gusta
es juntarme con todos a reír.

No más quejas, conflictos y guerra,
no más lágrimas y no más dolor,
amo el mundo y amo la tierra,
amo el mar, el cielo azul y el amor.

Si toda esta gente que habla de paz estuviera verdaderamente interesada en la paz, tendría que agarrar todas las banderas, los himnos nacionales y los símbolos religiosos y meterlos todos en el GMBH, el "Gran Museo de la Barbaridad Humana", y llevar a las nuevas generaciones a visitarlo diciendo: "Miren, éstos son los símbolos de cuando la humanidad era ignorante, primitiva y bárbara. Cuando los humanos todavía pensaban que la humanidad estaba dividida en bandas. Éstos son los símbolos que han creado infinidad de sufrimientos a nuestros ancestros".

La mente se nutre de lo que les das de comer. Si le das de comer guerra, conflictos y competición, la mente se vuelve agresiva, se vuelve un monstruo; si le das de comer armonía y amor, la mente se vuelve un amigo agradable.

La sociedad nos programa exactamente como quiere, en función de las expectativas, las necesidades y la tradición que tiene.

Sobre esto, Pancho López nos ha entretenido ampliamente en la primera parte de este relato, cuando nos ha ilustrado las "virtudes" de los alquimistas "Patas Pa' Arriba". Por lo tanto regresemos a la naturaleza de la mente.

La mente es un manicomio

Si tú miras tu mente, puedes ver que en cada momento le pasan miles de pendejadas. Si por media hora fueras capaz de escribir sobre un papelito todo lo que te pasa por la mente, al leerlo te darías cuenta que estás completamente loco.

Tu mente es como una pantalla donde pasa de todo sin ningún orden y ninguna lógica: piensas una cosa y un momento después piensas totalmente lo opuesto, y después piensas otra cosa que anula la primera y la segunda; y haces una cuenta, y la haces otra vez, y la haces una vez más, y después pasa por la cabeza un perro blanco que nunca has visto antes, y te recuerdas de cuando ibas a la escuela y te preguntas qué hubiera pasado si en lugar de tomar administración hubieras tomado medicina, y empiezas a discutir solito con tu mamá mientras, sin ninguna razón, pasa Jack Nicholson con un hacha en las manos persiguiendo al fantasma de Bin Laden, mientras las imágenes de las torres gemelas que se desploman al suelo son más vivas que en televisión; y después piensas que es mejor cambiar de casa, y un momento después estas seguro de que tu casa es mejor que de la de tu prima, y que México es un gran país e inmediatamente después que es un país de la chingada… Este fenómeno es continuo y, si reflexionas un momento, te puedes dar cuenta que es muy similar a un sueño. Por eso los maestros como Buda, Jesús, Pancho López y Lao Tse nos dicen que dormimos.

Cuando escuché la primera vez esta afirmación no la entendí ni de lejos, y dado que es posible que unos de ustedes sean tan cabezones como yo, les voy a dar un ejemplo para que se quiten cualquier duda al respecto.

Una realidad a ojos cerrados

¿Qué pasa en la noche cuando sueñas? Tú estás bien acomodadito y calientito en tu camita, la puerta de la casa está bien cerrada, todo es perfectamente seguro y estás durmiendo. Ésta es la realidad pura y sencilla tal cual es, pero... empiezas a soñar...

...Estás en tu carro por el periférico de la Ciudad de México, es viernes de quincena y llueve (una pesadilla que muchos mexicanos viven también a ojos abiertos). Los carros se mueven a vuelta de rueda, la lluvia aumenta y tu sentido de angustia también. La lluvia es cada vez más fuerte, hasta llegar a inundar la carretera, que pronto se transforma en un verdadero río. Tu carro empieza a flotar como un pequeño barco rozando y chocando ligeramente con los otros coches-barcos...Tú, en tu cama, no estando consciente de que se trata de un sueño, empiezas a cambiar tu respiración y tu cuerpo se inquieta cuando la corriente aumenta y aumenta y los choques entre los coches se hacen más y más violentos, hasta que unos se vuelcan y la gente comienza a gritar... tú tratas inútilmente de tener el control de tu coche-barco, mientras te das cuenta que se acerca una bajada del periférico, que forma casi una cascada y que se traga sin piedad a todos los coches que llegan al punto crítico... Tus músculos, en la cama, se tensan para evitar lo inevitable, como si todo fuera verdadero y... ¡¡¡chuip!!! Tú y tu coche son tragados por el remolino infernal, y en una fracción de segundo te encuentras bajo las aguas del Océano Pacífico... (saben cómo son los sueños)... y el coche se hunde rápidamente en los abismos. Con todas tus fuerzas tratas de abrir la ventanilla para salir y, mientras el agua entra por todas partes, tratas frenéticamente de liberarte del pinche cinturón de seguridad que te pones sólo para evitarte dar mordidas al oficial de turno, que parece dedicar su vida y su profesión exclusivamente a sacar ilegalmente dinero a los pobres ciudadanos por inocentísimos ratos. Pero parece que el pinchurriento cinturón de seguridad está atorado, y el tiempo pasa y el aire disminuye. Sientes los espasmos de la falta de oxígeno y, sin darte cuenta, te retuerces en la cama como si todo esto fuera real, mientras envidias a todos esos peces que ligeramente danzan en la profundidad marina, mirándote curiosos por tus chistosos movimientos. Estás al borde de la asfixia cuando un pez, el más feo de todos, gordito y casi hinchado, en un ataque de compasión, decide pegar su boca grande y babosa sobre tus labios para practicarte la respiración boca a boca, así como viste en Discovery Channel; pero allí la practicaba una señorita guapísima, y piensas que eres un pobre diablo, porque a ti nunca te pasa lo mismo que a los personajes de la televisión, y el máximo de la aventura que te puede pasar es enamorarte de la colega rechoncha de la oficina. Resistiendo las babas de este San Francisco del mundo marino, puedes tomar aire, pero el asco es insoportable y alejas al viscoso salvador con una ingrata patada, arrepintiéndote inmediatamente cuando lo ves darte la espalda e irse con la misma gracia con la cual, a veces, los gorditos saben bailar. Estás en un pedo... Casi sientes tus sentidos desvanecerse por la falta de aire, cuando un delfín, que después del perro es el mejor amigo del hombre, con una sonrisa marina te libera del cinturón y, con un gesto de la cabeza, te invita a montarlo en la grupa. Sin titubear aceptas la invitación de esta especie de salvavidas del océano, montando sobre él como si fuera una motocicleta (sin ponerte el casco porque en el fondo del mar, afortunadamente, no hay policías). El delfín, definitivamente un apasionado de la acrobacia, sube en vertical como una flecha para después abismarse a toda velocidad, divirtiéndose con rozar las rocas del fondo marino, feliz como un niño sobre la montaña rusa. Tú, en tu cama, te haces chiquito, chiquito, haciendo unos rápidos movimientos de la cabeza para evitar las rocas puntiagudas que en la realidad, obviamente, no existen… "¡Era mejor haberse puesto el casco! —piensas—. ¡El pinche policía tenía razón!" La emoción es tan fuerte que hasta te olvidas de que tienes el problema de respirar; pero al delfín no se le olvida, y después de una triple marometa mortal, sube con toda su potencia hacia la superficie y brinca fuera del mar rápido como un cohete… (el casco hubiera sido definitivamente una buena idea). Finalmente puedes respirar, mientras ves el mar bajo de ti alejarse rápidamente, muy rápidamente… y continúas subiendo, subiendo, subiendo… "Este pinche delfín no parece tener ninguna intención de regresar… pero ¿por qué hay plumas? ¿Un delfín con plumas? ¡No! ¡No es un delfín, es un águila! No es un águila, es un delfín con plumas y alas, que mantiene, en las alturas del cielo, el mismo temperamento acrobático que demostró en la profundidad del mar. ¡Aquí, más que el casco se necesitaría un paracaídas!", piensas viendo la tierra alejarse a velocidad supersónica.

Hace mucho frío y tu cuerpo tiembla en la cama que, al contrario, está bien calientita. Las manos se te están helando y no pueden agarrar bien las plumas del delfín, y a cada marometa del ave-pez se te revuelven las vísceras. Quieres gritar pero la voz no te sale y, finalmente, el raro animal con un corcovo se libera de ti. Es el fin: sientes tu cuerpo precipitarse, sientes la sensación del vacío… ¡Te vas a morir! Quieres gritar, gritar… ¡¡¡gritar!!…! y de repente te despiertas y te encuentras sentado en la cama jadeante y todo sudado.

Un sueño a ojos abiertos

Ahora, técnicamente puedes decir que estás despierto. Miras el reloj y te das cuenta que es tiempo de empezar tu día: bañarte, desayunar, llevar a tus hijos a la escuela, ir a trabajar... etcétera.

Pero mientras haces todas estas cosas tu mente, la misma mente que produjo este sueño digno de Animal Planet, continúa masticando imágenes, palabras, consideraciones, recuerdos y proyectos.

Y así mientras haces todas las cosas que constituyen tu rutina diaria, empiezas a pensar:

—No debo comer frijoles en la noche. Todas las veces que como frijoles duermo mal y sueño cosas que hasta pena me da contar. ¡Pero no es mi culpa! Es culpa de este pendejo colega mío, que todas las veces insiste en invitarme a esa cantina, y no puedo resistirme a esos frijoles charros que hacen como los hacía mi abuelita. ¡El problema verdadero es que no tengo carácter! Me dejo siempre convencer para hacer lo que no quiero... ¡También con mi esposa...! Mi mamá me lo decía: que todas las mujeres de la familia de mi suegra tienen demasiados huevos... ¡Pero ahora basta! ¡En la noche les voy a enseñar yo quién tiene los huevos en mi familia! Les voy a decir: "¡Desde hoy aquí mando yo! ¡Y cuando quiera me voy y regreso cuando quiera...! ¡Chingada madre!" Sí, ¡me quiero ir de viaje! Un hombre verdadero se va de viaje y no le pide permiso a nadie. Me voy a ir... ¡con mi primo! ¡Sí! Nos compraremos dos Harley Davidson y nos vamos a Arizona, donde no se usa el casco y no hay policía para sobornar... ¿O me voy con mi cuñado a Chiapas? ¡Sí, ésta es una buena idea! Me voy a Chiapas con mi cuñado, nos compramos un rancho y construimos cabañas ecológicas para los pendejos ecologistas y nos forramos de lana… ¡Y también nos cogemos a las turistas! ¡Ésta sí que es una idea genial…! Pero… ¿Y si después mi cuñado y yo nos peleamos? ¿Qué hacemos con la propiedad? Las sociedades son como los matrimonios, mejor tener cuidado… Mejor tener dos propiedades… Pero después los gastos se multiplicarían… No, mejor hacer una sola sociedad. Tenemos que hacer un contrato muy claro… la verdad es que en mi cuñado no puedes confiar. Se sabe: parientes serpientes… ¿Pero qué me importa? ¡Si se pone cabrón, me lo llevo al tribunal! Puedo llamar a mi compañero de la prepa que ahora es uno de los mejores abogados de México, y en el juicio me lo voy a echar al asador a este hijo de la chingada. Y no me importa si aquella pendeja de mi hermana bravea por él, porque dice que se parece a… ¿cómo se llama este actor? ¿Este que hizo *La supremacía Bourne*…? no Di Caprio, el otro… ¡Lástima que no han hecho el cuarto episodio de *La supremacía Bourne*! ¿Por qué hacen siempre tres episodios y no más? *Matrix* son tres, el *Señor de los anillos* son tres… pero *Star Wars* son seis, y *Kill Bill* son dos… ¡Ah no, dijeron que van a hacer el tres…! Tres es el número perfecto… como la Santísima Trinidad, los reyes magos, los tres mosqueteros, los tres cochinitos, los tres chiflados…

Y así te la pasas todo el día.

¿Puedes decir que estás despierto? ¿Puedes decir que estás verdaderamente viviendo? Sería mejor decir que eres un sonámbulo. La vida está pasando enfrente de ti, tu hijo te cuenta sus importantísimos logros en la escuela, una sabrosa comida te guiña el ojo en la mesa, Dios se está esmerando con una bellísima puesta del sol… y tú sueñas con Harley Davidsons, con cabañas ecológicas, con turistas rubias y con los tres cochinitos; te peleas con tu colega que te lleva a la cantina, con tu esposa que tiene demasiados huevos, y llamas por teléfono el abogado compañero de la prepa, para litigar en juicio con aquel hijo de la chingada de tu cuñado que se parece a Matt Damon (¡École, así se llama!), por una propiedad en Chiapas que no existe, no existió y ¡¡¡nunca va a existir!!!

Un extraterrestre me dijo

Si no estás atento a la mente, te arriesgas verdaderamente a desperdiciar la vida detrás de pendejadas. Porque la vida puedes vivirla sólo si estás presente, no si duermes. A Dios puedes encontrarlo sólo si estás presente, no si sueñas. ¿Cómo puedes encontrar a Dios si vives en el sueño de tu mente? Dios no es una fantasía, no es parte de tus sueños. Dios es parte de la realidad, o mejor dicho: no hay nada de la realidad que no sea Dios, todo es divino.

Pero los humanos continúan buscando a Dios en lugares especiales que frecuentemente huelen a viejo y a moho, entre imágenes tétricas que espantan a los niños, mientras Dios agita los brazos por todas partes para hacerse notar. ¡Y nadie lo nota! ¡Diosito no sabe qué más hacer para hacerse notar! Se disfraza de flor, se disfraza de sol, de árbol, de niño, de viejito… se disfraza hasta de payaso de esquina, haciendo marometas bajo el sol de verano que le derrite todo el maquillaje y poniéndose unos globos enormes en los pantalones para hacernos reír con su traserote; y mientras Él trata de dar el golpe con sus malabares y te mira sonriendo con la esperanza de recibir un aplauso, nosotros lo buscamos en la iglesia, en el templo, en el minarete, en la sinagoga y en los libros sagrados. Al pobre Diosito le vino la depresión… y no hay nada más triste que un payaso de esquina triste.

Tengo un amigo extraterrestre… Sí, un amigo que me visita de otro planeta, que, llegando a la Tierra, vino a visitar México. Después un mes de turismo mochilero regresó a mi casa para descansar un poco, antes de emprender su largo viaje de regreso a su casa, que le va a llevar quince años. Y así, cómodamente sentado sobre el sofá de mi casa, paladeando elegantemente un caballito de gasolina con sangrita (es lo que toman en su planeta), me contaba que entre las tantas rarezas de los seres humanos, la que más lo había impresionado era la gran cantidad de gente a la que le gustan los muertos.

—¿Gente que le gustan los muertos? —le pregunté curioso—. ¿Qué estás queriendo decir?

—Sí, toda esa gente que va a esos lugares donde exponen pinturas y estatuas de gente muerta bajo tortura…

—No mi querido Xπt2μΩ3kkçå228ßœ —éste es su diminutivo—. ¿De qué me hablas? En este planeta la necrofilia está prohibida.

—¡Pero te digo que sí! Hay clubes de esta gente por todas partes. Y la cosa más increíble ¿sabes cuál es? ¡No lo vas a creer!

—¿Cuál es?

—¡Que llevan también a los niños!

—Xπt2μΩ3kkçå228ßœ, ¿qué te metiste cuando fuiste a Palenque? ¡Te dije que no comieras champiñones por allí, porque no son propiamente champiñones!

—No comí champiñones. ¡Lo he visto de verdad —insistió—, no estoy alucinando! Todos los domingos familias enteras se visten bien y van a estos lugares tétricos a mirar la estatua de un pobre güey todo madreado y colgado de una cruz.

—¡Oh, madre de Dios! ¿Pero qué clase de barbaridad estás diciendo? ¡Ésas son las iglesias! ¡Los lugares donde los humanos, en esta parte del planeta, adoran a Dios!

—¿Un Dios muerto?

—Escucha Xπt2μΩ3kkçå228ßœ, por favor, termínate tu caballito de gasolina y regrésate a tu planeta antes que alguien te escuche.

—¿Por qué?, ¿qué dije de malo?

—Dijiste mucho de malo. Aquí la gente religiosa no tiene mucho sentido del humor y no le gustan las críticas.

—Explícame, por favor —me dijo con sus ojos curiosos, que más que ojos parecían dos medios aguacates pegados sobre la cara.

Entonces yo, con santa paciencia, le tuve que explicar toda la historia de Jesús. Que era el hijo de Dios, que lo crucificaron hace dos mil años y, por eso, los devotos de esta religión han creado esas iglesias donde la gente pueda recogerse en plegaria, alabando a Dios y recordando el suplicio de su hijo.

Él me miró sacando aún más sus aguacates por la sorpresa y me dijo:

—Esto me parece verdaderamente absurdo. ¿Y ellos piensan encontrar a Dios en esos lugares?

—¡Claro! ¿Y si no fuera así, dónde más?

—En cualquier lugar, ¡menos allí! —dijo animándose vistosamente—. ¡Si yo fuera Dios, el último lugar adonde iría sería a la iglesia!

—Pero ¿por qué?

—¡Disculpa, ponte en sus zapatos! Si tú fueras Él, ¿por qué tendrías que ir allí para ver las imágenes de tu hijo brutalmente torturado y colgado de la cruz...? Aparte que me parece también una falta de discreción. ¡Vamos! Si uno tiene una desgracia en familia y le crucifican el hijo, no es bonito que por dos mil años haya gente que exponga tu tragedia familiar a todo el mundo, pintando cuadros y construyendo estatuas de tu hijo semidesnudo, con feas pelucas ensangrentadas —y calentándose continuó—: ¡Ésta es una invasión de privacidad familiar! ¡Un poco de discreción, por favor! Dios está seguramente diciendo: "¡Basta de hablar de mi hijo! Hablen de los suyos... ¡Por Dios!" ¡Y además, llevar a los niños allí a ver las imágenes de esta tragedia...!

Era claro que la gasolina... o la sangrita, empezaba a dar sus efectos, porque mientras más hablaba más gritaba golpeando con los puños sobre la mesa

—...Si yo fuera Él los iba a demandar a todos por invasión de la vida privada... ¡¡¡Putísima madre!!! Es una vergüenza que...

Tuve que agarrarlo con fuerza, ponerlo en su cohete espacial, prender la mecha y hacerlo volar en el espacio, esperando haber adivinado la dirección correcta. No se puede tener en la casa tal clase de irreverente… lo más fácil es que descubras que hospedar este tipo de gente está prohibido y te pueden sacar del planeta como yo saqué a Xπt2μΩ3kkçâ228ßœ.

Pero me quedé pensando que, efectivamente, recordar a Jesús por su muerte brutal da una idea de Él como de una persona triste que vivió sufriendo y renunciando. Pero esto no corresponde seguramente a la realidad. Jesús era una persona alegre. Jesús no atraía a sí a viejitos con un pie en la tumba y ciudadanos respetables. Ese tipo de gente iba a los templos judíos. ¡Jesús no era de hueva! Si no, nunca hubiera podido seducir con su presencia a borrachos, putas, apostadores… ¡Jesús estaba a toda madre! Según lo que dice Pancho López, que probablemente ya arde en las flamas del infierno, la comitiva de Jesús ¡se la pasaba de poca madre! Los aspectos más relevantes de su pasaje sobre este planeta son su poesía, su compasión, su incondicional aceptación, su valor, su voz de trueno cuando corre a los cambistas del templo de Jerusalén, su alegría, su sonrisa eterna y sus fiestas a base de vino… Esto caracteriza la figura de Jesús, no su muerte. Los cristianos, para recordarlo, sería mucho mejor que en lugar de la cruz llevaran colgada al cuello una botellita de vino tinto. Además la idea de llevar colgada al cuello la cruz es absurda, porque, como dijo Lenny Bruce, un provocativo cabaretista americano de la década de los cincuenta muerto por sobredosis: "¿Se dan cuenta de que si Jesús hubiera sido ajusticiado en los Estados Unidos, todos llevaríamos colgada al cuello una silla eléctrica?" Y yo agrego: ¿Se dan cuenta de que, si así fuera, cuando entran en la iglesia, en lugar de persignarse, tendrían que sacudirse como si recibieran una descarga eléctrica?

Estamos tan acostumbrados a repetir costumbres antiguas sin ningún espíritu crítico, que es obvio que, visto desde fuera, el mundo en el que vivimos parece de locos.

Por eso Pancho López, como todos los maestros de la historia, nos invita a despertar. No se trata de ser mejores, se trata sólo de despertar del sueño de nuestra mente. De lo contrario te arriesgas a vivir como un Don Quijote que dedica sus acciones a una Dulcinea del Toboso que no tiene ni idea de que él existe, o que pelea con molinos de viento subidos al rango de peligrosos enemigos que sólo él ve.

Entonces el primer paso para poder ser introducidos al mundo maravilloso de los mantras mexicanos es darse cuenta del mundo irreal que crea la mente.

Una casa sin amo

La mente es un fenómeno delicado de entender, porque de un lado es utilísimo y del otro peligrosísimo.

La mente es fantástica cuando es un instrumento en tus manos. Con la mente nosotros construimos un mundo más y más confortable, cómodo, seguro y estéticamente bello. La mente es la que nos permite inventar y usar cosas que han hecho la vida de los humanos mucho más increíble que los más fantasiosos sueños de nuestros antepasados. La tecnología, que es resultado de la mente humana, nos permite casi no tener que trabajar más; nos permite recorrer, en horas, distancias que antes requerían meses; comunicarnos en tiempo real con todos los seres humanos del mundo... Todo esto es un resultado de la mente. Cuando la mente es un instrumento en tus manos, se vuelve una herramienta extraordinaria: la herramienta que Dios nos ha regalado para permitirnos inventar formas mejores para vivir.

El problema es que generalmente no es la mente la que está a tu servicio, sino al revés: tú te volviste al servicio de tu mente. Es ella que te maneja a ti, y no tú a ella. La mente te dice lo que tienes que hacer y cómo hacerlo. De ser tu sirviente, se volvió tu patrona, tu tirana.

Gurdjeff dice que la situación del ser humano es la situación de una casa donde los sirvientes han tomado el control. No hay amo, hay un desmadre.

Hay una historia que representa muy bien cuál es la situación entre tú y tu mente.

Érase una vez un señor que vivía en un palacio muy grande, con muchos sirvientes: había unos que estaban a cargo de la limpieza, unos del jardín, unos de la cocina, unos de la administración doméstica, unos encargados de la seguridad… y así, por todos los muchísimos aspectos del manejo del palacio. Todo funcionaba perfectamente. Era el amo que tenía el mando, y todos los sirvientes cumplían perfectamente con sus deberes.

Sucedió que el amo necesitaba salir a un largo viaje en otro continente, que lo tendría lejos del palacio por unos años. Por lo tanto recomendó que todos los sirvientes continuaran manteniendo todas las funciones del palacio vivas y eficientes, exactamente como si él estuviera allí. Saludó a todos y partió.

Los sirvientes, que eran muy buenos sirvientes, se atuvieron escrupulosamente a las disposiciones del amo, pero… ya se sabe cómo es la naturaleza humana. Después unas semanas ya se empezaban a notar los primeros signos de descuido: en los rincones de las habitaciones la limpieza era un poquito menos rigurosa, arriba de los marcos de los cuadros de familia se empezaba a formar un sutil velo de polvo, al igual que unas hojas secas empezaban a quedarse en los caminitos secundarios del jardín. Después de unos meses se podía notar que había una ventana con el vidrio roto, los bellísimos pisos de mayólica azul y amarilla no eran ya brillantes como alguna vez, el polvo daba un aspecto opaco a todo el edificio y en el jardín la hierba se había vuelto tan alta que empezaba a convertirse en el refugio de unos animales selváticos. Después de unos años el palacio era irreconocible y los sirvientes se habían olvidado por completo incluso de la existencia de su amo.

El viaje del amo duró muchos años pero, como todas las cosas, un bonito día terminó.

Cuando llegó a su palacio, a la entrada del jardín, fumando un cigarrillo, estaba uno de sus sirvientes que ni siquiera lo reconoció.

El palacio estaba todo sucio, la mayoría de las ventanas estaban rotas, y enormes telarañas decoraban tétricamente los muros exteriores. El jardín se había convertido en una selva habitada por perros callejeros, gatos y miles de ratas que vivían alegremente en medio de la basura que estaba tirada por todas partes.

El amo se acercó al sirviente, que estaba recargado en la reja rota y oxidada del jardín, con lo que le quedaba del elegante uniforme del cual un día había estado tan orgulloso, y le preguntó:

—¿Quién es el dueño de esta casa?

—El día de hoy soy yo —le contestó, impertérrito, dando un jalón al cigarrillo y haciendo con la boca una voluta de humo.

—¿Qué significa "el día de hoy"?

—La historia es que después de un rato que el patrón se fue de viaje, nos empezamos a pelear entre sirvientes porque cada uno quería mandar, y para no tener problemas, acordamos que mandamos un día cada uno. Hoy me toca a mí.

Ésta es la situación que vivimos con nuestra mente. Nosotros somos como un palacio donde, faltando el amo, los sirvientes hacen lo que quieren. Por esto vivimos en un gran desmadre. Cada día hay una diferente parte de ti que manda. Un día es tu papá, un día tu mamá, un día el hombre sabio, un día el criminal, un día el héroe y un día el cobarde.

La mente está hecha de partes que se pelean entre ellas. Y cada momento gana una parte sobre las otras y agarra el mando de la situación tomando decisiones en tu lugar. Tu mente cambia constantemente y tú estás continuamente a la merced de la tiranía del sirviente de turno que maneja tu vida.

Faltas tú. Éste es el propósito de las preciosas enseñanzas que Pancho López quiere transferirnos, revelándonos los mantras mexicanos: restituirnos el mando de la casa.

De útil sirviente a tirana despiadada

La mente, que potencialmente es un preciosísimo instrumento para crear orden y belleza, se vuelve una tirana que te somete a la confusión y a la fealdad.

La mente es un instrumento como son mis piernas o mis manos; y como tal tendría que ser usada. Cuando yo quiero caminar uso las piernas, y cuando quiero estar sentado dejo mis piernas allí en espera de que me sirvan otra vez. Lo mismo tendría que ser con la mente: si tengo que acordarme de cómo regresar a casa, si tengo que arreglar la llanta del coche, si tengo que hacer el cálculo de cuánto tengo que dejar de propina en el restaurante, uso la mente... (o el iPhone). Si no tengo que hacer ninguna de estas cosas para las cuales se requiere la mente, mi mente tendría que estar silenciosa y quieta como mis piernas.

Si, por ejemplo, estás relajado con tu amada sobre el sofá, si estás jugando con tus hijos o con tus amigos... o simplemente estás paseando en el campo o mirando la luna que nace en el horizonte, la mente no es necesaria en lo absoluto. Esto lógicamente es fácil de entender, pero en la realidad las cosas ocurren de forma diferente.

Cualquier cosa que haces o no haces la mente está allí torturándote: tu hijo te habla y tú estás pensando en aquel incompetente de tu colega que no ha retirado la factura; estás con un amigo y te preguntas si estás vestido de forma apropiada y dónde chingaos está la camisa guinda con rayas naranja que no encuentras desde hace meses; y cuando haces el amor con tu esposa... o con la esposa del vecino, tratas de recordar dónde estacionaste el coche… y si lo dejaste en un estacionamiento privado tienes que sacar la cuenta de cuánto te está costando esta cojida y si vale la pena… y cuando no estás haciendo nada te la pasas recordando cosas, haciendo proyectos, imaginando conversaciones y discusiones con uno y con otro, o preguntándote: "¿Dónde está y qué está haciendo aquel cabrón de mi esposo?".

Es una situación que parece normal, pero es absurda. Sería como si tus piernas, mientras estás sentado en un cine, justamente cuando se está por descubrir quién es el asesino, decidieran autonomamente darse una vuelta y te llevaran contra tu voluntad al área de las palomitas. Si tú no estás a cargo de ti mismo nunca vas a descubrir quién es el asesino.

A la luz de estas consideraciones, puedes entender que el ser humano está bien lejos de poderse definir libre: el ser humano es esclavo de este fenómeno que llamamos mente.

¿Qué hacer?

No todas las generaciones fueron afortunadas como la de los que en la India tuvieron el honor de estar sentados en presencia de Buda, o que en China pasearon con Lao Tse, o que en Palestina iban a las fiestas de Jesús, o que con San Francisco hablaban con los pájaros. Pero nosotros podemos considerarnos igualmente afortunados, porque somos testigos del mensaje de sabiduría universal que decidió manifestarse en este mundo, a través de la cultura mexicana que nos ofrece el extraordinario testimonio de Pancho López.

Aprovechando su infinita sabiduría seremos introducidos a los misterios gloriosos de los mantras mexicanos, esta infalible medicina del espíritu que nos permitirá liberarnos por siempre de las cadenas de la ignorancia.

Siguiendo el sagrado recorrido de los tres mantras mexicanos, todos podrán alcanzar las cumbres más elevadas de la conciencia humana. Todos podrán quemar su karma, realizar la total liberación y, finalmente, ser iluminados por la presencia de Dios… y además podrán finalmente descubrir quién era el pinche asesino.

TERCERA PARTE

LOS MANTRAS MEXICANOS

¡Me Vale Madres!
El mantra del Desapego

Éste es el primer mantra sagrado que retumba sobre la vuelta celeste que corresponde al territorio mexicano. La sabiduría de nuestros ancestros se ha impregnado en las estrellas, que continuamente nos mandan este mensaje: ¡Me Vale Madres! ¡Me Vale Madres! ¡Me Vale Madres! Todos podemos escuchar esta silenciosa, eterna letanía, pero sólo pocos elegidos como Pancho López pueden apreciar su profundo mensaje espiritual.

Nuestro gran privilegio es ser receptores directos de estos antiguos secretos espirituales, y tan afortunados de poder conducir nuestro viaje hacia el Moksha (la liberación), aprendiendo y practicando los mantras mexicanos bajo la directa enseñanza de semejante maestro.

Vimos, en la primera parte del libro, cómo vivimos cargados de conceptos que, acumulados a lo largo de nuestro crecimiento, nos dan una idea de lo que tendríamos que ser para poder ser aceptados por la sociedad o sobrevivir a sus ataques. Esto te impide ser quien eres, que al final es el objetivo definitivo de nuestro viaje espiritual a la búsqueda de lo que se perdió en la selva de reglas, prejuicios, dogmas, miedos, deseos y expectativas en los cuales nuestro ser ha sido enredado.

El mantra mexicano ¡Me Vale Madres!, el Mantra del Desapego, es el machete que nos abrirá el camino entre la selva de las ideas y de los prejuicios que nos atan y nos impiden ser quienes somos, y para poder ascender a los reinos más elevados de la conciencia humana.

¿Pero qué cosa es lo que nos ata?

El mítico "Él"

En el origen está siempre la infeliz soberbia, obra de los alquimistas "Patas Pa' Arriba".

Ya vimos que cuando vienes al mundo, te sientes totalmente relajado y a gusto contigo mismo. Cuando eres niño, Dios se expresa a través de ti a cada rato: cuando algo te gusta, la sonrisa de Dios se asoma en tus labios; cuando algo te falta, las lágrimas de Dios afloran en tus ojos; si algo te molesta, el rugido de Dios brota de tu garganta; y si algo te alegra, la canción de Dios recorre todas las células de tu cuerpo. Todo es relajado, todo es divino y todo es importante. Un pinche papelito se vuelve un mundo increíble por descubrir, la posesión de un insignificante juguete se vuelve cuestión de vida o muerte, y un mugroso osito de peluche se convierte en tu hermano de sangre. Todo es tremendamente importante.

Pero, sufriendo las interferencias y las críticas del mundo de los adultos (la sociedad), este sereno fluir de la vitalidad es alterado y, a pesar de nuestra heroica resistencia, inevitablemente llega el triste momento que llamamos *ya se chingó el asunto*, cuando nos rendimos al hecho de que así como somos no vamos a ser aceptados, con todas las consecuencias que esto implica. Y por lo tanto te dices: "¡Putísima madre! ¡Si yo no fuera lo que soy, todo sería perfecto! ¡Estoy todo equivocado! Tengo que hacer algo, tengo que cambiar, ¡tengo absolutamente que volverme algo diferente de lo que soy! ¡Cualquier cosa menos yo!"

Y así, empiezas a formarte una idea de cómo tendrías que ser para poder vivir tranquilo, sin sentir el dolor de las críticas de los demás; cómo tendrías que ser para poder defenderte de los ataques del exterior, ser apreciado, sentirte amado y no sufrir. Así es como se crea en tu mente un *ideal*.

Una vez que has creado en tu mente la fantasía de este *ser ideal* que tendrías que ser, te pasas toda la vida tratando de volverte este algo que no eres: ese mítico Él. Este personaje capaz de lidiar con la vida, que sabe controlar sus emociones, que sabe defenderse, que sabe medir las palabras, que sabe cómo mirar y mover el cuerpo de forma adecuada para infundir respeto, espantar, seducir… Este personaje fantástico que no tiene miedo, invulnerable a los ataques; este personaje capaz de conquistar la atención de las masas o que puede volverse invisible cuando quiere, según las necesidades; este héroe capaz de defender a los demás, o quedarse totalmente insensible al sufrimiento ajeno; este conquistador capaz de fatigas y renuncias inhumanas para lograr un objetivo…

Es obvio que este ideal es la creación de un personaje de una película de cuarta categoría que no existe y que, más que todo, no eres tú, y por lo tanto nunca lo podrás alcanzar. Trabajando duro podrás, a lo mejor, volverte un profesionista de la mentira y aprender a hacer creer a los demás que tú eres ese mágico Él. Pero dentro de ti sabes que tú eres simplemente tú y, a pesar de todos los esfuerzos que hagas, estás bien lejos de ser este hombre o esta mujer ideal que pretendes ser. Por esto empiezas a odiarte: te odias por no ser capaz de ser lo que no eres.

¿Se dan cuenta de lo absurdo de la situación? Te odias por ser lo que eres y además te odias por no ser capaz de ser alguien que no eres. Éste es el origen de tu sentimiento de inadecuación, de tus problemas de autoestima, de tu continua tensión y del hecho de que la vida te parece más una condena que una oportunidad.

¿Cómo puedes tener estima de ti mismo si en lo profundo sabes que eres un transa? ¿Cómo puedes amarte si sabes que, aun si te las arreglaste para mantener tu dignidad frente a la sociedad, la perdiste frente a Dios? ¿Cómo puedes tener estima de ti mismo si sabes que le vendiste tu alma al diablo?

Y vivimos entrampados en este maléfico conflicto, sin darnos cuenta que no hay nada de equivocado con nosotros. Fuimos sólo víctimas de ideas equivocadas, inculcadas por gente equivocada.

¡Vamos! ¿Cómo es posible que todo sea perfecto, y justamente tú estás equivocado? ¿Cómo es posible que Diosito haya sido tan chingón en todo, mientras contigo se ha demostrado un perfecto incapaz? Y además, ¿quién te ha dado esta idea de que así como eres no estás bien? ¿Quiénes son estos grandes sabios que te inculcaron esta convicción? ¡Mira sus vidas, mira sus contradicciones, mira sus mentiras, mira su violencia y egoísmo! Y tú, en función de críticas de gente de esta clase, ¿has renunciado a ti mismo, jodiéndote la vida para volverte alguien más? ¿Pero se dan cuenta del absurdo?

Por eso Pancho López, con su infinita compasión, nos incita a una toma de conciencia, a un despertar. Lo veo imponente sobre su púlpito, con botas, sombrero y bigotes, levantar su dedo hacia nosotros y, con sus palabras de sabiduría, iluminarnos con su sermón: "¡Despierta, cabrón! ¡No mames! ¿No ves que te están chingando? La neta, estás bien jodido. ¡No te hagas güey! ¡Ya chole con lo mismo! ¡Éstas son chingaderas! ¡Órale, carnal! ¡Saca los huevos y basta de pendejadas…!" y otras elegantes palabras de motivación.

El bendito mantra mexicano ¡Me Vale Madres! es un sanalotodo que te ayuda a soltar este ridículo conflicto interior de querer ser alguien diferente, para restituirte el derecho, la dignidad y el orgullo de ser tú mismo.

Por esto, cuando descubres que te estás criticando por ser como eres, cuando empiezas a odiarte porque no puedes ser este mítico Él que te gustaría ser, cuando te sientes inadecuado a lo que tienes que enfrentar, reza: ¡Me Vale Madres! ¡Me Vale Madres! ¡Me Vale Madres!, y la sonrisa de Dios volverá a aflorar dentro de ti manifestándote toda su simpatía.

Renunciar a ti mismo causa un daño irreparable a la armonía universal. La apuesta en juego es muy alta, y va mucho más allá de los efectos nefastos que puede tener en tu vida personal. Y eso es lo que vamos a ver pronto.

Una armonía perfecta

Como ya dijimos, tú eres un fenómeno único e irrepetible... y Dios no hace nada sin sentido. Si Diosito te ha hecho como te ha hecho, Él sabrá bien por qué. Diosito no es un pendejo.

Mira la perfección de su creación: un sencillo pero complicadísimo mecanismo que sucede en las plantas, la fotosíntesis clorofiliana, interactuando con el eterno juego entre sol y agua, permite la vida sobre este planeta.

¿Qué es lo que hace la planta? La primera cosa, absorbe anhídrido carbónico y agua para transformarlos en azúcares y oxígeno, que usa para su propia vida. Después lo que le sobra de oxígeno, que es un chingo, lo libera en el aire permitiendo la vida a todas las formas vivientes; y el azúcar que produce y guarda es la base de la cadena alimenticia. Y entonces mira qué bonita es la danza de Dios: el sol evapora el agua del mar, se crean las nubes, las nubes sueltan la lluvia, la lluvia llena los ríos y los lagos, los ríos y los lagos humedecen la tierra, la tierra suelta el agua a las plantas, las plantas crean el oxígeno, el oxígeno permite la vida de los animales, los animales, para agradecer a las plantas, se las comen sin pensarlo dos veces, otros animales que no les gusta la ensalada, sin pensarlo ni una vez, se comen a los animales vegetarianos, y los hombres, sin pensarlo para nada, se comen vegetarianos, carnívoros y ensaladas... y a veces incluso entre ellos; los desechos de los animales fertilizan la tierra creando minerales, las plantas, comiendo los minerales y juntándolos con el agua, absorben los rayos del sol y liberan el oxígeno que hace vivir a los animales que comen las plantas... y así de vuelta en el restaurante cósmico de Dios, por los siglos de los siglos y amén.

Y después hay las abejas. ¡¡¡Las abejas!!! ¡Tú no puedes imaginar qué importante es este pinche animalito! La abeja, con su disfracito de carnaval negro y amarillo, pasando de una flor a la otra permite el mágico fenómeno de la polinización, que corresponde al encuentro sexual entre las plantas. ¿Qué hace la abeja? Entra dentro una florecita a chuparse todo el polen hasta el final, después, toda sucia de polen, va a buscarse otra florecita a quien chuparse. ¿Pero qué pasa? El polen de la flor de antes, que contiene las células sexuales masculinas, entrando en contacto con las células sexuales femeninas que están al centro de la flor, dan vida a las orgásmicas pulsaciones que determinan la fecundación. ¡¿No es increíble?! Las abejas prácticamente se ocupan de despachar sexo a domicilio. Son como un Pizza Hut del sexo. ¡Es fantástico!

En la naturaleza todo tiene una función, todo sirve para algo. ¿Cómo es posible que justamente tú no sirvas para nada? ¿Cómo es posible que tú seas el único que no esté bien así como eres y necesites ser cambiado? ¿Cómo es posible que Dios se haya equivocado precisamente contigo?

¡En la naturaleza, todo, digo todo, sirve para algo! ¡No hay nada que sea inútil, nada…! Aparte los pinches mosquitos… ¿¡Diosito, cómo carajos se te ocurrió crear los mosquitos!? ¿Para qué chingados sirven…?

Pero, aparte de los mosquitos, todo es útil, todo es único y todo es indispensable para una perfecta armonía. Cualquier planta, cualquier animal, el sol, el mar, los ríos… todo vive relajado en su unicidad secundando la voluntad de Dios. El único que no sigue la voluntad de Dios es el hombre. El ser humano es el único que está en conflicto con este maravilloso carrusel de sol, lluvia, herbívoros, carnívoros y Pizza Hut.

Y los efectos de este conflicto están frente a los ojos de todos. Este conflicto con la naturaleza, como ya dijimos, nace del conflicto original: el conflicto de ti contigo mismo.

Cuando tú entras en conflicto contigo mismo, cuando tú tratas de no ser tú, cuando tú no cantas la única e irrepetible nota musical que Dios quería agregar a la sinfonía universal a través de ti, su coro celestial se vuelve simplemente un insoportable ruido.

Es como si durante el gran concierto del universo, dirigido por Diosito en su elegantísimo esmoquin blanco, mientras pájaros, ríos, animales, peces, plantas, insectos y nubes, tocan con arrobamiento sus instrumentos, estuviera un grupito de músicos, que se pelean entre ellos, tratando de tocar la trompeta como si fuera una guitarra, el violonchelo como si fuera un pianoforte y el violín como un tambor. El pobre Diosito con su batuta en las manos, los pelos parados como Von Karajan y con su pasión por la música que le brota por todos los poros del cuerpo que no tiene, mira alrededor sin saber qué hacer y, tratando de no dejarse distraer de esta banda de imbéciles arriesgando de echar a perder todo el concierto, con los ojos busca en el cielo una ayuda en el Señor que no llegará, porque se olvidó que Dios es Él. Y por lo tanto, en su infinida soledad, agitando la batuta en el aire, todo sudado por el esfuerzo de no perder el ritmo, se devana los sesos para encontrar una forma hacer entender a esta manada de dementes que si eres un saxofón no puedes tocar como un arpa veracruzana, y si eres una marimba no puedes tocar como una flauta, y si eres un silbato no puedes tocar como un trombón.

Esto es lo que hacemos cuando tratamos de ir contra natura esforzándonos por encarnar nuestro ideal: creamos una fatal turbulencia en la armonía de la existencia.

Y nadie se da cuenta que, dado que tú eres único e irrepetible, si tú no tocas tu nota, algo se ha perdido para siempre. El universo por siempre será huérfano de ti. Con tu ausencia has herido por siempre la sensibilidad de Dios.

Éste, para Pancho López, es el único imperdonable pecado mortal. Y cuando cometes este pecado mortal no tienes que esperar la muerte para irte al infierno, porque el infierno lo creaste ya tú mismo de inmediato renunciando a la gloria de Dios, para inmolarte en el altar de la mediocridad y del conformismo.

El mantra mexicano ¡Me Vale Madres! es el antídoto supremo a esta enfermedad de la psicología humana, que te lleva a rechazar quien eres para adoptar una identidad que no es la tuya.

Por lo tanto, todas las veces que te descubras tratando de ser alguien que no eres, reza: ¡Me Vale Madres! ¡Me Vale Madres! ¡Me Vale Madres! y todos tus conflictos se derretirán. Todas las veces que trates de tocar el pianoforte mientras tú eres un clarinete, reza: ¡Me Vale Madres! ¡Me Vale Madres! ¡Me Vale Madres! y gózate con el bellísimo e insustituible sonido del clarinete. Todas las veces que te esfuerces por vivir de forma diferente a la cual te sale natural, reza: ¡Me Vale Madres! ¡Me Vale Madres! ¡Me Vale Madres! y una deliciosa sensación de relajación abrirá frente a ti las puertas de tu destino, con la claridad de un límpido amanecer.

No sabes quién eres y no sabes qué quieres

A la luz de todas estas consideraciones, es natural preguntarse: ¿Pero por qué no somos capaces simplemente de vivir la vida que queremos vivir? ¿Por qué no podemos relajarnos y ser simplemente lo que somos?

La respuesta es siempre la misma: consagrando todas nuestras energías a la encarnación de este mítico Él, descuidamos completamente nuestro verdadero ser, terminando por olvidar por completo quiénes somos y, en consecuencia, sin tener la menor idea de lo que queremos.

Tú me puedes decir: "¿Pero qué sabes tú? ¡Yo sé lo que quiero! Yo quiero ser rico, quiero ser famoso, quiero ser respetable, quiero una casa bonita, quiero que mi esposo haga lo que digo yo, quiero volverme alcalde de Tapachula, quiero sacrificarme a la causa del perro callejero, quiero ser un santo, quiero poder pagar tantas jovencitas como puede pagarse Berlusconi…". ¿Pero, estás seguro que esto es exactamente lo que tú quieres?

Sé que hay algunos que te revelan el "secreto" con el cual puedes usar tu mente para obtener lo que quieres, permitiendo a estafadores, asesinos y pedófilos obtener los resultados que están persiguiendo. Pero el problema no es obtener lo que quieres, el problema es preguntarse: ¿Yo qué quiero verdaderamente? ¡Atención! Porque aquí está la gran trampa. Aquí es donde te arriesgas a desperdiciar toda una vida buscando cosas que no quieres verdaderamente.

Si tú no eres lo que eres, ¿cómo puedes saber lo que quieres? Si tú finges ser alguien más, hasta convencerte de serlo, lo que quieres no es lo que quieres tú, sino lo que quiere el personaje fantasioso que estás interpretando y piensas ser.

La idea de ti mismo que se ha formado en tu mente es totalmente falsa. Pero dado que tú tomas tus decisiones en función de lo que quiere esta idea falsa de ti mismo, es muy difícil que las decisiones que tomas sean las correctas para ti.

Un silogismo socrático nos puede ayudar a salir de este pequeño laberinto:

1) Este personaje que crees ser determina lo que tú quieres.

2) Tú no eres este personaje que crees ser.

3) Lo que tú quieres, no es lo que quieres tú.

Santo Sócrates, ¿¡quién no quisiera ser ignorante como él!?

Si tú no dejas todos los esfuerzos que haces para volverte algo diferente de lo que eres y no te relajas para ser lo que siempre fuiste, nunca vas a saber quién eres y mucho menos vas a saber lo que quieres.

Es aquí que el bendito mantra mexicano ¡Me Vale Madres! puede salvarte del desastre de ver desperdiciada tu vida, persiguiendo cosas que no quieres y que no te sirven.

Logrando fracasos

¿Cuántas veces nos pasa que renunciamos a nuestra vida para lograr una meta y cuando la alcanzamos, nos damos cuenta que no valía la pena? ¿Cuántas veces te ha pasado que te sacrificaste tratando de lograr algo que cuando lo obtienes, aún no acaba la celebración y ya empiezas a sentirte raro, vacío y un sutil e insospechable sentimento de frustración empieza a insinuarse dentro de ti?

Te sientes miserable porque vives en un pinche departamentito del cuarto piso de un edificio café, y piensas que cuando tengas una casa de tres pisos con jardín y siete perros serás feliz. Y un buen día, partiéndote el lomo, trabajando duro o engañando a los demás, logras finalmente comprarte esa bendita casa de tres pisos con jardín y siete perros. ¿Y qué? ¿Piensas que entonces serás feliz? Como ya dijimos, si eras miserable en una casa pequeña, en una casa grande la misma miseria tendrá más espacio para manifestarse… y también los perros, al sólo verte, se sentirán miserables ellos también y, dejándote con el hueso de goma en la mano, regresarán con la cola entre las patas a sus casitas de siete enanitos (que les habías comprado con tanta ilusión) enrollándose en sí mismos lo más que puedan y rogando al Dios de los perros que los haga desaparecer o al menos que los ayude a olvidar la imagen de ti con el hueso de goma en las manos. Pero tú no te desanimas y, trabajando un poco más o aprovechándote de cualquier otro ingenuo, te compras una motocicleta para levantarte la moral… Pero, mientras el asfalto de las carreteras yucatecas esscurre a pocos centímetros de tus pies, la imagen de los perros te persigue volviéndose más dolorosa por el hecho de estar atrapado en tu disfraz de piel negra con la calavera sobre la espalda, y encapsulado sin remedio en tu casco integral en un maldito día de agosto con el calor a cuarenta y cinco grados. Y así, piensas que la respuesta correcta es hacer una colección de motocicletas… mas cuando tu colección llega al número siete, los malditos perros están otra vez allí mirándote con sus expresiones vacías. Entonces piensas ir al jardín y matar esos extramaldecidos perros que se vuelven momentáneamente la causa de todos tus problemas, pero, gracias a unas sesiones psicoanalíticas, los perros podrán alcanzar una digna vejez y tú, gracias a unos tranquilizantes, evitas terminar sobre el periódico. De cualquier forma, si con el psicoanálisis te las arreglaste para salvar los perros, no te las arreglaste para salvarte a ti mismo; por lo tanto piensas que es necesario renovarse un poco: ¡Cambiar esposa es lo que se necesitas! Entonces das en permuta a tu vieja esposa por un modelo más reciente. Pero tampoco esto es bastante. Te buscas una amante… dos amantes, tres amantes, cuatro, cinco… pero cuando llegas al maldito número 7, estas desgraciadas empiezan a mirarte con la misma expresión de esos bastardos perros que hubieras hecho mejor en matar antes de ir a ese "puto psicoanalista". ¡El problema es que se necesita más dinero, más dinero y aún más dinero! Por lo tanto comprando, vendiendo, inventando, prometiendo, chanchullando, fregando, corrompiendo y pagando empiezas a acumular: te compras un edificio, dos edificios, diez edificios, una ciudad, una montaña, una isla con todos los habitantes… no sabes qué más comprarte… te compras unos huérfanos, te compras todo el orfanato con todo y monjas, te compras un trío veracruzano de veinte personas que no te sirve de nada, no es un verdadero trío porque son veinte y hacen más ruido cuando descansan que cuando tocan; te compras un grupo étnico nómada africano con todo y camellos que te sirve aún menos que los veracruzanos y además no sabes dónde meterlos; te vuelves dueño de esto, de aquello y de aquello más… y te vuelves dueño también de lo que no te pertenece acrecentando una avidez que te hace devorar todo lo que encuentras en el camino aun si es duro, molesto y te da asco… Pero la gente te reverencia cuando pasas, te llama señor, doctor, caballero, comendador, salvador, monseñor... y llegas más y más arriba, más arriba, más arriba... pero cuando te miras en el espejo no puedes más que continuar viendo el mismo pendejo que vivía en el departamentito del cuarto piso del edificio café. Y entonces piensas que no es una cuestión de dinero, ¡es una cuestión de poder! Así que te presentas a las elecciones y logras tu viejo sueño de volverte alcalde de Tapachula... pero no se preocupen porque es sólo el inicio... y de hecho pronto eres alcalde de Perote, gobernador de Tlaxcala, presidente de un banco, presidente de la república, presidente de América, presidente del planeta... ¡¡¡patrón del mundo!!...! ¿¿¿y ahora qué??? En este punto tampoco es necesario mirarte en el espejo para saber lo que nadie sospecha, pero que se ve perfectamente reflejado en los ojos de tu esposa cuando te mira: eres un pobre diablo como todos los demás.

Cualquier ser inteligente se da inmediatamente cuenta que la felicidad no está en las cosas que puedes lograr en el exterior. Y aun si es verdad que *¡si la riqueza no hace la felicidad, imagínate la pobreza!*, esto no quita la incontrovertible verdad de que la felicidad está en tu realización como ser humano, y no en tu carrera o tu dinero. La felicidad está en Dios y con Dios... ¡Por Dios!

No gastes tu vida perdido en las veredas de tus estados de cuenta o mendigando en los pasillos del poder. No dejes que las ideas que tienes en tu mente, tu cultura y el ejemplo de los demás manejen tu vida llevándote por caminos sin salida. Empieza hoy mismo a rezar: ¡Me Vale Madres! ¡Me Vale Madres! ¡Me Vale Madres! y el camino que lleva derechito a tu realización se abrirá frente a ti como una autopista que lleva a Dios.

Cualquiera dotado de un mínimo de inteligencia, viendo sacrificado su presente para prepararse para un futuro que nunca llega, no puede dejar de percibir la desagradable sutil sensación de estar desperdiciando su vida. La idea de que mañana vas a poderte dedicar a lo que quieres y te gusta es la más engañosa de las ilusiones. Hasta un hombre loco de ambición como Alejandro Magno se dio cuenta de que eso era un absurdo.

Hay una bellísima historia que cuenta del encuentro entre Alejandro Magno y Diógenes.

Alejandro Magno, en su viaje de conquista hacia oriente, pasó por la región donde vivía Diógenes, y como había escuchado hablar de este sabio estrafalario, quiso conocerlo.

Así un día, con el pelotón de sus guaruras, caminó unas horas por el campo buscando a este famoso místico, hasta que lo encontró.

Pancho López, que lo conoce personalmente y estaba presente en el encuentro, dice que Diógenes era un hombre bellísimo, y estaba acostado, totalmente desnudo, a la orilla de un río, tomando el sol de la mañana. Era tan relajado, tan bello, tan majestuoso, que Alejandro se quedó muy impresionado, y disimulando su embarazo, con su andadura militar se le acercó parándose exactamente enfrente de él. Diógenes, que tenía los ojos cerrados, sintió su presencia y lentamente abrió sus enormes ojos verdes y lo miró:

—¿Que pedo?

—Soy Alejandro —contestó el emperador con orgullo.

—¿Alejandro quién?

—Alejandro Magno —fue obligado a precisar.

—¿Y? —continuó el místico penetrándolo con la mirada.

—…Nada… quería conocerte… —contestó Alejandro sintiéndose repentinamente fuera de lugar y revelando con su voz un pelito de inseguridad.

Diógenes lentamente levantó un poquito más la cabeza y recargándose sobre un codo lo examinó detenidamente de la cabeza a los pies:

—Mucho gusto.

Alejandro no sabía qué otra cosa decir. No se sentía tan a disgusto desde que, en la escuela, lo agarraron nada preparado para el examen sobre los diálogos de Platón. Tenía que hacer algo, al final él era el emperador. Así, para darse tono dijo:

—Yo soy el hombre más poderoso del mundo.

Diógenes, enfocando bien los ojos, lo miró de tal forma que Alejandro se sintió más encuerado que él:

—¡Chido!

Alejandro, no sabiendo cómo resolver esta embarazosa situación en la cual se había metido por culpa de su maldita curiosidad, aparentando seguridad le dijo una de estas cosas que, cuando las piensas después, te preguntas cómo se te ocurrió decir una tontería tan torpe:

—¿Sabes qué? ¡Me caes bien…! y… porque hoy estoy de buen humor… quiero hacerte un regalo. Yo soy el hombre más rico del mundo. Pídeme lo que quieras, cualquier cosa que te guste, y yo te la voy a regalar.

—¿Quieres verdaderamente hacerme un regalo?

—¡Claro! Cualquier cosa que te guste.

—Entonces quítate de allí, por favor, que me tapas el sol.

En este punto el emperador se quedó sin palabras, y olvidando que era el emperador, la única cosa que pudo hacer fue hacerse a un lado y decir:

—¡Oh…! Disculpe.

Diógenes, después de haberlo mirado por un buen rato, que a Alejandro le pareció una embarazosísima eternidad, preguntó:

—¿A dónde vas?

—A conquistar el mundo —contestó el emperador recuperando un poco de su orgullo.

—Y después que hayas conquistado el mundo, ¿qué harás?

"¡Este cabrón me está chingando!", pensó el emperador. No se sentía tan chiquito desde que de chavito, Aristóteles descubrió que se había ido de pinta.

—…¿Qué haré…? eh… después de que conquiste el mundo… finalmente me podré relajar.

—¡Bravo! Yo ya me estoy relajando ahora sin haber conquistado nada.

Alejandro, que era un hombre inteligente, no pudo dejar de apreciar la ocurrencia del místico. Sonrió con sincera admiración y le dijo:

—¡Ah, cabrón! Si vuelvo a nacer quiero ser como tú. Yo también quiero echar la hueva como tú a la orilla del río sin preocupaciones.

—¿Y por qué quieres esperar a la próxima vida? —contestó Diógenes acostándose otra vez con las manos en la nuca—. Quítate esa ridícula armadura ahora mismo, deja a estos pobres desgraciados que te hacen de escolta regresar con sus familias y acuéstate aquí a mi lado. ¡Aquí! ¡Ahora! ¿Por qué esperar la próxima vida? Toma, te presto también mi protector solar.

Se sabe que Alejandro no aceptó la invitación de Diógenes porque no pudo liberarse de la obsesión de su mente: conquistar el mundo. Dejó a este místico tan exéntrico a la orilla del río, que ni se molestó en saludarlo, y se fue a conquistar el mundo sembrando terror, dolor y muerte en todas las poblaciones que encontró en su camino.

Dicen que cuando murió a la joven edad de treinta y tres años, Alejandro quiso que su cuerpo fuera llevado en su cortejo fúnebre con las manos abiertas bien visibles, para que todos se dieran cuenta que a pesar de que había conquistado todo el mundo conocido, moría con las manos vacías.

La leyenda termina diciendo que el mismo día que Alejandro murió en Babilonia, Diógenes moría en Corinto. Y mientras el gran conquistador, afligido, pasaba el río que separa este mundo del otro, escuchó una poderosa carcajada tras de sí. Se volteó y vio a Diógenes.

—¡Órale! —dijo Alejandro—, ¡qué coincidencia! ¡El emperador y el mendigo mueren el mismo día!

—Correcto —dijo Diógenes—, pero tú todavía no has entendido quién es el emperador y quién el mendigo.

Si Alejandro Magno hubiera conocido el mantra mexicano del desapego, cuando Diógenes lo invitó a acostarse a su lado, Alejandro hubiera mirado a su pelotón armado, a su ejército esperándolo, a sus ambiciones de jovencito, hubiera pensado en las esperanzas que la familia había puesto en él, en lo que hubiera dicho a gente, en la gloria y en la inmortalidad de su nombre en los libros de historia… y hubiera dicho: ¡Me Vale Madres! Se hubiera quitado la armadura y se hubiera acostado a la orilla del río al lado de Diógenes y extendiendo la mano le hubiera dicho: pásame el protector solar. Y muchos sufrimientos, tormentos y muertes le hubieran sido ahorrados al mundo.

No esperes a dejarte sepultar con las manos abiertas y vacías para entender que tus esfuerzos no llevan a nada. Reza el santo mantra: ¡Me Vale Madres! ¡Me Vale Madres! ¡Me Vale Madres! e inmediatamente sentirás la paz divina bajar sobre ti. Reza todos los días con confianza: ¡Me Vale Madres! ¡Me Vale Madres! ¡Me Vale Madres! y el eterno dedo de Dios se te aparecerá indicándote el camino que lleva a la realización de ti mismo.

¡Me Vale Madres!, también conocido como el Mantra de la Revelación Luminosa, te regalará la clara visión de tu camino existencial, liberándote de todas las distracciones de tu mente ambiciosa, para permitirte poner toda tu energía en la verdadera inspiración de tu vida. El mantra ¡Me Vale Madres!, con su mágico sonido, te acompañará al descubrimiento de quién eres y a la desaparición de lo que no eres.

Todas las veces que te estés comprometiendo inútilmente para hacer algo que no quieres hacer, reza: ¡Me Vale Madres! ¡Me Vale Madres! ¡Me Vale Madres! y pregúntate simplemente: "¿qué cosa quiero verdaderamente hacer?" Todas las veces que te pescas esforzándote por hacer algo contra tu naturaleza, haz una profunda respiración y reza: ¡Me Vale Madres! ¡Me Vale Madres! ¡Me Vale Madres! y deja que tu espontaneidad te guíe a descubrir tus innatas cualidades.

Rezando con devota entrega este mágico mantra, tu intuición, tus reales inclinaciones y tu naturaleza se revelarán, quitándote cualquier duda acerca de tu destino y evitándote lograr fracasos.

Cómo se usa el mantra

Para que el efecto del santo mantra ¡Me Vale Madres! se manifieste en toda su poderosa potencia, el rezo tiene que ser practicado de forma correcta.

La respiración es importante. Este mantra no se reza usando sólo la voz, en una mecánica letanía, como nos enseñaron a rezar el rosario. ¡Me Vale Madres! se reza con la entera participación de todo el cuerpo.

Puedes rezarlo sentado o acostado, pero, si quieres sentir su mágico efecto, lo mejor de todo es rezarlo de pie.

Puedes rezarlo por la mañana cuando acabas de levantarte. No es necesario ponerse un vestido en particular, puedes rezarlo tranquilamente en pijama o calzones o hasta en pelotas si te gusta la sensación. Con el cuerpo relajado y las rodillas un poco flexionadas, inhala profundamente relajando el abdomen y suelta el mantra con un gran suspiro. Acompañar el rezo con un movimiento relajado del cuerpo ayuda a dejar penetrar más profundo dentro de ti su precioso mensaje de verdad. Flexionar ligeramente las piernas ayuda a agarrar un poco de arranque, para que el movimiento del cuerpo dé énfasis al rezo. Todas las veces que pronuncias el mantra imagina que te estás liberando de algo que, justamente, *te vale madres*. Inhala profundo y suelta el mantra: ¡Me Vale Madres! ¡Me Vale Madres! ¡Me Vale Madres…! y cuando agotes el aire, relaja el abdomen, inhala profundamente y, ayudándote otra vez con el movimiento de las rodillas, suelta una vez más la mágica fórmula: ¡Me Vale Madres! ¡Me Vale Madres! ¡Me Vale Madres!

Reza hasta cuando te sientas listo para empezar el día con el pie derecho.

Además puedes usar el mantra a lo largo del día, y de hecho es muy aconsejable: todas las veces que dentro de tu cabeza tu mente empieza a criticarte o empieza a quejarse que las cosas "no son como tendrían que ser" o te empuja a hacer cosas que no quieres hacer o que, exactamente, te valen madres o se deja involucrar en discusiones absolutamente inútiles y sin sentido o trata de crearte cualquier tipo de problema... en la oficina, en la calle, en el carro... o donde sea, abre la profundidad de tu ser con la respiración, y como si la voz llegara directamente del centro de la tierra, reza con delirio místico: ¡Me Vale Madres! ¡Me Vale Madres! ¡Me Vale Madres...!

El efecto benéfico de este mantra lo vas a sentir de inmediato y se manifestará con un placentero sentido de relajación y liviandad. Es frecuente notar en los practicantes una sonrisa aflorar en sus labios, y en unos casos hasta una carcajada. La carcajada, de hecho, es una excelente señal de que el mantra está funcionando. Cuando *te vale madres* todo se vuelve más divertido.

Pero ¡cuidado! Es muy importante no utilizar el mantra para no cumplir con tus compromisos, porque el propósito del mantra es hacerte libre, no irresponsable. El mantra te libera de las cadenas del mundo interior, no de las del mundo exterior. Es muy importante entender la diferencia entre libertad e irresponsabilidad. Si tienes compromisos con el mundo exterior, no los vas a resolver con este mantra. El mantra ¡Me Vale Madres! te puede ayudar a no tomar compromisos que no quieres tomar, pero va a volverse peligroso si lo usas para zafarte de los compromisos que ya tomaste. En otros términos el mantra ¡Me Vale Madres! es un instrumento para despertar tu conciencia y no un pretexto para justificar comportamientos infantiles e irresponsables.

Y el concepto es tan importante que Pancho López hasta se calienta en regalarnos otra vez su refinada habla: "Si fuiste tan pendejo para tomar un compromiso que no querías tomar, ahora es tu pedo. Una vez que te comprometiste a hacer lo que no querías hacer, te ensartaste solito. ¿Quién chingaos te dijo de decir que *sí*, cuando querías decir *no*? Tienes que ser responsable de las mamadas que dices y las chingaderas que haces, no te puedes echar para atrás al último momento y dejar a los demás en la mierda. Si ya la cagaste, la cagaste…" y otras perlas de sabiduría.

El primer resultado concreto de este rezo es que a lo largo del día, cachándote una y otra vez mientras actúas según el viejo patrón de vivir como si fueras verdaderamente este personaje que enseñas a la sociedad, rezando sin vacilación ¡Me Vale Madres! ¡Me Vale Madres! ¡Me Vale Madres!, mágicamente, por unos momentos, empiezas a entrever entre las neblinas de tu inconsciente la figura incierta de tu verdadero ser. Son fugaces momentos de éxtasis. Por unos momentos sientes que tu largo viaje en la oscuridad está terminando. Sientes el olor del paraíso perdido.

Una vez que empiezas a recuperar el contacto con quien eres, te va a llevar un rato más entender qué chingados quieres hacer de tu vida. Pero no te preocupes. Ten un poco de paciencia, esto sucederá después de un poco de práctica.

Al principio vas a estar confundido porque no vas a distinguir fácilmente la voz de tu ser natural de la voz de tu mente. Podrías no entender si lo que quieres, lo quiere tu ser natural, lo quiere todavía este famoso Él ideal que pretendes ser, o son sólo ideas con las que ha sido programada tu mente.

Una buena forma de distinguirlas es la siguiente: piensa en lo que quieres y observa tu cuerpo: si sientes una sensación de encogimiento de todo tu ser y de tensión que te sofoca, se trata seguramente de tu mente, lo que quiere tu falso ser, el ser condicionado por la sociedad. Si al contrario tu energía se expande, tu cuerpo se relaja y percibes dentro de ti una sonrisa un poco tonta, no tengas dudas: el que habla eres tú.

Pero, de cualquier forma, si eres un novato en la práctica de estos antiguos secretos espirituales, incluso cuando estás fuertemente identificado en tu falso ser, también este test que acabo de describir puede revelarse engañador.

No te desanimes al principio. Recuerda que éste es sólo el primer mantra. Hay otros dos poderosísimos mantras que van a ayudarte a superar los obstáculos en el camino hacia la verdad.

Pero antes que todo aprende a usar éste. Déjate llevar en el camino para encontrar quién eres y qué quieres. De otra forma nunca te vas perdonar haber desperdiciado tu vida. Tú puedes decidir vivir sólo si eres quien eres, sabes qué quieres y tienes el valor de perseguirlo. Y para obtener estas tres cosas son necesarias: una toma de conciencia, un desapego de "tus" ideas y de tu pasado, y un desenmascaramiento de las mentiras. Tres cosas a tu alcance si practicas con devoción los tres mantras mexicanos.

Entre la espada y la pared

El ser humano se encuentra en una situación difícil. De un lado te odias porque en tu niñez aprendiste que "si tú no fueras quien eres, todo sería perfecto"; de otro te odias porque no puedes perdonarte por haberte traicionado a ti mismo, y de otro te das cuenta que, a despecho de todos los esfuerzos que haces para ser algien diferente de lo que eres, estás muy lejos de ser ese personaje ideal que pretendes ser. La paradójica situación es que: no eres más tú, y no eres tampoco lo que te gustaría ser. Estás atorado en una tierra de nadie donde ni siquiera escuchas ya el eco de la música celestial que acompañaba tus días, cuando tú eras simplemente tú. Si eres quien eres, te odias porque así nunca podrás convertirte en este mítico Él, y si te dedicas a tratar de volverte el mítico Él, te odias porque no tienes la dignidad de ser simplemente quien eres.

Esto provoca no sólo un sentimiento de desesperación e impotencia, sino también un tremendo resentimiento hacia ti mismo.

Este resentimiento hacia ti mismo es un tumor espiritual que tiene absolutamente que ser extirpado. Un tumor que crece y se profundiza a lo largo de tu vida a medida de los fracasos que acumulas en el intento de cambiar, y de la imperdonable perpetua ofensa que te haces a ti mismo en el intento de lograrlo.

En esta situación de conflicto permanente seguramente no puedes encontrar a Dios. Es imposible encontrar a Dios si te odias a ti mismo, porque tú y Dios son una sola cosa. No puedes sentirte a gusto con la existencia si no te sientes a gusto contigo mismo, porque tú y la existencia son una sola cosa. Recuerda que hasta que hayas logrado una total e incondicional aceptación de ti mismo así como eres, el Moksha, la liberación, no será posible. El encuentro con Dios no puede ocurrir en un clima de tensión y conflicto, sólo puede realizarse en un clima de absoluta paz y relajación.

Resolver este conflicto cruzado es uno de los propósitos del mantra mexicano ¡Me Vale Madres!

Pancho López nos está ofreciendo la medicina perfecta. El mantra ¡Me Vale Madres! es doblemente eficaz. Cuando te conflictúas porque no puedes ser este ideal que te gustaría ser, reza: ¡Me Vale Madres! ¡Me Vale Madres! ¡Me Vale Madres! Y cuando te conflictúes por no poder perdonarte por haberte traicionado a ti mismo en el intento de realizar este ser ideal, igualmente reza: ¡Me Vale Madres! ¡Me Vale Madres! ¡Me Vale Madres! En ambos casos, cualquier cosa que te produzca tensión reza con sincera devoción: ¡Me Vale Madres! ¡Me Vale Madres! ¡Me Vale Madres!

¡Ésta es la grandeza de este sagrado Mantra del Desapego! No sólo te permite desapegarte de la idea de "tener" que ser este ideal que te has formado en tu mente y que te está jodiendo la vida, sino que te permite también desapegarte de la idea de deber ser absolutamente quien eres, cosa que te puede joder la vida en la misma medida. *Ser quien eres...* o la búsqueda de Dios, si no tienes cuidado, puede, por paradoja, volverse una idea de tu mente, una fantasía que tratas de realizar haciendo la cosa más estúpida que un ser humano puede hacer: esforzarse por ser sí mismo. Pero ¿cómo puedes *esforzarte* por ser tú mismo? ¿Si ya eres tú mismo como no te esfuerzas en serlo? ¿Cómo puedes esforzarte en ser natural? La naturaleza nunca se esfuerza, está siempre completamente relajada. Esforzarte por ser tú mismo es tan absurdo como hacer un esfuerzo para relajarse. Si te esfuerzas, el único resultado que obtendrás es crear más tensión y más conflicto. Y olvídate de poder encontrar a Dios en un clima de tensión y de conflicto, porque Dios, como acabamos de decir, es extrema paz y relajación. La realización de Dios, o de ti mismo, que para Pancho López es la misma cosa, sucede sólo en un estado natural de profunda y total relajación: sólo cuando todos tus esfuerzos cesan, todas las cosas finalmente regresan al lugar al cual siempre pertenecieron. Tú puedes ser tú mismo sólo si te relajas.

Me doy cuenta de que el asunto puede parecer un poco enredado, pero Pancho se fue de fiesta y se le pasaron las copas. Sin embargo al final no está tan difícil. Lo que queremos decir es que la mente se puede apegar a cualquier cosa: se apega a la idea de que tienes que volverte este Él, y de la misma forma se puede apegar a la idea que tú tienes que ser absolutamente quien eres y basta. Pero al final no es tampoco importante saber si eres lo que eres o si tratas de ser alguien que no eres, lo importante es rezar: ¡Me Vale Madres! ¡Me Vale Madres! ¡Me Vale Madres! El simple hecho de rezar, en sí mismo, te hará simplemente caer en lo que eres y basta; sin la necesidad de saber quién eres. ¡Sé y basta! En otros términos, que tú seas quien eres o que finjas ser quien no eres… ¡que te valga madres! Y todo va a regresar automáticamente a su lugar.

Por lo tanto, cuidado: tanto cuando tratas de ser alguien que no eres, como cuando tratas de ser tú mismo, de la misma forma reza: ¡Me Vale Madres! ¡Me Vale Madres! ¡Me Vale Madres!

Volverte lo que eres tiene que ser el fruto del florecimiento de tu conciencia, no es el logro de tus esfuerzos. El esfuerzo es la esencia del mundo de la psicología humana. La relajación es la esencia del mundo de Dios. Dios nunca se esfuerza, nunca está tenso: Dios, la existencia o como quieras llamarlo, es intensidad total en un estado de absoluta relajación

Si no estás atento, también la búsqueda espiritual se puede volver una obsesión de tu mente, tanto como el dinero, el sexo o el poder. Les pasa en seguida a muchos "religiosos" o "buscadores" que esforzándose por ser buenos, calmados, compasivos y amorosos piensan que están haciendo algo espiritual, mientras Dios se revuelca de risa en el piso al verlos. No se trata de sustituir un ideal con otro, se trata de liberarse de todos los ideales, y vivir de forma sencilla y ordinaria. Sería como si expulsaras por la puerta tu mente política, codiciosa, corrupta, mentirosa, egoísta y lujuriosa, y ella regresara por la ventana disfrazada de cura, de rabino, de monje hindú, de yoguini, de sanyasin o de budista. Dios, la existencia, no hace ninguna diferencia entre un millón de pesos y un católico o un judío o un budista, porque todos son creaciones de la mente humana, no tienen nada que ver con Él.

Ésta es la función del mantra ¡Me Vale Madres!: liberarte de todas las expectativas y de todas las tensiones, para dejarte desnudo e inocente mirando la realidad como si la vieras por primera vez. Esto significa reencontrarse a sí mismo. Cuando todos los esfuerzos de ser una cosa u otra cesan, tu ser mágicamente vuelve a aparecer.

Sé que en este punto algunos podrán sentirse un poco confundidos, pero tengan paciencia, porque cuando lleguemos a introducir el tercer mantra mexicano, el Mantra de la Desidentificación, todo se clarificará… o la confusión será completa sin remedio.

Lo importante es no detenerse y seguir en el camino, para abrirse a la posibilidad de encontrase a sí mismo, porque a menos que tú no vivas de acuerdo con tu naturaleza, corres con el riesgo de vivir una vida bien jodida. Porque si pierdes el contacto con tu ser natural, pierdes también tu espontaneidad, tu unicidad, tu capacidad de crear y amar, y la única cosa que te queda es continuar repitiendo una y otra vez lo que has aprendido y las costumbres que has adoptado, condenado a vivir por siempre la pinche vida de un pobre robot.

El niño inteligente y el adulto demente

Que tú trates de convertirte en otro cuando eres niño es comprensible porque, como vimos, en ese entonces no tenías los recursos necesarios para defender tu verdad. ¿Pero por qué continuar haciendo esta estupidez también de adulto, cuando podrías ser dueño de tu vida? ¿Cuando podrías tranquilamente hacer lo que te da la gana sin dar cuentas a nadie?

Si de niño no tenías la libertad, ahora la tienes. De hecho cuando eres niño no tienes ningún margen de libertad y autonomía. De niño, por ejemplo, no puedes elegir la familia que quieres: tienes que chutarte la que te toca; si no te gusta no la puedes intercambiar con la de tu compañero de la escuela… de niño no te puedes divorciar. De niño no tienes la licencia para conducir, obviamente no tienes coche, no tienes motoneta (si te va bien te compran una pinche bicicletita), no sabes moverte en metro, no conoces bien las tablas y te pueden fregar dándote mal el cambio, no conoces las leyes, no conoces un abogado, no tienes tarjeta de crédito, tienes miedo a estar solo, estás rodeado de gente toda más grande y más poderosa que tú que te puede levantar del piso agarrándote por una oreja… Como ya dijimos, la niñez es un periodo de la chingada, del cual tratamos de salir lo más pronto posible. Ni modo, mientras estés forzado a permanecer allí, no tienes escapatoria. La única cosa que puedes hacer es tragar camote y adoptar una personalidad, ideas, creencias, costumbres, tradiciones y prejuicios que no corresponden a tu verdadero ser. No tienes opción.

Pero cuando eres adulto tienes toda la fuerza, los instrumentos y la libertad de deshacerte de todas estas cosas que has tenido que cargar dolorosamente en tu niñez, y por fin vivir espontáneamente en función de tus naturales inclinaciones, características y deseos; en otras palabras, como dice Pancho López, cuando eres adulto puedes vivir como se te dé tu "chingada gana", ¿cierto? "Y entonces, ¡¡¿por qué chingados no lo haces?!?!", nos está gritando al borde de la apoplejía. ¿Por qué vives todavía como un niño a los treinta, cuarenta, cincuenta, sesenta años, bajo el yugo de una sociedad inhumana a la cual puedes adaptarte pero nunca aceptar?

La respuesta es que no nos damos cuenta de lo que hacemos.

Lo que pasa es que cuando somos niños aprendemos a usar estrategias para adaptarnos a la familia y a la sociedad en la cual nos tocó nacer; y dado que estas estrategias nos ayudaron a sobrevivir driblando entre las manías, los desos y los miedos de padres, madres, parientes, curas y maestros, cuando nos volvemos adultos tenemos miedo a soltarlas porque inconscientemente pensamos que sin nuestros conformismos, hipocresías, manipulaciones y mentiras, estamos perdidos.

Cada uno de nosotros elige unas estrategias en función de las características de su índole y del tipo de situación que tiene que enfrentar. Hay quien para sobrevivir aprende a servir a los demás, quien se carga responsabilidades que no le pertenecen, quien se vuelve invisible, quien aprende a mentir, quien roba, quien aprende a defenderse gritando o a madrazos, quien no confía en nadie, quien dice siempre sí, quien dice siempre no, quien se vuelve un tirano, quien se vuelve una mascota, quien un artículo de mostrador, quien se convierte en un mártir y quien en un payaso, quien aprende a callarse y quien aprende a exhibirse…

Todas estas estrategias, que cuando somos niños son una clara manifestación de una inteligencia que nos permite sobrevivir a este periodo de reclusión que llaman infancia, si las mantenemos de adultos se vuelven una reluciente manifestación de estupidez; porque, a pesar de que la situación es completamente cambiada, continuamos comportándonos como si todavía estuviéramos a la merced de gente más poderosa que nosotros que dispone de nuestra vida, terminando como el soldado japonés que siguió peleando en la selva porque, ¡ups!, se habían olvidado de comunicarle que la guerra había terminado hace cuarenta años.

A menos que te des cuenta que no eres más un niño a la merced de gente más poderosa que tú, estás condenado a vivir prisionero de tu pasado sin ninguna razón.

De hecho, normalmente vivimos nuestra vida de adultos como la lógica consecuencia de nuestro pasado. Pero esto no es inevitable en lo absoluto.

Si en tu niñez fuiste descuidado al punto de formarte la idea de que tú no le interesas a nadie, no estás condenado a vivir toda la vida como un cero a la izquierda o torturándote para demostrar al mundo que vales y eres capaz. Si durante tu niñez aprendiste que recibes amor sólo si satisfaces las necesidades de los demás y descuidas las tuyas, no estás condenado a vivir sirviendo al prójimo. Si en tu niñez fuiste humillado, no es necesario que vivas toda tu vida dejándote humillar o cultivando un sentimiento de venganza, del cual seres inocentes pagan el precio. Si te ganaste el amor de papá o de mamá interpretando el papel de la nenita linda, no es necesario que vivas toda tu vida como una eterna muñequita. Si para evitar problemas aprendiste a ser invisible, no es necesario que vivas toda la vida como una sombra. Si para salvarte de las expectativas que la familia tenía sobre ti tuviste que huir, no es necesario huir toda la vida de cualquier tipo de responsabilidad… Y el listado sería infinito.

Para evitar impostar tu vida con base en factores inconscientes que vienen de tu niñez, es absolutamente necesario que te abras a la Revelación Luminosa que nos permite este bellísimo mantra mexicano. Esta fórmula milagrosa puede ayudar enormemente a la humanidad a liberarse de los efectos nefastos de la inconsciencia.

Hay una interpretación psicoanalítica acerca de la razón del odio de Hitler hacia los judíos, que tiene raíz en su pasado. El papá del funesto dictador era judío, y dado que Adolfito odiaba al padre, se desquitó matando a seis millones de personas inocentes en los campos de concentración. Imagínense qué bendición para el mundo si esta infausta caricatura del siglo pasado hubiera conocido el mantra ¡Me Vale Madres! Hubiera mirado todo el asunto, y en lugar de hacer todos los desastres que conocemos hubiera dicho: ¡Me Vale Madres!, se hubiera cortado los bigotitos, puesto el traje de baño y se hubiera ido a la playa con Eva Braun manejando todo feliz su Vochito y cantando canciones de Marlene Dietrich.

No sé si esta interpretación psicoanalítica es una mamada como muchas que puedes encontrar en internet cuando no tienes la menor idea de cómo ocupar tu tiempo, por esto no sabía si reportarla. Pero después me dije: Me Vale Madres!, si es verdadera o no, lo importante es que funciona como sostén de mi argumento… y también la imagen de Hitler que va todo feliz a la playa cantando con Eva Braun en su Vochito repleto de máscaras, aletas, salvavidas inflable, hielera de unicel, pan bimbo con jamón para hacer sándwiches, sombrilla, cubeta y palitas, sillita plegadiza, pelota de fubol, cobija de cuadros… me hacía enloquecer y no podía quedármela para mí sin compartirla.

El pasado tiene que ser liberado completamente. Una toma de conciencia es necesaria. De lo contrario lo que en el pasado fue una inteligente estrategia de sobrevivencia, en la edad adulta se vuelve el manifiesto de tu demencia.

Por esto una vez más Pancho López nos pica con las espuelas de su pasión, gritándonos sus palabras de sabiduría: "¡No seas pendejo, güey! ¡Desaplatánate! ¿No te das cuenta que puedes hacer lo que se te dé tu chingada gana? ¡No mames! ¡Avíspate, cabrón! ¡Eres libre, güey! ¡Tu putísimo pasado que se vaya a la chingada! ¿Para qué lo arrastras pegado a tu trasero? ¿Para qué carajos te dejas joder con estas chingaderas?"… Y aquí me tengo que parar, porque el seguimiento del sermón se pone un poquito grosero. Pero si las palabras de Pancho López no son una joya de fineza, su significado sobresale la más sublime poesía.

Lo que nuestro anfitrión de los secretos de la sabiduría mexicana nos está intentando decir con sus palabras de verdad es simplemente: ¡Despierta! ¡Eres libre! En cualquier momento puedes simplemente soltar todas las ideas y las costumbres que coleccionaste en tu más o menos desgraciada vida, y moverte en este universo, nuevo y libre, como si acabaras de nacer.

No es necesario cargarte hasta la muerte la visión del mundo y de la vida que la sociedad te impuso cuando no tenías posibilidad de rebelarte y no tenías espíritu crítico para refutarla. Pero, si es comprensible que de niño adoptes reglas, ideas, y prejuicios idióticos, "¿¿¡¡por qué chingados no los sueltas ahora que eres adulto y libre!!??", nos continúa gritando Pancho López.

Este recorrido hacia la liberación del espíritu que los mantras mexicanos nos indican necesita un poco de atención, porque estamos tan acostumbrados a vivir inconscientemente, que si no estás alerta vas a continuar tu vida manteniendo actitudes e ideas que no tienen nada que ver contigo.

Por lo tanto no dudes: cuando vuelvas a sentirte cerrado a tu esposa porque tienes la idea que ella se aprovecha de ti y esto te da miedo, reza: ¡Me Vale Madres! ¡Me Vale Madres! ¡Me Vale Madres!, y tu corazón se abrirá transformando tu casa en el templo del amor. Todas las veces que en lo profundo de ti misma, a pesar de las ideas progresistas que puedas tener, descubras, escondida en la sombra de tu inconsciente, la idea de que las mujeres son ciudadanos de segunda categoría, y por lo tanto tienen que o someterse o pelear con los hombres para demostrarles que son superiores a ellos, reza: ¡Me Vale Madres! ¡Me Vale Madres! ¡Me Vale Madres!, y mágicamente caerás en el maravilloso espacio donde tu femineidad se revelará como una dimensión que no es ni inferior ni superior, sino diferente. Todas las veces que tienes que contener las lágrimas, porque te enseñaron que los hombres no lloran, reza: ¡Me Vale Madres! ¡Me Vale Madres! ¡Me Vale Madres!, y mientras las lágrimas escurren sobre tus mejillas, descubrirás la belleza de ser sensible a pesar de ser hombre. Cuando haciendo el amor te das cuenta que, por mucho que los años de la liberación sexual te hayan dado ideas liberales, dentro de ti albergas todavía la idea de que el sexo es pecado, y por lo tanto no puedes verdaderamente soltarte en ello, o sientes culpa por lograrlo, reza: ¡Me Vale Madres! ¡Me Vale Madres! ¡Me Vale Madres!, y un huracán de placer creará las condiciones para un encuentro orgásmico con Dios…

¡Me Vale Madres! Simplemente pronunciando estas tres mágicas palabras serás liberado de las cadenas de tu pasado para poder, con lágrimas de emoción, abrir tus alas hacia las alturas de la más inconcebible de las libertades.

Castillos de arena

Otra implicación grave que ocurre cuando tratas de interpretar por mucho tiempo un personaje que no eres, es que pierdes seguridad en la vida, vives siempre en guardia, no puedes relajarte. De hecho, aunque estés acostumbrado a confundir lo verdadero con lo falso, y te sea familiar obtener las cosas renunciando a ti mismo, adoptando formas de comportamento que no son las tuyas y prostituyéndote de una forma y de otra, cuando tú te presentas al mundo fingiendo ser mejor de lo que eres, en lo profundo sabes que todo lo que has construido es un castillo de arena, que hasta el pie de un niño distraído puede destruir. Y mientras más grande es el castillo que has creado, más tensión te produce. Mientras más grande es el resultado de tus mentiras, más grande es el miedo de ser desenmascarado, porque, si eso sucede, más fragoroso será el ruido del derrumbe, y lacerante el dolor del ego.

Por esto las personas de éxito, desde el punto de vista interior, viven una vida más difícil que los fracasados. Un fracasado no tiene nada que perder y, al contrario, la persona exitosa vive en el terror de perder lo mucho que tiene. No hay que maravillarnos cuando sabemos de estrellas de Hollywood víctimas de las drogas, o que terminan en el psiquiátrico. ¡Ah! Si sólo conocieran los secretos del mantra mexicano ¡Me Vale Madres!

Por eso Jesús dice que "es más fácil que un camello pase por el ojo de una aguja, que un rico entre en el reino de los cielos". Y no malentiendan a Jesús; Él no dijo eso porque los ricos le cayeran mal. Él amaba tanto a los pobres como a los ricos; Jesús no era racista. El sentido de esta afirmación es que un rico tiene más que perder respecto a un pobre; para un rico es más difícil relajarse y vivir en la confianza. Y relajación y confianza son dos características indispensables para poder entrar en el *reino de los cielos*. ¿Puedes imaginarte a alguien pasando el umbral del paraíso con el Nextel en las manos, y mirando el reloj con cara preocupada? Para quien tiene éxito es más difícil abandonarse a la delicia del mantra ¡Me Vale Madres! porque tiene más que perder... o por mejor decir: piensa que tiene más que perder. Para un pobre es fácil. ¿Qué puede perder? ¿La pobreza? Pero una persona de éxito está apegada a su tesoro como si esto fuera él mismo; sin su riqueza, sin su fama, sin su poder, tiene miedo a desaparecer. Hay gente que por haber perdido su riqueza se ha suicidado; gente que no ha podido vivir ni un día en la misma condición que casi la totalidad de la población mundial vive desde siempre.

Si estos desgraciados hubieran conocido la delicia de los mantras mexicanos, viendo desaparecer su dinero, su poder y sus pertenencias, habrían respirado profundamente y con voz poderosa hubieran rezado: ¡ME VALE MADRES! Y después, mirando al horizonte e inhalando el aire fresco hubieran sentido el olor de la aventura.

Aventando el poderosísimo mantra ¡Me Vale Madres! como una bomba lanzada contra los apegos y la cobardía de una mente incapaz de concebir la grandeza de Dios, podrás abrirte paso fácilmente a la mágica dimensión del presente. Esta dimensión que nos concede cada momento el preciosísimo regalo de un nuevo renacimiento, de una nueva vida. Rezando con constancia ¡Me Vale Madres! ¡Me Vale Madres! ¡Me Vale Madres! podrás gozar del fantástico alivio que conlleva estar simplemente aquí ahora.

El presente: la dimensión de la eternidad

Una de las tantas implicaciones extraordinarias de este polifacético mantra es la de arrojarte en la dimensión del presente.

El simple hecho de pronunciar estas maravillosas tres palabras: *Me Vale Madres*, te lleva a la experiencia inmediata de que el pasado ya terminó y el futuro todavía no empieza. Es como decir que los huéspedes anteriores ya se fueron y los que siguen todavía no han llegado. ¡Es una belleza! Esto es el presente: una situación maravillosa en la cual puedes quedarte beatamente en tu casa en calzones sin que nadie te moleste y sin tener nada que hacer. ¡Una delicia! El pasado ha muerto y entonces no se puede hacer nada, y el futuro no ha nacido todavía y tampoco se puede hacer nada... ¿qué más quieres de la vida?

¿Pero cuánto tiempo y energía perdemos torturándonos con cosas que han pasado o que tienen todavía que pasar? ¡Un chingo! Y no nos damos cuenta que nos jodimos la vida añorando o arrepintiéndonos de lo que pasó en el pasado, que no existe más, y esperando o preocupándonos por lo que puede suceder en el futuro, que no existe todavía. En otros términos: vivimos en un mundo de fantasía.

Si quieres evitarte vivir en el mundo irreal del pasado y del futuro, mejor que aprendas lo más pronto que puedas a practicar el mantra ¡Me Vale Madres!

Esta sofisticada práctica espiritual pronto te arrojará en la mágica dimensión del presente. Y sólo en el presente puedes encontrar a Dios, sólo en este momento. Si no, ¿cuándo lo quieres encontrar, ayer?

El presente es una dimensión del tiempo difícil de entender para la mente, porque en realidad el presente es una dimensión fuera del tiempo.

Mientras el pasado y el futuro son un fenómeno estático, son como una cartulina que se queda inmutable en el imaginario de tu mente, el presente es una dimensión dinámica que cambia continuamente y está fuera de tu control.

No puedes definir el presente, porque en el tiempo que empleas para definirlo ya se volvió pasado. La mente puede entender el pasado y el futuro, porque son fenómenos estáticos, pero no puede entender el presente.

Pasado y futuro no existen… o mejor dicho, existen sólo o como un recuerdo o como una hipótesis. Pasado y futuro pertenecen a la misma categoría de los sueños, y en cierto sentido, pasado, futuro y sueños estan hechos de la misma sustancia. Es por esto que las personas viejas a veces no pueden distinguir entre lo que vivieron, lo que soñaron y lo que simplemente pensaron.

Al contrario de pasado y futuro, el presente está vivo y vibrante: está en un continuo flujo. Y un flujo tan rápido y constante que la mente no tiene espacio para existir en él: la mente no puede existir en el presente.

Si tú miras a tu mente puedes fácilmente ver que, o se mueve en el pasado a través de los recuerdos, o se mueve en el futuro a través de proyectos, preocupaciones y sueños. La mente necesita un espacio para existir. En el presente no hay ningún espacio para la existencia de la mente. Por lo tanto para poder estar en tu mente no puedes estar presente en la realidad, porque tienes que entrar como en un estado de sueño a ojos abiertos; si, al contrario, estás completamente presente en la realidad, la mente no puede subsistir y desaparece.

Por esto los maestros no quitan el dedo del renglón: *aquí ahora, aquí ahora, aquí ahora*. Porque cuando estás simplemente aquí y ahora tu mente desaparece, y con ella desaparece todo tu pasado, tus ideas, tus traumas, tus manías, tus patrones… y tú te vuelves inocente otra vez. El presente no es parte del tiempo, el presente pertenece a la eternidad. El pasado y el futuro son el tiempo del hombre, el presente es el tiempo de Dios.

Cuando rezas ¡Me Vale Madres! ¡Me Vale Madres! ¡Me Vale Madres! se abre frente a ti la puerta de la eternidad. Por esto el mantra ¡Me Vale Madres! es también conocido como el Mantra de la Eternidad.

¡Sólo este momento existe! ¡El pasado te vale madres! ¡El futuro te vale madres…! ¿Qué más quieres de la vida? Hay sólo que gozar extáticamente este momento presente en su perfección.

Una fábrica de conflictos

La vida es lo que es, no podemos pretender que responda a nuestras expectativas. ¿Cómo pretender que el pobre Diosito pueda contentar los deseos de todos nosotros? Él trata, pobrecito, porque nos ama de una forma que se te antoja decirle: "relájate, Diosito, no vale la pena". Él se esfuerza, se las ingenia, se pasa toda la noche en su escritorio lleno de peticiones, tomando café y arruinándose el hígado que no tiene, rascándose la cabeza tratando de encontrar soluciones a nuestros problemas, tomando notas, pegando *post-its* por todas partes, dibujando organigramas de prioridades con plumones de color… Hace todo lo que sus súper poderes le permiten… pero ésta es una tarea que lo rebasa incluso a Él.

El problema es que contentarnos a todos es una misión imposible, porque todos queremos cosas que son incompatibles con las cosas que quieren los demás… y también su paciencia tiene un límite. La madre de fulanita de tal ruega a Diosito para que su hija se case con el hijo del "rey del atún" de Mazatlán, y el rey del atún de Mazatlán ruega a Diosito que su hijo se case con la hija del gobernador de Sinaloa, y el gobernador de Sinaloa ruega a Diosito que su hija se case con el presidente de la República Mexicana, mientras el presidente de la República Mexicana ruega a Diosito casarse con Shakira vestida de africana. ¡Diosito está hasta la madre! Primero, ¡Dios no es una agencia matrimonial! Y segundo, ¿cómo puede contentar a todos? Además, visto desde donde está Él, esto de la tierra es un espectáculo miserable: un mundo de pordioseros chillones que de rodillas mendigan incesantemente por un coche nuevo, por una promoción, para ganar la lotería, por que ganen las Chivas o el Real Madrid, por no ser descubierto por la policía, por no ser desubierta del esposo, por que sufra tu enemigo, para que fracase tu competidor… ¡Pero qué asco!

¿Saben la historia del güey que estaba siempre con los ojos al cielo lloriqueando con Dios?: "Diosito, por favor dame esto… y dame esto otro… y por qué a mi primo sí y no a mí… y por qué yo soy tan desafortunado… y por qué, Diosito, mi esposa es una bola de grasa mientras la de mi vecino posa para *Playboy*… y dile, por favor, a mi jefe que me dé la promoción… y por qué mi vecina sale con mi hermano y no conmigo… y, por favor, Diosito, dile a mi papá que me dé la herencia antes que se la gaste en medicinas"… y así por años y años, hasta que un día, de repente, el cielo se abre con unos relámpagos tremendos y de entre las nubes se ve salir un gigantesco pulgar que bajando como rayo hacia el pinche güey lo machuca contra el suelo sin piedad, mientras en la bóveda celeste retumba como trueno la voz de Dios: "¡PORQUE ME CAES MAL!"

Todo tiene un límite, hasta la paciencia de Dios.

La vida es lo que es. Cualquiera que tiene un poco de madurez entiende que la vida no puede adaptarse a sus expectativas. La vida tiene que ser aceptada por lo que es y basta. No puede haber sólo nacimientos, también la muerte es parte de la vida. La alegría, la salud, la luz, el silencio y la paz son parte de la vida como la tristeza, la enfermedad, la oscuridad, el ruido y el tormento. Cualquier persona madura sabe que la vida está hecha de días positivos y de días negativos. No se trata de establecer si está bien o está mal, es simplemente así.

Cuando ves un niño que llora, grita y patalea en el piso porque quiere ir a jugar en el jardín mientras afuera llueve y hace un frío de la chingada, tú que eres adulto, viéndolo llorar frente a la ventana, sonríes por la inmadurez del niño y piensas: "Pobrecito, él no sabe que la vida es así: a veces hay sol y a veces lluvia. Él no sabe que la vida es lo que es". Y te sientes bien chingón al percibirte tan sabio. Pero un momento después, revisando las entradas de tu negocio, te das cuenta que ganaste menos que el año pasado, tu hijo en lugar de estudiar para administrador de empresas estudia danza clásica, tu hija se enamoró de un rockero lleno de tatuajes y sin talento… y empiezas a llorar, gritar, patalear y arrancarte el pelo exactamente como el niño que sigue enfrente de la ventana secándose el moco.

Osho dice que es muy raro encontrar a alguien que sea psicológicamente más maduro que un niño de doce años.

Pero no te preocupes, porque rezando religiosamente los mantras mexicanos, despacito te vas a volver finalmente más y más maduro. Porque madurez significa aceptar las cosas por lo que son. El mantra ¡Me Vale Madres! es también llamado el Mantra de la Divina Aceptación.

Rezando ¡Me Vale Madres! ¡Me Vale Madres! ¡Me Vale Madres! todas tus contrariedades, todos tus berrinches y todo el ruido de tu inmadurez se aquietarán. Tu respiración se volverá profunda y un océano de relajación bajará sobre ti, permitiéndote entrar gloriosamente en la divina dimensión de la *aceptación incondicional*.

Aceptar la vida por lo que es corresponde al mantra cristiano *fiat voluntas Tue*, que no tiene nada que ver con un coche italiano, como piensa erróneamente Pancho López. *Fiat voluntas Tue*, en latín, significa: *hágase Tu voluntad*. Ésta es una bellísima expresión cristiana equivalente al mantra mexicano ¡Me Vale Madres! Jesús y Pancho van de la mano con éste, como en otros innumerables aspectos.

De hecho cuando tú dices *hágase Tu voluntad*, declaras que estás dispuesto a soltar tus expectativas dejando las cosas en las manos de Dios. Terminas por fin de pelear, tratando de forzar la vida en los canales en los cuales quisieras verterla y no te importa más lo que pasa porque confías en Sus decisiones; en otros términos: ¡Te Vale Madres! y aceptas la voluntad de Dios.

Y atención, no confundas la *aceptación* con la *fe religiosa*, porque son dos cosas bien diferentes. La fe religiosa te hace receptor pasivo de interpretaciones de la voluntad de Dios, diferentes por cada religión. La *fe religiosa* no requiere ninguna inteligencia, al contrario la mortifica porque te quita el espíritu crítico. *Aceptación*, al contrario, significa participar en la voluntad de Dios de forma activa con tu inteligencia, porque cuando tú aceptas totalmente la *voluntad de Dios*, te vuelves uno con Él.

Si llegas a entender que, aun si tú vives quejándote, la vida te lleva lo mismo donde tiene que llevarte, si puedes ver la futilidad de pelearte con la voluntad de Dios, inmediatamente dejas de luchar y aceptas las cosas así como son. Es una cuestión de inteligencia, no de fe religiosa. En lugar de vivir en un eterno conflicto con el todo, te dejas llevar por la corriente del río de la vida sin poner ninguna resistencia; y en lugar de acabar donde tienes que acabar peleando y blasfemando, contra la vida, llegas al mismo lugar donde de cualquier forma tienes que llegar, bailando y riendo con la existencia.

No te digo que te abandones con fatalismo a "peso muerto" en el río de la vida, sin entender nada de lo que pasa. Estoy diciendo que entres conscientemente en el río de la vida, de forma participativa: dejarte llevar donde el río quiere pero jugando con la corriente, gozando el panorama de las montañas, de las mujeres que ponen el tendedero cantando para secar la ropa, de los niños que juegan corriendo en el campo, del pescador que lanza el anzuelo con inquebrantable optimismo, de los árboles y los pájaros en su diálogo eterno, de los infinitos dibujos de las nubes en el cielo, de la oscuridad de la noche agujereada de estrellas... dejándote llevar por el ritmo del agua... y cuando el río acelera en una bajada disfrutar la emocionante sensación de no tener el control, y cuando llegan los remolinos dejarte voltear y voltear en el tiovivo hasta sentir la borrachera de perder la orientación, y cuando te lanzas de una altura en forma de cascada disfrutar la vertiginosa sensación que da el vacío cuando te llama a ahondar en el desconocido; y cuando se distiende la amplitud de un valle, disfrutar la tranquilidad de su flujo relajado y sin prisa que, meciéndote como una madre con el pecho próspero, te lleva hacia el océano haciéndote finalmente desaparecer en el sueño sin sueños.

Tú eres parte de la existencia. Cuando te rindes a ella, el mundo se vuelve tu casa dondequiera que estés. Cuando te rindes a la vida de forma libre y consciente, cuando te rindes de forma participativa, tu inteligencia se vuelve también parte de la existencia. No será más una inteligencia conflictiva, sino colaborativa. Si la existencia te lleva a la izquierda, tú usarás tu inteligencia para ir a la izquierda, y si la vida te lleva a la derecha, usarás tu inteligencia para ir a la derecha. Tu vida no será más una pelea entre tú y el todo, sino una cooperación donde tú y el todo colaboran con una creación única y perfecta. En lugar de ser un continuo desafío a la armonía universal, reza: ¡Me Vale Madres! ¡Me Vale Madres! ¡Me Vale Madres! Todo se relajará, sentirás una agradable sensación de expansión de tu ser, y empezarás a sentir vibrar dentro de ti aquella nota única e irrepetible que Dios quiso agregar para enriquecer contigo su coro celestial.

A pesar de la facilidad de esta práctica espiritual, procediendo en el santo recorrido de los mantras mexicanos, es posible que encuentres unas dificultades, porque para el ego la idea de rendirse es muy incómoda de aceptar. De hecho, rezando ¡Me Vale Madres! podrías encontrar resistencias por parte de tu mente en dejarte ir a la deliciosa melodía de su sonido, porque el ego existe sólo en función del conflicto, de la dificultad y de los problemas. Y el mantra ¡Me Vale Madres! tiene el poder de disolver todo tipo de conflictos, problemas y dificultades.

El problema es que tú te reconoces en función de las cosas que haces, de las dificultades que enfrentas y de las pequeñas y grandes guerras que emprendes. Por esto en tiempo de paz es bastante común sentir la rara sensación que algo falta... que algo tiene que ser hecho; y para tener la sensación de ti mismo tienes que crear un nuevo problema, una nueva tensión, un nuevo dolor, una nueva guerra. Tu ego se nutre de conflictos, se nutre de negaciones.

De hecho, la edad en la cual se forma el ego corresponde al periodo en el cual los niños dicen continuamente "no". Porque en esta fase los niños tienen que desarrollar la sensación de ser separados de los demás, afirmar su individualidad y, como dice el viejo Erasmo de Rotterdam, ejercer su *libre arbitrio*.

Este extremo egoísmo es un rasgo típico de los niños que corresponde a la necesidad que tienen de iniciar el proceso de independización de sus padres. En otros términos, el egoísmo es funcional a su crecimiento. Pero al crecer, este egoísmo tiene que abandonarse a través de una toma de conciencia, de la misma forma que el niño gradualmente abandona la crueldad típica de la infancia. Los niños son egocéntricos y crueles porque son inconscientes. Creciendo tendrían que abandonar ambos, para volverse adultos conscientes y maduros.

Pero esto no sucede. De hecho nos quedamos apegados a nuestro ego permaneciendo infantiles toda la vida. Por eso encontramos dificultad para vivir sin conflictos, y nos cuesta tanto aceptar las cosas por lo que son: porque cuando aceptas, cuando dices "sí", te fundes con la existencia y tu ego se disuelve en ella. Al contrario, cuando dices "no", creas un obstáculo, y tu ego te da la familiar sensación de que "tú eres".

Si dices "no" se refuerza más y más la idea de ti, si al contrario empiezas a aceptar las cosas como son, a decir "sí", de repente pierdes tus rasgos personales. Si dices *fiat voluntas Tue* o ¡Me Vale Madres!, es inevitable desaparecer en Dios. Por esto tendemos siempre a crear problemas.

No estoy diciendo que tenemos que pasar la vida rascándonos la barriga; al contrario. Cuando paras de pelear tratando de afirmar el infantil principio que tú sabes mejor de Dios como las cosas tienen que ir, toda la energía que gastabas en esta causa perdida está disponible en forma de creatividad: una increíble cantidad de energía creativa para hacer un montón de cosas. Pero no las harás tú, será Dios quien las haga a traves de ti. Por lo tanto, si las cosas van bien, ¡fabuloso! Estamos todo contentos, y si van mal… *te vale madres.*

Pero, desafortunadamente, nuestras energías creativas, generalmente, se van en resolver estúpidos problemas que nosotros mismos creamos. Nosotros somos máquinas creadoras de problemas. Apenas resolvemos un problema tenemos que crear inmediatamente otro. Si el río de la vida da vuelta a la izquierda, tú dices: ¡No! ¡Tendría que ir a la derecha!, y si el río procede hacia el océano tú dices: ¡No! ¡Tendría que ir hacia la montaña!

Este "no" te da la sensación de ti mismo, la sensación de "ser". Al contrario, diciendo "sí" desapareces en el río, te vuelves uno con la vida… te vuelves uno con Dios.

Rezar ¡Me Vale Madres! corresponde a decir "sí". Rezándolo con místico transporte ¡Me Vale Madres! ¡Me Vale Madres! ¡Me Vale Madres! despacito sueltas el ámbito angosto de tu personalidad y desapareces en el todo.

La mayor dificultad que los terapeutas encuentran en el proceso de sanación es el apego de los pacientes a sus problemas. En realidad no quieren sanarse, quieren sólo encontrar alguien con quien quejarse… a costa de pagarlo. Porque sin problemas ¿qué harían? Tendrían que tomarse la responsabilidad de sus vidas y empezar a vivir.

Los problemas son excelentes excusas para no tomarse la responsabilidad de sí mismos y de la propia vida: "¡No puedo porque la culpa es de mis padres… es de mi esposo… la culpa es del gobierno… de la gripa… no puedo porque estoy enfermo… porque soy viejo… porque estoy muerto! Pero cuando no hay más ningún "porque", eres libre, no tienes más excusas, puedes hacer lo que quieres… y esto significa que tienes que tomarte los riesgos que vivir implica y empezar a bailar con la existencia.

El mantra ¡Me Vale Madres!, contrariamente a lo que comúnmente se piensa, es un llamado divino a la responsabilidad. De hecho ¡Me Vale Madres! es también llamado Mantra de la Responsabilidad. Cuando algo, por miedo, cultura o prejuicio, te impide tomar la responsabilidad del papel que la existencia te ha dado en la fantasmagórica coreografía cósmica de Dios, reza: ¡Me Vale Madres! ¡Me Vale Madres! ¡Me Vale Madres!, y empieza a bailar con el místico arrobamiento de una Mira a las puertas del Templo de Vrindavan o de un Nijinski en el escenario del Bolshoi de Moscú.

Rezando ¡Me Vale Madres! ¡Me Vale Madres! ¡Me Vale Madres! podrás responsablemente encarnar el papel que Dios te asignó, sin echarte para atrás, escondiéndote con cobardía detrás de las limitaciones y de las máscaras que un día fuiste obligado a asumir, pero que ahora puedes soltar en cualquier momento.

Rezando ¡Me Vale Madres! ¡Me Vale Madres! ¡Me Vale Madres! despacito tu mente dejará de interferir. Su típica actitud titubeante de analizar, catalogar, juzgar y comparar para decidir lo que conviene o no conviene, lo que es propio y lo que no, lentamente desaparecerá. Y cuando tu mente se detenga, tu inteligencia será finalmente libre de la carga de tus conocimientos pasados y de tus deseos futuros, para poder responder libremente a la realidad de forma original, fresca, inocente y creativa, como si viera la realidad por primera vez. Ésta es verdadera inteligencia. La inteligencia no tiene nada que ver con la cultura, tiene más que ver con la ignorancia.

¿Inteligencia o cultura?

Bienaventurados los pobres de espíritu porque de ellos es el reino de los cielos.

Mentes cultas, mentes complicadas, pueden ser un grave obstáculo para el crecimiento espiritual.

Hay una historia.

Una señora compró un nuevo aparato electrónico para la cocina, pero cuando llegó a casa se dio cuenta de que en el empaque faltaba el instructivo. Por eso dejó el aparato sobre la mesa de la cocina donde la muchacha estaba terminando sus quehaceres, y regresó a la tienda para reclamar el instructivo y finalmente poder usar su nuevo aparato.

Cuando la señora regresó con las instrucciones, con gran sorpresa, encontró a la muchacha que había montado el aparato y ya lo estaba usando. La señora se quedó muy sorprendida, y le preguntó:

—¿Cómo lo hiciste?

Y la muchacha, casi disculpándose, le contestó:

—Señora, qué le puedo decir… yo soy ignorante, no sé leer… por lo tanto tengo que usar la inteligencia.

Esto es lo que pasa a las personas que saben mucho. En lugar de utilizar la inteligencia para enfrentar la vida, buscan las respuestas en las cosas que saben. Es muy difícil para las personas muy cultas mantener la inocencia necesaria para mantener la inteligencia viva.

Bienaventurados los pobres de espíritu porque de ellos es el reino de los cielos.

La cultura, las cosas que sabes, son informaciones con las cuales nutres la biocomputadora que es tu mente. Estas informaciones son útiles cuando tú estás a cargo de tu mente, pero son peligrosas si, como ya vimos, tú estás a la merced de la tiranía de ella. Porque, mientras más informaciones tu mente guarda, más instrumentos tiene para controlarte y para sofocar tu espontaneidad. Y esto se vuelve un grave obstáculo a tu inteligencia porque, en lugar de vivir en función de lo que eres, empiezas a vivir en función de lo que sabes.

Pero cuidado, porque, mientras tú eres un fenómeno ilimitado, tu mente es un fenómeno muy, muy limitado. ¿Cuánta información puede contener tu mente? Por mucha que pueda contener, no es difícil entender que es nada comparado a lo conocible. Tu mente es como un archivo chiquito chiquito… nada comparado al archivo general.

Pero cuando eres una persona culta te parece que tu archivo es rico de informaciones, por lo tanto vives buscando las respuestas a tu vida clavando tu cabecita en este miserable archivito, desentendiéndote de la existencia del archivo universal y de todo alrededor de ti. Cuando eres un ignorante, un *pobre de espíritu*, dado que sabes que tu archivo personal contiene muy poquito, te relajas, rezas ¡Me Vale Madres!, y rindiéndote a tu pobreza de espíritu, en tu inocencia, tienes acceso mágicamente al archivo divino donde todas las respuestas están contenidas y disponibles.

Rezando ¡Me Vale Madres! podrás fácilmente liberarte de la carga de tu mente, que te sugiere siempre respuestas que sólo aparentemente parecen inteligentes, para regresar a ser simplemente tú mismo y, gracias a tu reconquistada espontaneidad, ver con sorpresa a tu inteligencia coincidir con la inteligencia de Dios. *Bienaventurados los pobres de espíritu porque de ellos es el reino de los cielos.*

No puedo explicar otra vez que "no vivir en función de lo que eres" te aleja de Dios, porque a Pancho López le da hueva explicarlo otra vez, y probablemente ustedes también están hasta la madre de escucharlo, pero tratemos al menos de sintetizarlo con otro silogismo socrático (¡Bendito Sócrates!):

1) Mientras más cosas sabes, menos eres inocente.
2) Mientras menos eres inocente, más lejos te encuentras de Dios.
3) Mientras más cosas sabes, más lejos de Dios estás.

Recuerdo que en un periodo que trabajé en el cine, no podía gozar inocentemente una película, porque conocía todos los trucos que componen la bellísima ilusión que llamamos cinematografía. Por lo tanto, cuando veía la película, ya no podía ver a los personajes de la historia, sino a colegas trabajando. Mi gusto por ver la película se había vuelto intelectual, pero había perdido la inocencia necesaria para trascender la prosa e intuir la poesía. Y Dios siempre es poesía.

Y lo mismo pasa a todos los que son especialistas de algo. Si eres un botánico, mirando una rosa, en lugar de perderte en el misterio de la rosa, te preguntarás si es una Centofila o una Canina, si está plantada bien o mal, si toma bastante luz o si le dan demasiada agua… y si eres un químico serás consciente también de los pigmentos que le dan ese color particular y te preguntarás de qué dependen esos matices irregulares que se presentan en las hojas más próximas al bulbo, ignorando por completo la experiencia de quién ha elegido la rosa como el símbolo del amor. Por esto, para este tipo de gente, será más difícil percibir el misterio de la rosa, respecto de un pinche güey ignorante que llega y dice: ¡Guau! ¡Qué chingonería!, la corta y se la regala a la primera señorita que encuentra poniendo en marcha el famoso *efecto mariposa*.

Y lo mismo si eres un maestro te será difícil relacionarte con un niño sin verlo como un alumno que educar; si eres un psicólogo será difícil tener una relación relajada con un amigo; si eres un cocinero le pierdes el gusto a la comida, si eres un ginecólogo… ¡Puta madre, no puedo imaginar lo que le pasa a los ginecólogos! Cómo hacen para ver la poesía de la... Entienden qué quiero decir. Y al final se sabe que los ginecólogos son como los agentes turísticos: trabajan donde los demás se divierten.

Como pueden ver, la ignorancia es una gran cosa. Jesús tenía toda la razón.

Ahora, no me malentiendan, Pancho López no nos está invitando a ser ignorantes como él, porque para alcanzar su nivel se necesita talento; lo que estamos diciendo es que, si no somos capaces de liberarnos de la tiranía de la mente, la cultura puede constituir una dificultad en tu crecimiento espiritual. De hecho es mucho más fácil ver rasgos de sabiduría en un abuelo que ha vivido toda su vida en el campo sin saber leer ni escribir, que en un intelectual orgullosamente sentado enfrente de su enciclopédica librería. Pero si tienes la maestría de ser tú el dueño de tu mente, si eres capaz de usarla cuando te sirve y callarla cuando quieres, puedes hasta tener en la cabeza toda la Enciclopedia Británica, sin perder nada de tu inocencia y espontaneidad. Pero para lograr esto se necesita ser un maestro.

La cultura tendría que estar al servicio de un gran ser, no de una gran mente. La cultura tendría que enriquecer el aspecto místico de ti mismo y no tu personalidad y la de tu ego; la cultura no tendría que ser el instrumento para crear más astucias en la estrategia que tu ego usa para afirmarse a sí mismo, tendría que ser el instrumento para encontrar formas más articuladas para cantar la gloria de Dios.

Pero en la mayoría de los casos no es así. Más cosas sabes, más se atrofian tu intuición, tu creatividad y tu inteligencia. Por esto hay personas que manejan la física nuclear o la ciencia biogenética como si se tratara de cacahuates, pero tienen dificultad para cruzar una calle o relacionarse con un sencillo ser humano como ellos.

En esta óptica se tiene que entender el dicho de Jesús: *bienaventurados los pobres de espíritu porque de ellos es el reino de los cielos*. Él no está diciendo que para ir al reino de los cielos tienes que ser una especie de retrasado mental, está diciendo que los pobres de espíritu son bienaventurados porque, para encontrar a Dios, no tienen que pelear con todas las ideas despistantes que los separan de la inocencia pura que se necesita para verlo en todo lo que nos rodea.

Si Jesús hubiera conocido los mantras mexicanos, cuando dijo: *bienaventurados los pobres de espíritu porque de ellos es el reino de los cielos*, seguramente hubiera agregado: *y si no eres tan bienaventurado reza ¡Me Vale Madres! ¡Me Vale Madres! ¡Me Vale Madres!*

Por esto, este mantra inmaculado es también llamado el Mantra de la Divina Inocencia, porque todas las veces que tu mente interfiere con tu intuición complicándote la vida, proponiéndote argumentos pro y contra, cálculos, oportunidades y desventajas, consejos, comparaciones, juicios... y así por el estilo, rezando ¡Me Vale Madres! ¡Me Vale Madres! ¡Me Vale Madres! recuperas la sencillez para ver a la vida con los ojos de Dios y entrar en el *reino de los cielos*.

El mantra del amor

Y terminamos con el último grandioso aspecto de esta inestimable joya de la espiritualidad mexicana.

¡Me Vale Madres!, que ya definimos como Mantra del Desapego, Mantra de la Eternidad, Mantra de la Revelación Luminosa, Mantra de la Responsabilidad, Mantra de la Divina Aceptación, Mantra de la Divina Inocencia, es también, y más que todo, conocido como el Mantra del Amor.

El amor es la última consecuencia de esta oración sagrada. Rezando día y noche con místico transporte: ¡Me Vale Madres! ¡Me Vale Madres! ¡Me Vale Madres!, llegará el momento en el cual sentirás todas tus tensiones aflojarse, tu mente se encontrará repentinamente vacía y en el centro de tu pecho sentirás florecer la rosa mística del amor.

Nada podrá obstaculizar más la manifestación de tu naturaleza divina pervirtiendo tu espontaneidad. Podrás otra vez mirar a los ojos a tu amada, a tu hermano, a tus hijos y decirles: te amo, te amo, te amo incondicionalmente porque… ¡Me Vale Madres! Me Vale Madres el pasado, Me Vale Madres el futuro, Me Vale Madres quién tiene la razón y quién está equivocado… ¡Me Vale Madres quién llegó antes y quién llegó después! ¡Me Vale Madres todo…! Te amo, te amo y basta.

Sólo si *te vale madres* puedes amar. De lo contrario es inevitable que las políticas de la mente manejen tu vida tratando de obtener de los demás lo que te sirve.

Por lo tanto, para poder gozar la ultima implicación de este primer mantra mexicano, que es el amor, recuerda: cuando te encuentras separado del todo buscando la forma correcta de hacer las cosas, cuando te encuentras atorado sin saber si decir una cosa o no decirla, cuando te esfuerzas por hacer las cosas mejor de como te salen naturalmente, cuando te pones en puntas de pies para que los demás noten lo que has hecho, cuando te escondes viviendo como un fantasma, cuando tu corazón dice sí y tu mente dice no... reza: ¡Me Vale Madres! ¡Me Vale Madres! ¡Me Vale Madres!, y mágicamente las palabras fluirán perfectas de tu boca, tus movimientos se volverán danza, tus acciones serán originales y sorprendentes... y finalmente Dios podrá usar tu voz para decir a todos los que te rodean: te amo... te amo... te amo...

¡A la Chingada!

EL SANTO MANTRA DE LA PURIFICACIÓN

La humanidad se va a hincar enfrente de México cuando el poder del mantra mexicano ¡A la Chingada! se haya difundido por el mundo irradiando su benéfica influencia.

El mantra ¡A la Chingada! es el Mantra de la Purificación, que puede ser usado todas las veces que sientes que una presión interior tiene que ser liberada. ¡A la Chingada! es el Mantra de la Catarsis. *Catarsis*, de hecho, es una palabra griega que significa literalmente purificación.

Pero ¿por qué necesitamos purificarnos? ¿De qué cosa tenemos que purificarnos?

Otra vez tenemos que regresar a la "suprema" obra de los alquimistas "Patas Pa' Arriba".

Una banda de vándalos

La experiencia que sufrimos a lo largo de nuestra niñez no es sólo dolorosa a nivel psicológico, sino también a nivel energético. Todas las veces que hemos sido reprimidos en una manifestación natural de nuestro ser, todas las veces que hemos sido forzados a tener comportamientos en contraste con lo que somos, nuestra energía vital sufre un shock.

Cuando eras niño, antes que fueras acosado por las reglas, por los prejuicios, por las expectativas y por los miedos de la sociedad, tú vivías relajado y de forma espontánea. No tenías ningún tipo de conflicto contigo mismo, la energía fluía sin ningún obstáculo, todo dentro de ti era armónico y sin tensión, todo era silencioso. Eras la expresión viviente de la pacífica perfección del reino de Dios.

En cierto sentido eras igual a uno de estos paisajes de campo que unos artistas aman representar: los pájaros que brincan de una rama a la otra decorando el silencio con sus gorjeos; las abejas picando florecitas aquí y allá en la incesante producción de la miel; las vacas que tascan el pasto contendiéndoselo con unos conejos selváticos; el río que baja de la montaña invitando, con su sonido tranquilizador, a las raíces de los árboles a retar los obstáculos subterráneos para encontrarlo y nutrirse de él; unas nubes traviesas que, paseando en el cielo azul, se ríen para sus adentros pensando en la broma que van a hacer al sol cuando se le van a poner enfrente; el sol que sonríe socarrón a las nubecitas, como un abuelo que finge de sorprenderse una vez más por la vieja broma que las nietas traviesillas le hacen desde la noche de los tiempos; los cultivos que cada día más se preparan a regalarse generosamente en el día de la cosecha; las flores que florecen, los frutos que maduran... todo fluye manifestando otro aspecto de la perfección del mismo reino de Dios, que se manifiesta dentro de cada ser humano cuando no está sometido a ninguna innatural presión.

Pero lamentablemente nadie de nosotros ha sido dejado en paz. Continuamente la armonía de Dios ha sido descompuesta por el trabajo de los infelices alquimistas "Patas Pa' Arriba". Cualquier cosa que haces o no haces, hubo siempre cualquier pinche güey listo a interferir con la armonía de Dios jalándote o empujándote de un lado y del otro: cuando no estás haciendo nada te dicen que eres un huevón, y cuando haces algo te dicen que no estás un momento quieto, y cuando te estás divirtiendo te dicen que no es ésa la forma de divertirse, y cualquier cosa que haces hay siempre alguien que te quiere enseñar una forma más propia de hacerlo, y si te tomas algo en serio te dicen que la vida tienes que tomarla alegremente, y si te la tomas alegremente te dicen que la vida es una cosa seria, si estás triste, te dicen que no hay razón para estar triste, y si estás alegre te dicen que no hay motivo para estarlo, si te enojas te dicen que te ves feo y que tienes que aprender a entender las cosas sin enojarte, y si te tocas el pipín... ya vimos lo que te dicen.

Cuando sufrimos estas continuas interferencias, dentro de nosotros, a nivel energético, ocurre un verdadero terremoto: todo lo que era armonía se vuelve conflicto y confusión. Es como si en este pacífico paisaje campestre que acabamos de describir de repente llegara una banda de vándalos borrachos con sus motocicletas y, con risas desvencijadas, empezaran con sus motos a hacer competencias de carruseles destruyendo los cultivos, espantando las vacas, tirando piedras a los pájaros, disparando a los conejos, rompiendo las ramas de los árboles, pateando a las colmenas de las abejas, meando en el río, tirando botellas de cerveza por todas partes, prendiendo fuegos y cocinándose un par de conejitos al asador.

Lo que pasa en este pasaje de pintura es más o menos lo que pasa en el interior de nosotros, cuando alguien interfiere, o nos enseña a interferir, con la natural manifestación de nuestra energía vital. Esta invasión barbárica de nuestra armonía interior es tan insistente y prolongada en el tiempo, que se vuelve parte de nuestra estructura psicológica. Por lo tanto aprendemos solitos a interferir con nosotros mismos, turbando constantemente nuestra paz interior sin que nadie nos lo imponga.

Estamos a la merced de voces, mandamientos, conceptos, ideas, prejuicios y patrones, que nos impiden ser quienes somos y nos tienen secuestrados en la sofocante prisión de nuestro carácter.

De hecho este vandalismo que sufrimos en la niñez por parte del mundo de los adultos, continuamos sufriéndolo por obra de un mecanismo de autocontrol con el que viene programada nuestra mente, que nos condena a ser consternados testigos del dramático espectáculo de bandas de motociclistas borrachos, que devastan continuamente y sin piedad nuestro pacífico paisaje interior, alterando la originaria paz y la armónica fusión con el universo, y abriendo el paso, de esta forma, a los usurpadores del reino de Dios: los conflictos, las tensiones, la confusión, la duda, el miedo, la frustración, el resentimiento… y otros más.

El mantra mexicano ¡A la Chingada! es la herramienta con la cual podemos restituir silencio y paz a nuestro mundo interior. Es el arma contundente con la cual podemos liberar el Reino de Dios de sus usurpadores… y de la banda de los pinches motociclistas. El mantra ¡A la Chingada! es capaz de restituir a Diosito lo que era suyo y de restablecer la antigua armonía; convenciendo a los pajaritos de regresar sobre los árboles, a las vacas de contenderse el pasto con los conejitos, e invitando al río, los árboles y los cultivos a relajarse otra vez, bajo el juego antiguo y familiar del abuelo sol con las nietas nubes.

Un cafecito con Dios

Nosotros somos el resultado de todo lo que nos pasa en nuestra vida y el cuerpo graba cada experiencia.

Como acabamos de ver en el capítulo anterior, estas continuas interferencias en nuestra energía y espontaneidad, que sufrimos en la niñez, generalmente corresponden a experiencias de abuso, soledad, mentira, represión, dolor, descuido, incomprensión, engaños, manipulación y muchas veces violencia. Todas estas experiencias no sólo se vuelven parte de nuestra estructura psicológica, sino se vuelven también parte de nuestra estructura energética y muscular. Nosotros tuvimos que, literalmente, adaptar nuestro cuerpo a la situación que fuimos obligados a vivir, creando tensiones y bloqueos que nos permitieran controlar nuestra energía vital para reprimir lo que no era aceptado y fingir aceptar lo que era requerido por la sociedad. Nuestra forma de movernos, de caminar, de respirar, de estar sentados, de hablar, las expresiones de nuestra cara, la posición que ocupamos en los ambientes... todo es el resultado de esta contaminación de nuestra energía vital que sufrimos en nuestra niñez. Por esto necesitamos una purificación, por esto la importancia del santo mantra ¡A la Chingada! El veneno de tu pasado tiene que ser expulsado con fuerza de tu sistema energético.

Entender simplemente las causas psicológicas de tus patologías sólo sirve para tomar conciencia de algo, pero no es suficiente para transformarte; porque la transformación no sucede en el ámbito de tu mente. La transformación incluye todo tu ser, del cual tu cuerpo es parte fundamental.

Cuando tú entiendes algo de ti mismo, tu mente cambia porque sabes algo más, pero no es bastante. Darte cuenta de un patrón inconsciente que te jode la vida, y decir: "¡Ya basta! ¡No quiero ser más este pinche güey!", es seguramente un paso importante, pero no es suficiente. Porque, a pesar que la mente ha cambiado un poco, todo el resto de tu cuerpo guarda todas las tensiones, los modales y el ritmo del pinche güey que siempre fuiste.

Al contrario, rezando ¡A la Chingada! ¡A la Chingada! ¡A la Chingada!, dejando salir esta oración de divino rescate del profundo de tu ser, todas las frustraciones, el enojo, el resentimiento, el hartazgo y la desesperación que has escondido en tu inconsciente, puede venir a flote y ser purificado, transformado y disuelto.

El inconsciente viene descrito como la parte escondida de un iceberg, mientras la mente consciente es ese diez por ciento que emerge. Aun si este diez por ciento se vuelve un poquito más consciente, a menos que no liberemos lo que acumulamos bajo el agua, la transformación se vuelve casi imposible.

El trabajo tiene que ser hecho a profundidad, tiene que penetrar la estructura muscular que ha grabado estas experiencias de abuso, de cualquier forma que hayan sido sufridas. Y en esto el mantra ¡A la Chingada! es un arma infalible.

Como vimos claramente en el capítulo "La naturaleza de la mente", tú no eres tu mente, sino un fenómeno mucho más complejo del cual tu mente es sólo un accesorio periférico. Y aun si esta parte chiquita de ti influencia tremendamente tu vida, tu estructura psicológica no es todo. El peligro en nuestras vidas no es lo que se ve, sino en este noventa por ciento de este iceberg que está escondido.

Tu pasado es un lastre que tiene que ser liberado, es una contaminación de tu espíritu que debe ser, justamente, "purificado". No puedes transformarte si todo tu ser es el resultado de lo que viviste en el pasado.

Tú puedes cambiar tu mente, pero a menos que te liberes energéticamente de las sombras de tu pasado, olvídate de la transformación. Como dice Pancho López con su contundente lema: *Si cargas el pasado, te recarga la chingada.* Y el pasado está grabado en tu cuerpo, en tu estructura muscular. Esto es lo que tiene que ser purificado a golpes de mantra, rezando sin vacilación: ¡A la Chingada! ¡A la Chingada! ¡A la Chingada!

A menos que no te limpies de todo lo que ha ensuciado tu noble e incontaminada alma, ¿con qué cara te presentas enfrente de Dios? ¿Cómo puedes pensar encontrar a Dios todo sucio y jodido? Dios no es la Cruz Roja, Dios no ayuda a los pobres diablos, Dios no es una obra de caridad. Dios es una provocación que revela su secreto a los que se atreven a ir más allá de sus limitaciones, entregando todo su amor y su devoción a la búsqueda de Él. Para encontrar a Dios es necesaria una preparación.

¿Cómo puedes querer que Dios te dé una cita si estás todo reprimido, tenso, lleno de miedos, avaricioso de tu energía y cerrado del corazón? ¡Ni a tomar un café te va a invitar! ¿Con qué cara te vas a presentar frente a Él, revelándole que las cualidades únicas que Él te había regalado con tanto amor e ilusión, están todas apachurradas, jodidas, polvorientas, podridas, acartonadas, machucadas, parchadas y momificadas dentro de ti?

Para ir a una cita con Dios tienes que prepararte. Tienes que recuperar tus cualidades, despertar la energía vital, tienes que estar completamente vivo, relajado, en paz… es necesaria una preparacion. No puedes presentarte a un encuentro tan importante con el aire de alguien que ya tiene un pie en la tumba. Para poder ser digno de encontrarlo tienes que haber descargado antes tus frustraciones, tus enojos, tus conflictos y, en consecuencia, haber liberado la energía vital que está entrampada entre las garras de tu cultura, de tus ideas y de tus prejuicios. Por esto la mítica sabiduría de Pancho López nos invita tan cálidamente a rezar con devoción el mantra mexicano ¡A la Chingada!

Encontrar a Dios sin purificarte con el divino mantra ¡A la Chingada! sería como ir a un encuentro romántico con un nuevo galán o con una nueva galana sin haberte bañado desde la primera comunión.

Por lo tanto el mantra ¡A la Chingada! es de suma importancia. Gracias a este rezo celestial tu cuerpo puede finalmente liberar todo lo que le impide de ser natural y relajado. Rezando ¡A la Chingada! ¡A la Chingada! ¡A la Chingada! puedes limpiar tu energía, tu cuerpo y tus emociones del polvo y de las incrustaciones del pasado. Su poderoso sonido es capaz de desintegrar todo lo que te impide ser lo que en esencia eres: o sea la expresión esplendorosa de la gloria de Dios. Por esto el mantra ¡A la Chingada! es considerado el Santo Mantra de la Purificación. Todos los días reza: ¡A la Chingada! ¡A la Chingada! ¡A la Chingada! y todos tus traumas serán sanados, todas tus represiones serán liberadas, y todos tus pecados serán perdonados.

La culpa...

El mantra mexicano ¡A la Chingada! es también llamado el Santo Mantra del Perdón, porque, con su sonido contundente, nos ayuda a andar más allá de uno de los sentimentos que más atrapa a los seres humanos en las garras del pasado: la culpa. La culpa es un veneno que debe extraerse totalmente porque, aparte de los traumas y las represiones de tu pasado, tú en tu cuerpo cargas también todas las pendejadas que hiciste en tu vida, que los religiosos llaman pecados, pero que Pancho López prefiere llamar "pendejadas".

Pancho López me asegura que la naturaleza humana es buena, porque siendo nosotros la expresión de Dios, que es bondad absoluta, ¿cómo podríamos ser malos? Los humanos se portan mal sólo porque están apendejados, no porque sean malos. Si fueras consciente, ¿cómo podrías hacer todas las pendejadas que continuamente haces? Si fueras consciente ¿cómo podrías robar, engañar, matar y destruir al planeta? Si fueras consciente ¿cómo podrías reducirte, sin razón, a una especie de discapacitado existencial, renunciando a toda la libertad y la gloria que Dios te ha dado? ¡Imposible! Por esto Pancho López prefiere llamar a los pecados "pendejadas"; en cuanto que no los cometes porque eres malo, sino porque estás como drogado de inconsciencia. "El hombre no es malo —nos explica nuestro guía—. El problema es que éste es un mundo de jode y jode: yo te jodo a ti, tú lo jodes a él y él me jode a mí. Es un reflejo condicionado. Y además, si te enseñan también a joderte solito a ti mismo, ¿cómo puedes resistir la tentación de joderte al próximo tuyo como a ti mismo... amén?"

Y entonces, que tú quieras llamarlos pecados o pendejadas, el resultado no cambia: cada vez que haces algo contra los otros seres humanos como tú, o contra el planeta, tu cuerpo reacciona. Hacer algo malo es antinatural. Cuando haces algo que es contra la humanidad, contra la naturaleza, contra Dios, tu cuerpo, que te des cuenta o no, se tensa al interior y emana un veneno que contamina tu conciencia. Este veneno se llama: culpa.

En la realidad hay dos tipos de culpa: la "culpa real" y la "culpa social". La primera, la "culpa real", es de la que acabamos de hablar. Es una culpa que viene de la profunda conciencia de haber cometido un crimen contra la humanidad, contra Dios. Por ejemplo, transaste a un amigo, golpeaste a tu hijo, te aprovechaste de la inocencia de alguien, dejaste vivir a miles de personas en situación de pobreza por coleccionar dinero, envenenaste un río tirando los desechos químicos de tu industria, prendiste fuego a un bosque para construir un fraccionamiento para cinco mil familias, inventaste una enfermedad para vender fármacos... y así por el estilo.

La "culpa social", al contrario, es la culpa que la sociedad crea artificialmente para controlarte. Es la culpa que te viene cuando transgredes un mandamiento, infringes una orden, desobedeces los dogmas, rompes las tradiciones o te tocas el famoso o la famosa pipín.

La primera es una culpa sana, natural. La segunda es el tragicómico resultado de un engaño del cual fuiste víctima. La *culpa social*, respecto de la *culpa real*, no tiene un impacto tan profundo sobre tu sistema energético, porque al final, creciendo, todos sabemos que todos estos mandamientos, normas, dogmas, tradiciones y reglas de comportamiento son arbitrarias formas con la cuales gente cínica y sin escrúpulos ha intentado controlar una humanidad infantil.

Por lo tanto liberarse de la "culpa social" no es tan difícil con el Santo Mantra de la Purificación. Cuando sientes que te agarra por los huevos la vieja costumbre de sentirte en culpa trasgrediendo a las pendejadas que te han inseñado padres, madres, papas,

rabinos, imanes, shankracharyas… carga el mantra ¡A la Chingada! y dispáralo con convicción contra todas estas tristes figuras de
tu pasado que te rodean: los verás desaparecer como buitres asus-
tados que huyen por todas parte dejando plumas en el aire… de
tal forma que hasta lástima te van a dar.

La "culpa real", al contrario, penetra mucho más profundamente
porque es el todo que se rebela contra ti. Si la *culpa social* genera un arrepentimiento político, dirigido únicamente a conquistar hipócritamente el perdón de Dios, para poderle continuar
pidiendo las mismas miserias de siempre, la *culpa real* genera un
arrepentimiento que involucra todas las células de tu cuerpo, te
estremece de dolor y te hace querer morir. Porque cuando tú
haces algo contra la humanidad, contra Dios, haces algo contra
ti mismo también.

No se trata nada más de desobedecer simplemente a unos polvorientos libros sagrados, cosa que al final puedes finiquitar con
un par de Ave Marías, un Kaddish o una docena de Salat; cuando tu acción hiere a tus hermanos o al generoso planeta en el cual
vives, si tienes un mínimo de sensibilidad, sentirás la voz de Dios
levantarse dentro de ti con su desgarrador e inconsolable grito de
dolor. Y en ese punto no hay Ave María que pueda calmarla.

Pero, para la finalidad de tu crecimiento espiritual, que sea *real* o
sea *social*, la culpa tiene que ser liberada, porque de otra forma se
vuelve un lastre que hace imposible tu desarrollo humano.

La culpa es como un cáncer que se esparce en tu sistema energético y que te hace pesado como el plomo. Y, para alcanzar a
Dios, tienes que ser ligero como una pluma. Este veneno tiene
que ser soltado. ¿Qué mejor forma y más divertida de hacerlo que
recogerse en plegaria y gritar con toda la pasión: "¡A LA CHIN-
GADA! ¡A LA CHINGADA! ¡A LA CHINGADA!"?

Rezando este compasivo mantra con absoluta entrega y total
intensidad, sentirás un benéfico alivio, serás purificado de la culpa y tus pecados serán perdonados.

Sentirse en culpa no tiene ningún sentido. Sentirse en culpa significa cultivar un pasado que no puedes rehacer. Sentirse en culpa es tener vivos los crímenes que cometiste, teniéndolos congelados en la vergüenza de la memoria. Reza: ¡A la Chingada! ¡A la Chingada! ¡A la Chingada…! y libérate de una vez de este lastre.

Si hiciste una pendejada, ¡ya! ¡Ya la hiciste! ¿Para qué flagelarse toda la vida? ¿Qué sentido tiene? No puedes rehacer la historia. Descarga la vergüenza de haberlo hecho rezando: ¡A la Chingada! ¡A la Chingada! ¡A la Chingada! Si agarraste a patadas a tu hijo o lo manipulaste, pedir disculpas puede aliviar un poco el dolor, pero no quita la humillación de ser agarrado a patadas o la desconfianza que crea descubrir haber sido manipulado por las personas que más amas en el mundo. Siento decirte que no podemos anular las consecuencias de nuestras acciones. La única cosa que puedes hacer es evitar llevarte hasta la muerte la carga de la pendejada que hiciste rezando: ¡A la Chingada! ¡A la Chingada! ¡A la Chingada! Sentirse en culpa no sirve a nadie. La culpa no te transforma, la culpa te hace vivir como si estuvieras en coma. Bien diferente es el arrepentimiento.

El arrepentimiento...

Arrepentirte de tus actos inconscientes es un paso fundamental en el viaje hacia la liberación del espíritu. Mientras la culpa te hace sentir un pecador que merece la expiación de sus crímenes a través del castigo, un profundo y sincero arrepentimiento rompe la continuidad con las acciones que has cometido en tu pasado, ofreciéndote la clara realización que tus acciones criminales son el resultado de un estado de torpeza de la conciencia, en el que actúas como en un estado de sonambulismo. Por lo tanto ni culpa ni castigo tienen más sentido, porque, como ya vimos, las acciones cumplidas en estado de inconsciencia no pueden ser juzgadas ni buenas ni malas.

Como un niño drogado has robado, engañado, traicionado y matado a tus hermanos hijos de la madre tierra. Cuando tu arrepentimiento es total y profundo se verifica una separación entre tú que te arrepientes y el criminal que ha mentido, manipulado, abusado, torturado... La culpa, al contrario, es una forma para mantener vivo al criminal. Trataré de explicarlo mejor.

Si el arrepentimiento es sincero y total, el personaje que cometió el crimen desaparece para dejar su lugar a un ser completamente nuevo: el criminal desaparece y apareces tú a un nuevo nivel de conciencia. Sentirse en culpa, al contrario, significa tener vivo al criminal. Antes eras simplemente un criminal, ahora eres un criminal que vive golpeándose el pecho en un eterno *mea culpa* en la humillante introversión de su energía vital.

¿Pero qué sentido tiene humillarse toda la vida por algo que hiciste en un estado de sonambulismo?

Vivir en la humillación no te quitará la frustración ni el dolor por tus acciones criminales. Al contrario, hará crecer la frustración, y una persona frustrada es más proclive a cometer otras acciones criminales. La culpa es una paradójica forma de cultivar el crimen: antes eras un criminal en acción, ahora eres un criminal en *stand by*.

Completamente diferente es el camino que Pancho López nos quiere indicar revelándonos el Mantra Mexicano de la Purificación. Cuando te das cuenta de las absurdidades que cometes contra la humanidad, el planeta y contra ti mismo, explota en el arrepentimiento, quémalo de una vez, deja que el fuego trágico de tu desesperación te haga ceniza: tírate al piso, revuélcate de dolor por haber causado tanto, tanto sufrimiento, acepta la desgarradora sensación de sentirte morir por lo que hiciste y no puedes reparar, llora, grita, vomita... Pero no sólo eso. ¡Eso no es suficiente! Para que la transformación que lleva el arrepentimiento sea total y completa, también tiene que ser expresada la furia, el coraje ciego contra la inconsciencia humana de la cual tú has sido partícipe y protagonista, y que ha causado desde siempre tantos daños al mundo. No te dejes enfriar por la lógica y las justificaciones, siente el furor, siente el coraje. El coraje contra ti mismo, contra la vida, contra el mundo, contra Dios: por lo tanto, con el rostro desfigurado por las lágrimas reza, reza con furor: ¡A LA CHINGADA! ¡A LA CHINGADA! ¡A LA CHINGADA! Manda a la chingada todo. Hasta cuando sientas que ni las piernas te aguantan más, hasta cuando tu voz esté completamente rota, tus lágrimas agotadas, tu rostro irreconocible, reza: ¡A la Chingada! ¡A la Chingada! ¡A la Chingada! La energía, en lugar de quedarse en la oscuridad introvertida de la culpa y contribuir a tu miseria, tomará el camino extrovertido de la purificación para abrirte alma y cuerpo al luminoso horizonte del perdón.

¡A la Chingada!, el Mantra de la Purificación, cumple el milagro de hacer desaparecer al ladrón, al mentiroso, al transa, al asesino, al abusador, al manipulador que fuiste, para quedarte tú, puro

e inocente como Diosito te ha hecho, purificado de tus pendejadas. Por esto el mantra ¡A la Chingada! es también llamado el
Mantra del Perdón.

Y el perdón

Los dorados mantras mexicanos prometen una transformación, no un cambio. Cambiar significa que tu viejo *tú* se vuelve un poco mejor de como era. En otras palabras, significa cambiar un criminal en alguien un poco menos criminal. Si antes robabas millones, ahora robas pesitos. Antes decías grandes mentiras y ahora dices pequeñas mentiras.

No, transformarse es un fenómeno completamente diferente: es un fenómeno de discontinuidad con tu pasado. Significa que tú mueres y vuelves a nacer. Es esto lo que se propone el mantra ¡A la Chingada!

No se trata de comportarse un poquito mejor, se trata de volver a nacer. Transformarse significa despertar y de repente darte cuenta que mientras dormías hiciste todas las pendejadas que hiciste. Sólo aparentemente estabas despierto, en la realidad tu conciencia estaba dormida: robaste, engañaste, mentiste, mataste en el estado de sonambulismo. No eras tú.

Esto es el verdadero significado de la Biblia cuando dice que Dios está siempre dispuesto al perdón; que hasta el último momento de tu vida tienes tiempo para arrepentirte y ganarte el reino de los cielos. Obviamente no se trata que Dios se sienta pacientemente a un lado de tu lecho de muerte hojeando una revista, y mientras tú te retuerces sobre el colchón con los ojos desorbitados, peleando con la "despiadada Señora", Él te mira por arriba de sus lentes para vista cansada esperando ver si te arrepientes o no. Y si te arrepientes, levanta los brazos al cielo como en el estadio y dice: ¡¡¡Gooooooool!!!, y te entrega el boleto para ir al Paraíso. Y si, al contrario, no te arrepientes, mientras exhalas el último aliento de vida, te da una palmadita sobre la espalda y te dice: "te chingaste, compadre, ahora te vas a podrir en el infierno por la eternidad"; y sin dedicarte más tiempo, agarra la revista y se va a sentar a la cabecera de alguien más para ver si es más astuto o afortunado que tú.

No, amigos, no se preocupen, Diosito no es tan cínico.

El arrepentimiento del cual habla la Biblia no es un acto formal de humillación frente a Dios, es una alquimia que te lleva a una toma de conciencia y a la consecuente transformación. El arrepentimiento es como un punto de frontera entre lo que eras antes y lo que eres después de haberte dado cuenta de lo que hiciste.

El arrepentimiento es como cuando te despiertas. El despertar es un punto de frontera entre sueño y vela. El arrepentimiento es un punto de frontera entre vivir en una pesadilla y darse cuenta que mientras tu conciencia estaba dormida hiciste un gran desmadre. Y dado que todos los humanos están con la conciencia dormida, todos son dignos del perdón, porque, justamente como dijo el pobre Jesús sobre la cruz, *no saben lo que hacen*.

No estoy diciendo que quien comete un crimen tenga que ser dejado libre de consecuencias. Estoy diciendo que si en el tribunal de los hombres hay culpables e inocentes, en el tribunal de Dios hay sólo una categoría: los inocentes.

El perdón de Dios no está sujeto a condiciones. Dios ya te ha perdonado hasta antes de que tú cumplas un "pecado", porque Dios no es un negociante, es puro amor. Dios no está esperando tu arrepentimiento con la revista en las manos. Decir que hasta el último momento tienes tiempo para arrepentirte y ganarte el reino de los cielos significa simplemente que nunca es demasiado tarde para despertar y darte cuenta que dormiste toda la vida soñando ser víctima y verdugo en el más inhumano de los infiernos.

No se trata de ser un asesino arrepentido, se trata de ser un ser completamente nuevo. Y si tú no eres más lo que fuiste… o mejor dicho, descubres que nunca fuiste lo que pensabas que eras, no sólo la culpa sino también el perdón pierde significado. Si a través de la alquimia del arrepentimiento el criminal ha desaparecido, no hay ni siquiera alguien que tenga que ser perdonado.

Por lo tanto no pierdas tiempo sintiéndote en culpa en la esperanza de merecer un perdón. Ten sólo el valor de arrepentirte, de matar a tu pasado y terminarla ahí. Sentirse en culpa significa solamente que el criminal está todavía escondido en cualquier lugar dentro de ti, afligido por la culpa, pero listo a entrar en acción otra vez, como una brasa que espera el soplo del diablo para estallar otra vez y tragarte en sus fauces ardientes.

El camino que nos indica Pancho López es el camino de la transformación, no es el camino de volverse mejor. Mejorar es bueno pero no es gran cosa. Mejorar significa que el mismo viejo pinche güey que ha hecho un chingo de pendejadas, se vuelve un poco mejor: esto es todo. Pero a través de la práctica ferviente de los mantras mexicanos, el viejo pinche güey simplemente desaparece como una sombra siniestra a la luz de la conciencia, dejando su lugar al fulgor de la efigie de Dios.

Entonces reza, reza con fervor: ¡A la Chingada! ¡A la Chingada! ¡A la Chingada!, y el veneno de tus acciones se derretirá al calor de tu pasión religiosa. ¡A la Chingada! ¡A la Chingada! ¡A la Chingada!, y todo lo que tu cuerpo ha grabado de tu pasado se disgregará bajo los golpes de tu intensidad. ¡A la Chingada! ¡A la Chingada! ¡A la Chingada!, y toda la energía que estaba bloqueada en forma de culpa dentro de ti empezará a brotar jubilosa gritando su incontenible deseo por el Divino.

Reza con santa intensidad

Si quieres verdaderamente aprovechar este tesoro de la sabiduría mexicana y usar este mantra liberador como un puente hacia Dios, es importante saber cómo rezarlo de la forma más apropiada. Y la forma mejor de hacerlo es usando tu total intensidad.

Mientras el mantra ¡Me Vale Madres! se reza con una actitud que invita a soltar, inhalando y soltando el mantra con un gran suspiro, el mantra ¡A la Chingada! requiere mucha más energía. Tienes que inhalar con máximo vigor y soltar el mantra como si lanzaras una bomba.

Lo ideal es practicar este mantra en un lugar aislado donde la gente no pueda escucharte ni verte. Respira profundamente, conéctate con la tensión interior, y con voz firme y poderosa, reza: ¡A la Chingada! ¡A la Chingada! ¡A la Chingada!

Gritar el mantra con toda la fuerza que tienes ayuda mucho a la eficacia de esta plegaria, y acompañar el rezo con amplios movimientos del cuerpo la hace infalible. Si no puedes gritar ¡A la Chingada! ¡A la Chingada! ¡A la Chingada! como te gustaría, porque justamente no quieres espantar a tus hijos, o tienes miedo que los vecinos llamen la policía, puedes ponerte un cojín sobre la boca como silenciador y rezar gritando con toda tu pasión: ¡A la Chingada! ¡A la Chingada! ¡¡¡A LA CHINGADAAAAA!!! Te vas a sentir nuevo, nadie te va a escuchar y vas a poder salir de casa sin haber perdido tu reputación.

Gritar el mantra mexicano ¡A la Chingada! es importante porque te permite abrir el centro energético de la garganta, que corresponde a la expresión y a la creatividad, que los hindúes llaman *quinto chakra*... pero que Pancho López nos enseña a llamar el *cogote*.

Casi todos de los humanos tienen tensiones en el *cogote*, porque una de las primeras y más generalizadas formas de reprimirnos ha sido la de callarnos y limitar nuestra creatividad.

Los niños son todos muy creativos, todos. ¿Qué pasa después? ¿Dónde terminan todos esos potenciales poetas, pintores, arquitectos, músicos y bailarines? Terminan callados. Esto crea tremendos bloqueos en el *cogote*. Y cuando se te atora el *cogote*, que es también el conducto a través del cual pasa el aire (el nutrimento de nuestra energía vital), se bloquea toda la energía de tu cuerpo: se bloquea el corazón, llamado el cuarto chakra, por su función del amor; se bloquea tu poder en el tercer chakra, al plexo solar; se bloquea el segundo chakra, en el vientre, que es tu capacidad de sentir, y obviamente se bloquea el primer chakra, la energía sexual, que ya está bien jodida por sí sola por toda la morbosa atención que las religiones le ponen... y al final no se trata más de que los seres humanos tienen unos bloqueos, sino que: son un bloqueo.

Pero cuando nacemos no estamos bloqueados para nada, al contrario, somos como un río incontenible de energía creativa, amor, sensualidad, júbilo y sensibilidad. La naturaleza (o Dios, o yzx o como quieran llamarlo), nos empuja a expandirnos, a explorar, a crear, amar, reír, llorar, bailar, explotar, gozar... nosotros somos naturalmente un manantial irrefrenable de energía, confianza y entusiasmo. Cuando tapas todas las vías de expresión de esta energía y la canalizas en los pocos angostos escapes que la sociedad te permite, dentro de tu sistema energético se crea un caos infernal. La energía que no puede fluir más al exterior de forma vital y relajada se atora dentro de ti creando una presión insoportable. Y para evitar que la necesidad de explotar te gane, el cuerpo aprende a controlarlo creando tensiones y bloqueos, que con los años se vuelven crónicos.

No esperes que la presión se vuelva insoportable y te lleve a explotar cuando menos te lo esperas involucrando al prójimo. Elige tú cuándo liberar conscientemente esta tensión interior rezando con pasión: ¡A la Chingada! ¡A la Chingada! ¡A la Chingada!

Todas las represiones se graban en el cuerpo. Por esto a veces pasa que simplemente recibiendo un masaje profundo, inesperadamente te vengan ganas de llorar o, de repente, te agarra un encabronamiento bestial, o te sientes imprevistamente dichoso o embarazosamente cachondo. Porque cuando tú intervienes directamente sobre tu cuerpo, los bloqueos físicos que has desarrollado se aflojan y sueltan las emociones que habías reprimido, y que estos bloqueos físicos estaban a cargo de controlar. De aquí la importancia de rezar el mantra mexicano ¡A la Chingada!

Una correcta práctica de este poderoso mantra te permite liberar todo lo que tienes reprimido, y sentirte otra vez fresco y ligero como una florecita de primavera.

Entonces cuando sientas presión dentro de ti, cuando estés hasta la madre de contener tu energía vital en los angostos ámbitos de tu papel social, enciérrate en un lugar seguro y reza: ¡A la Chingada! ¡A la Chingada! ¡A la Chingada!

Pero recuérdate: tienes que rezar con absoluta intensidad: si encuentras algo que te estorba, que obstaculiza la danza de Dios dentro de ti, no mandarlo simplemente a la chingada, mándalo ¡A LA CHINGADA! La intensidad en el rezo tiene que ser total. La totalidad, en sí misma, crea una alquimia: la *alquimia de la totalidad*, bien diferente a la de los tristemente célebres alquimistas "Patas Pa' Arriba".

Cuando eres total te transformas porque desapareces en lo que haces. Tratemos de entender. Cuando haces las cosas involucrando sólo una parte de tu energía vital, pasa que "tú" haces algo. Cuando, al contrario, te involucras completamente en tu acción, te vuelves uno con lo que haces. Ese "tú" desaparece en su acción. En otros términos, la totalidad es una forma para disolver el ego. No hay más acción y actor. Acción y actor se vuelven uno. Otra vez, como dijimos revelando los misterios del mantra ¡Me Vale Madres!, la parte se funde con el todo.

La totalidad es la forma a través de la cual podemos evitar acumular karma.

El banco del karma

¿Qué cosa es la ley del karma? Pancho López, que nadie sabe cómo hace para saber tantas cosas, nos enseña que hay dos básicas interpretaciones de la ley del karma. La primera, la más común, es la que se refiere a la ley de causa y efecto. Para decirlo de forma casera, la ley consiste en que si en esta vida agarraste a patadas en el trasero a tu hijo, en la próxima vida habrá alguien que te va a agarrar a patadas en el trasero a ti. Es una teoría, de un lado, ingenuamente consoladora, porque te lleva a pensar que los que te lastiman, aun si continúan viviendo respetados por todos, en casas bellísimas y forrados de lana, tarde o temprano van a pagar por lo que te hicieron, restableciendo de esta forma el equilibrio de una justicia divina en la cual nos obstinamos a creer; del otro funciona como una disuasión para una humanidad infantil que, creyendo en la amenaza de esta pena futura de la cual no puede escabullirse, limita los crímenes que podría cometer en la vida presente. La lógica es muy similar a la de paraíso, purgatorio e infierno, sólo que aquí toma la forma de una especie de Banco del karma: un instituto de crédito donde el contador de Dios, un güey con panza, poco pelo y unas gafas de fondo de botella, sentado sobre una nube cuadrada (que los ángeles usan como lugar de encuentro llamándolo la "esquina del karma"), toma nota de nuestras acciones sobre un librote grande, grande, donde están todos nuestros nombres; señalando en rojo, en la columna de las deudas, todas nuestras malas acciones, y en azul, en los créditos, las buenas. Y al final te manda el estado de cuenta con el saldo, que generalmente es en rojo, que, según las idioteces en las cuales crees, te condena o a reencarnarte en cualquier especie de animal infeliz o a eones de purgatorio o a las flamas eternas del infierno o al perenne aire acondicionado del paraíso... que para uno que sufre de reumatismos se vuelve de cualquier forma un pinche infierno.

La segunda interpretación, más cercana al pragmatismo de Pancho López, considera el karma como el destino que el ser humano es condenado a vivir hasta cuando no consigue el pleno despertar de su conciencia. En otros términos, te condena a reencarnarte dando eternamente la vuelta a la rueda del *samsara*, no para descontrar tus acciones malas y gozar de las acciones buenas que cumpliste en la vida pasada, sino por el simple hecho de que eres inconsciente de la grande ilusión que es la vida...

¿Qué demonios es el samsara? No hay problema, Pancho López lo sabe todo. El samsara es el continuado ciclo de muerte y renacimiento en el mundo ilusorio de la ignorancia. Budistas, hinduistas y gianistas consideran *maya* (ilusión) la vida que vivimos cuando estamos entrampados en la rueda del samsara, porque, exactamente por el efecto del sueño de nuestra conciencia, no podemos reconocer la naturaleza divina de la vida, que es la verdadera realidad. Prácticamente el samsara, este ciclo de muerte y renacimiento, es como una pesadilla en la cual estás atrapado y de la cual puedes salir sólo si despiertas... o, como dicen por allí, si te iluminas.

Hasta cuando tu conciencia no se despierta, estás condenado a crear y acumular karma con cualquier acción cumplida, no importa que sea buena o mala, porque el universo no es moral y no distingue entre una y otra. Para el universo, o para Dios, no existe la distinción entre malo y bueno, existe sólo la diferencia entre consciente e inconsciente.

Lo que hace la diferencia a los ojos de Dios (o para la existencia) es si tus acciones son el resultado de la plena luz de tu conciencia o de la ceguera de tu ignorancia. Cualquier acción consciente, hasta la más aparentemente torpe, si es hecha por un Buda es virtuosa, y todas las acciones cumplidas por un ser inconsciente, hasta las más aparentemente buenas, son blasfemas, por el simple hecho de que el autor actúa como en un estado de sonambulismo, y no puedes juzgar las acciones de un sonámbulo como acciones buenas o acciones malas, porque pertenecen a otra categoría: las acciones inconscientes. Y como no puedes condenar a un sonámbulo si en la noche va a mear en el refrigerador, de la misma forma no lo puedes premiar si inconscientemente, mientras tú duermes, te riega las plantas en el jardín.

Pero, aun si no podemos juzgar las acciones de un sonámbulo, sus acciones inconscientes de cualquier forma crean consecuencias, porque interfieren con el orden universal. Lo mismo vale por las acciones de nosotros comunes mortales. Por el hecho de que somos inconscientes e inocentes como sonámbulos, nuestras acciones, de cualquier tipo que sean, producen consecuencias y, por lo tanto, producen karma. Sólo las acciones de un iluminado no crean karma, porque son puras, son incontaminadas de las neblinas del ego. Cuando un iluminado actúa, dado que está completamente fundido con el universo, es como si el universo mismo estuviera actuando, por eso no produce karma, no está separado, no tiene ego. Y una de las formas para salir de la ignorancia metafísica que te hace creer que estás separado del todo, creando esta ilusión que llamamos ego, es justamente la totalidad: ser total en lo que haces.

La totalidad funde el sujeto que actúa con la acción que está siendo actuada; el *uno* se funde con el *todo*. No hay cosa que haga un maestro que no sea total como es el sol que nos calienta, una hoja que nace sobre una rama, dos golondrinas que preparan su nido, o como la gota que gotea desde la pinche llave que alguien no cerró bien. Todo es total, un maestro no hace diferencia entre acciones grandes y pequeñas, para él todo es sagrado, porque ha despertado a la gloria de Dios. Un Buda, un Jesús, un Lao Tse pelan una naranja con la misma intensidad con la cual dirigirían una sinfonía. Tal como Pancho López saborea un refresco de Mirinda con la misma intensidad con la cual paladea el más fino tequila, o que se modela con las tijeras los bigotes, como si estuviera esculpiendo la piedad de Miguel Ángel. La totalidad es un ingrediente indispensable en el camino hacia la liberación del espíritu.

Cuando éramos niños éramos totalmente totales. Pero la educación que recibimos es tan de hueva, que nos volvimos de hueva nosotros también, y aprendimos a hacer las cosas así porque sí.

Cuando entrampas en los pupitres unos pequeños volcanes de energía e inteligencia para enseñarles en cinco horas lo que ellos podrían aprender en cinco minutos, es inevitable que los colores brillantes de su naturaleza despacito se empiecen a confundir con las tintas desteñidas de la mediocridad. Es también por esto que acumulamos karma.

Cuando no eres total en lo que haces, creas una tremenda necesidad cósmica de terminar las acciones que no has terminado a causa de tu tibia entrega en la vida.

En el universo todo es total. No hay perro, buganvilia, río, tormenta o llovizna que no sea total en su expresión. El ser humano es el único que ahorra, es el único que se olvida de manifestar la devoción hacia Dios con la totalidad de su entrega. Y de hecho, trabajamos a medias, amamos a medias, jugamos a medias, nos relajamos a medias… Y la palabra *media* tiene la misma raíz de la palabra *mediocre*. Vivir a medias significa vivir mediocremente. No es importante lo que haces, lo importante es cómo lo haces.

El universo no concibe esta idea de la mediocridad. El ser humano es el único ser capaz de reducirse a una criatura mediocre. Pero, como él también es parte de un universo, que conoce sólo el lenguaje de la totalidad, en lo profundo percibe la inconsolable sensación de desperdiciar su vida. Y cuando mueres, esta sensación no es sólo una sospecha, sino que se vuelve una horrible certeza que grita sin piedad desde los rincones más recónditos del universo hasta ti; al punto de que (si es verdad lo que dicen por allí) no acabas de morir cuando la urgencia de reencarnarte para completar lo que dejaste a medias te lleva a no tener el aplomo necesario para elegir un lugar apto para reencarnarte, y las primeras dos pinches cucarachas que están cogiendo… ¡pluf!, te precipitas como loco a ocupar la matriz de la señora cucaracha, para regresar lo más pronto posible a este mundo. Y cuidado porque hay un chingo de estos pinches animalitos que se la pasan cogiendo todo el tiempo, por lo tanto mientras más vivas sin intensidad más prisa vas a tener por reencarnarte y más probable será que te reencarnes en una pinche rata.

Por lo tanto cuando sientas que hay algo que te impide involucrarte completamente en lo que haces, reza: ¡A la Chingada! ¡A la Chingada! ¡A la Chingada!, y lánzate de cabeza en lo que estás haciendo. Si tu mente política trata de dirigir tu energía quitándote espontaneidad y totalidad, reza: ¡A la Chingada! ¡A la Chingada! ¡A la Chingada!, y actúa confiando ciegamente en el instinto que Diosito te ha regalado. ¡No vivas eligiendo cobardamente tus acciones en función de sus consecuencias! No vivas como un licenciado. Aun si eres un perfecto licenciado, reza: ¡A la Chingada! ¡A la Chingada! ¡A la Chingada!, y tu espina dorsal se volverá fuerte como el acero, tus músculos se irrigarán de sangre caliente y todo tu cuerpo vibrará recordándote que aun si haces el licenciado en la realidad eres un héroe del espacio sideral. No renuncies a la gloria de Dios, reza: ¡A la Chingada! ¡A la Chingada! ¡A la Chingada! No esperes a reencarnarte en un piojo o una garrapata, aprovecha ahora y reza: ¡A la Chingada! ¡A la Chingada! ¡A la Chingada!, y mientras un antiguo entusiasmo empiece a correr por tus venas, serás poseído por las irresistibles ganas de exponer sin vacilaciones tu pecho desnudo a los vientos cambiantes de la aventura.

El santo coraje

Los alcances del multifacético mantra ¡A la Chingada! son increíbles. Esta mágica fórmula de liberación del espíritu no sólo cumple con su misión más típicamente espiritual de purificarte de tus pecados, no sólo es capaz de liberar tu energía reprimida para restituirte la preciosa armonía interior, sino cumple también con la función de realizar la hermandad universal.

Muchos de los problemas que los humanos encuentran tienen origen en la represión del coraje. Es aquí donde el Santo Mantra de la Purificación se vuelve un antídoto extremadamente importante para la vida de este planeta. Las guerra, el egoísmo humano… y hasta muchas enfermedades físicas tienen origen en el coraje reprimido. Si definimos la culpa un veneno de la conciencia, el coraje reprimido es un cáncer del alma.

Pero gracias a la compasión de Pancho López, que nos revela los secretos de la sabiduría mexicana, pronto el mundo va a ser liberado de esta maldición que los humanos guardan y cultivan dentro de ellos mismos sin darse cuenta. Rezando todos los días ¡A la Chingada! ¡A la Chingada! ¡A la Chingada! podrás liberarte de tus experiencias negativas sin tener que llevarte toda tu vida el rencor por las ofensas sufridas, ahogándote sin esperanza en el amargo charco del coraje.

El coraje es un sentimiento muy reprimido por la sociedad. De hecho, viviendo en México, recordé algo que había aprendido en el catecismo y que se me había olvidado. "Afortunadamente", aquí en México el catecismo lo tienen bien vivo sobre las puntas de los dedos, y así lo recordé. Cuidado, muchachos, la ira es un pecado capital; si te encabronas, según el código penal del juicio universal, te vas derechito al infierno eterno sin pi ni pa.

Imagínate la impresión que puede producir en un niño la amenaza de irse al infierno con todos estos diablos pervertidos que te hacen cosas estilo sadomaso. Las imágenes del infierno son capaces de congelar la energía incluso del niño más bravo. Y si las amenazas del mundo del más allá no te espantan bastante, como ya vimos, se las arreglan con las amenazas del mundo del más acá: castigos, prohibiciones, chantajes… Y si no bastan: pellizcos, cachetadas, cocolazos, patadas, cerillazos, cinturonazos, palazos y otras formas creativas de ser criminales.

En realidad el coraje no es una energía mala, al contrario. El coraje es una energía buenísima. Es mala cuando está reprimida y sale de forma inconsciente; pero, cuando la cabalgas conscientemente, es un tigre que en ocasiones te puede hasta salvar la vida. Gracias al coraje puedes proteger a tus seres queridos, defender tu verdad, salvar tu dignidad y meter a salvo tu integridad de los ataques del mundo exterior.

Además, cuando te sientes encabronado como una bestia, te sientes bien chingón. Nunca te sientes tan fuerte, rápido, ocurrente, caliente y apasionado como cuando estás en un ataque de coraje.

Hay gente que para sentir esta orgásmica sensación, el domingo va en grupo al estadio para poder agarrarse a madrazos con otro grupo de gente que, sólo porque tiene una playera de un color diferente a la suya, merece ser odiada. No importa la motivación, lo importante es vivir el éxtasis del coraje.

El coraje es lo que permitió a los indios de Norteamérica, y a otros del sur, no someterse a la esclavitud de los europeos. Por esto los mataron a todos…

¡La humanidad es fantástica! Hasta hace un par de siglos ganaron dinero matando a casi todos los nativos americanos, destruyendo unas culturas y unas tradiciones milenarias, y ahora ganan dinero cuidando como reliquias a los pocos que se les quedaron vivos, vendiéndolos como atracción turística con lo que queda de sus pintorescas tradiciones.

Sé que algunos me van a decir: ¿Pero cómo, hasta ahora nos hablaste mal de las tradiciones y ahora te escandalizas porque los europeos hicieron un poco de limpieza destruyendo unas docenas de ellas y matando a unos millones de salvajes?

Yo critico las tradiciones cuando representan un obstáculo para la evolución humana y el advenimiento de lo nuevo. En este caso declaro guerra a todo campo. Pero cuando las tradiciones se proponen como trampolín para brincar a eso "nuevo", a lo desconocido, al contrario, reverencio a las tradiciones, agradezco el trabajo de los padres y me despido con respeto. Las tradiciones no tienen que ser seguidas, sino digeridas. Y precisamente como cuando comes algo, lo que hay de bueno se vuelve parte de ti y lo que no te sirve lo descargas en el escusado, y amén.

Pero regresemos al coraje. ¿Dónde nos quedamos? Ah, sí… el coraje te da la energía que te sirve para defender tu dignidad, tu integridad, tu libertad   El coraje te permite no volverte un esclavo. ¿Entendieron ahora por qué lo pusieron como pecado capital?

Pero el niño no sabe todas estas cosas; el niño simplemente sigue lo que le viene natural. Diosito le ha regalado el coraje para defender su verdad y sus derechos. Y él lo usa.

¿Pero qué pasa cuando, para usar este don que Diosito le ha dado para defenderse, confiado, expone su pecho tierno a los vientos gélidos del poder?

Pongamos un ejemplo.

Imaginemos un niño que siente el impulso más básico y natural del mundo: el apetito.

El niño está por su cuenta jugando con sus importantísimas pendejaditas y en cierto momento siente la sensación del apetito. "¡Guau! ¡Qué sensación chingona!", piensa. Todo el cuerpo está abierto y receptivo al recuerdo delicioso de la sensación de comer. Todo el cuerpo se prepara para la fiesta que se genera cuando el olor de la comida llega al olfato y cuando, un momento después, su contacto cálido activa las papilas de la lengua, el sabor se esparce por toda la boca y la garganta, y mientras los dientes efectúan su rudo ritual con el bocado, sensaciones de placer se irradian por todas partes generando en el cuerpo una especie de sutil melodía.

El niño, siempre en su dimensión de natural confianza hacia la vida, deja sus juguetes y se dirige hacia el mundo de los adultos pensando: "¡Qué chido este Diosito que ha sido tan compasivo de embellecer una necesidad del cuerpo con la perla del apetito!"

—Amigos de la familia —empieza usando el poco vocabulario que la edad le permite—, tengo una buena noticia para ustedes: ¡tengo hambre!

Con sorpresa el niño se da cuenta que nadie lo pela. Entonces intenta conquistar la atención esforzando un poco la voz y terminando la frase cantando:

—Disculpen, amigos de la familia… ¿No me escucharon? ¡Tengo hambreeee-ee!

También este intento cae tristemente en la nada. Todos parecen muy ocupados en cosas importantes. "Tengo que hacer algo antes que la situación empeore —piensa el niño—. Diosito nos regaló la perla del apetito, pero nos condenó a la astilla del hambre." Y así el niño, un poco preocupado, intenta con una idea creativa: "ahora se las pongo en música".

—Tengo ham-bre… tengo ham-bre… tengo ham-bre… tengo ham-bre… tengo ham-bre… tengo ham-bre…

También el intento musical cae en el vacío. La situación se hace grave. El niño se da cuenta que todos los de la familia están ocupados con algo mucho más importante que su hambre: "¡Puta madre, la situación está difícil! Papá está leyendo el periódico por segunda vez, mamá está mirando el episodio cuatromilseiscientoscuarentaitrés de la telenovela, mi hermano Archibaldo (¡qué nombre de la chingada!) está jugando el nivel milquinientosochenta de 'Masacre en Miami' con su play station, mi hermana Eva-Samantha (un nombre, un destino) desde la semana pasada está hablando por teléfono 'de cosas importantísimas' con una amiga… ¡Puta madre, si aquí nadie me escucha estoy en riesgo de morir!"

Y así sube sobre una silla para volverse alto al menos como el hermano y, marcando el compás con una cuchara de palo sobre la mesa, agrega una base de percusiones a su petición musical:

—¡Tengo ham-bre! ¡Bum…! ¡Tengo ham-bre! ¡Bum…! ¡Tengo ham-bre! ¡Bum…! ¡Tengo ham-bre! ¡Bum…! ¡Tengo ham-bre! Bum…!

Tampoco esto parece sacudir a la familia de su embotamiento. En el ínter su cuerpo empieza a sentirse raro, el hambre empieza a morderle el estómago con sus dientes afilados, y hasta la cabeza empieza a sentirla vacía. Ahora es una cuestión de vida o de muerte. Así, el niño, sin pensarlo dos veces, sube con determinación sobre la mesa y empieza a tirar por el aire todo lo que encuentra, como un pequeño energúmeno fuera de control por el diabólico efecto de una mezcla de alcohol y coca:

—¡Hijos de la chingada! ¿Me quieren dejar morir? —grita con toda la voz que tiene en el cuerpo—. ¿No entienden que tengo hambre? ¡Me tienen hasta la madre con sus pinches periódicos, telenovelas, videojuegos e interminables, inutilísimas charlas telefónicas! ¡¡¿No entienden que yo soy chiquito y no soy capaz de prepararme unos chilaquilitos con huevos o una quesadillita y que ni alcanzo a la estufa?!! ¡Yo los voy a demandar a todos por descuido de menor, malditos perros desquiciados! ¡Yo los odio a todos! ¿Por qué me invitaron a este pinche mundo si no tienen tiempo para mí? ¡¡¿Me invitaron para dejarme morir de hambre…?!!

Míralo, un niño enojado que pelea por su vida. ¡Es un espectáculo fantástico! Míralo, con el cuerpo todo vibrante, con la cara roja de energía, con los ojos vivos como chispas de fuego, sin la menor sombra de duda o de miedo, todo entregado a la causa de su verdad. Todo burbujea en él. En sus movimientos y en su voz hay la misma potencia y la misma belleza que puedes percibir en la repentina erupción de un volcán: la belleza y la potencia de Dios. Cuando un niño se expresa de esta forma tendría que ser premiado, no castigado. Tendríamos que decirle: ¡Bravo! Así se hace. Ésta es la forma de defender tus derechos, esto es lo que necesitas para guardar tu dignidad, ésta es la forma de defenderte de los abusos y de las injusticias. Si continúas así, nadie podrá humiliarte, no te prostituirás por dependencia o miedo, y podrás mantener toda la vida el respeto de ti mismo.

Aun cuando el niño no puede entender las razones de los adultos, y pelea por algo absurdo, tendría de cualquier forma que ser premiado por su coraje. Aun si ha equivocado el contexto de su petición, de todos modos la forma es correcta, la entrega es correcta, la energía es correcta. Un día, con el tiempo y las pacientes explicaciones de los adultos, va a entender y aprenderá a aceptar de forma madura las cosas de la vida.

¿Pero qué pasa en la realidad?

Cuando estás en la plena expresión de tu poder divino, rompiendo todo, blandiendo orgullosamente la cuchara de palo como si fuera una arma medieval, llega un cabrón o una cabrona que pesa seis o siete veces lo que pesas tú (cosa que en el boxeo nunca sería permitida) y te grita mirándote con ojos de asesino y manoteando amenazador con dos cosas que, en proporción a su cara, más que manos parecen raquetas de tenis:

—¡Hey, malcriado! ¡Si no te paras inmediatamente te voy a dar una cachetada que dentro de veinte años te vas a ir a terapia con Dayal para sanarte el trauma!

Al pobre niño, sólo al escuchar el nombre de Dayal, se le congela la sangre. Y no es sólo por esto; lo que lo preocupa es esa pinche raqueta lista para el servicio. Nunca le gustó el tenis, especialmente cuando él es la pelota... "Y además —piensa el niño— es peligroso meterse con esta banda de locos que hacen todas estas cosas raras: te dicen una cosa y hacen otra, después te dicen lo contrario y hacen lo contrario de lo contrario, se pelean entre ellos pero dicen que se aman, y uno azota la puerta y la otra llora y lo maldice... ¿Quién confía en esta gente? Y también esta raqueta:

¡es del doble de mi cabeza! Si fuera de ping pong se podría todavía discutir, pero con una raqueta de este tamaño... si este hijo de la chingada se siente inspirado me acomoda una raquetada que puede hasta despegarme la cabeza del cuello... A veces se lee en los periódicos que hay niños que mueren de accidentes domésticos en circunstancias sospechosas..."

¿Qué puede hacer el pobre niño? La única posibilidad que tiene es congelar su energía vital y bloquear todo. Todo este volcán de energía, que estaba disponible para su función natural, defenderse de un ataque exterior, tiene que detenerse inmediatamente. Todo el calor se congela, su cuerpo suelto y vigoroso se vuelve tenso e impotente, la pasión de sus ojos se vuelve odio frío, su coraje se convierte en deseo de venganza, y el orgullo se vuelve humillación.

Esto pasa a menudo en la vida de un niño, esto ha pasado en la vida de casi todos nosotros. A veces de forma menos brutal, a veces de forma mucho más brutal, y por los amantes de la estética, también de forma más refinada. De hecho hay "Alquimistas del Plomo" que tienen métodos más "elegantes", pero igualmente eficaces, que provocan más o menos los mismos daños a nivel energético: rompen tu resistencia ignorándote, haciéndose las víctimas, burlándose de ti o comprándote... induciéndote al mismo resultado: enfriar tu energía, tragar tu enojo y fingir una bella sonrisa de político. Sientes que quieres explotar de coraje y matar, pero no puedes: es peligroso... o injusto hacia un papá o una mamá tan "buenos" (lees: manipulador). Así tu cuerpo desarrolla bloqueos energéticos y tensiones, para sofocar el enojo y no incurrir en las dolorosas consecuencias de tu santa rebelión.

En la escuela nos enseñan que en el mundo nada se crea y nada se destruye. Esto es verdadero para tu coraje también. El hecho que tú te las arreglas para esconderlo de los demás, y con la práctica y el tiempo te las arreglas para esconderlo hasta de ti mismo, no significa que el coraje desaparece. El coraje se esconde y empieza a podrirse en tu inconsciente. Y por mucho que tú puedas estar acostumbrado a reprimirlo, tarde o temprano estás destinado a fallar en este intento.

Reprimir es antinatural. En la naturaleza nada es reprimido. La represión no es una palabra que Dios conozca. Como vimos, Dios puede tener muchos defectos, pero no tiene ese. Nada en la naturaleza se reprime. El ser humano es el único que se reprime. Por esto se vuelve neurótico, por esto pierde el contacto con Dios.

¿Pero por cuánto tiempo puedes reprimir?

Como ya dije, reprimir es antinatural, y tú no puedes hacer algo antinatural por mucho tiempo. Tu cultura, tu educación y tu voluntad no pueden ser más fuertes que la naturaleza. Tú no puedes ser más fuerte que Dios. ¿Por cuánto tiempo puedes controlarte? Tarde o temprano pierdes el control y explotas cuando menos te lo esperas, haciendo unas pendejadas de las cuales puedes arrepentirte y avergonzarte por toda la vida. Y generalmente explotas encima de gente inocente que no tiene nada que ver con toda la basura que le tiras encima.

Por esto es tan importante practicar el mantra mexicano ¡A la Chingada! No sólo es útil para restablecer una paz interior, sino que es bueno también para no crear problemas y ensuciar el mundo con tus frustraciones.

¡A la Chingada!, también conocido como el Mantra de la Paz, es la verdadera esperanza para la realización de un mundo mejor. De hecho, a Pancho López le querían dar el premio Nobel, pero dado que le daba hueva ir hasta Suecia para recogerlo, se lo dieron al Dalai Lama.

Enciérrate en un lugar protegido, respira profundo, y moviendo el cuerpo, golpeando un cojín, pateando, suelta todas tus tensiones rezando: ¡A la Chingada! ¡A la Chingada! ¡A la Chingada!

Nuestras frustraciones y nuestros traumas son una cosa privada, no se tienen que cobrar a nuestras parejas, a nuestros hijos y nuestros colegas y vecinos. Ahora que Pancho López nos está revelando sus misterios gloriosos, ¡aprovechemos! Basta de tirar nuestra basura sobre los demás. Reza: ¡A la Chingada! ¡A la Chingada! ¡A la Chingada! con pasión religiosa, sin involucrar a nadie; en la intimidad de un encuentro privado entre tú y Dios... O también pueden reunirse con otros religiosos encerrándose en un lugar seguro y ayudándose, con gran compasión, a purificarse mandándose a chingar a su madre uno al otro. Es muy saludable y también tremendamente divertido. "Y no te sientas mal por chingarte la madre de alguien —nos tranquiliza Pancho López—, porque hay siempre alguien que se está chingando la tuya. En la existencia todo está en un equilibrio perfecto."

¡A la Chingada!, el Mantra de la Purificación, también llamado el Santo Mantra de la Paz, es especialmente recomendado a los que tienen poder sobre los demás. Porque ellos pueden hacer mucho más daño al mundo respecto de una persona común.

Como ya vimos, si tú no tienes ningún poder, lo peor que puedes hacer es chingarte a tus hijos y tu pareja. Pero si tienes una empresa, por ejemplo, puedes joderte a un chingo de familias. Y si eres el presidente de un Estado poderoso... ¡Allí puedes verdaderamente divertirte! Construyes bombas, misiles, minas... cargas aviones, portaaviones, tanques, barcos, barquitos, camionetas, vendas, curitas... adiestras soldados, cargas ametralladoras, doblas paracaídas, despliegas banderas, armas marineros... invitas periodistas, opinionistas, analistas, gente que no sabe qué hacer, radio, televisión, misiones humanitarias, bailarinas, enfermeras, putas, damas de la Cruz Roja... y te vas todo contento de viaje a cualquier parte del mundo, a chingarte gente que no tiene nada que ver contigo y tu coraje.

Pueden entender ahora el porqué de la importancia de este Santo Mantra de la Paz ¡A la Chingada!

Si este mantra fuera practicado a nivel mundial, en el lapso de dos generaciones la guerra desaparecería del planeta.

México, en cuanto guardián de este preciosísimo secreto, tiene la responsabilidad moral de compartir el mantra mexicano ¡A la Chingada! con todo el mundo. Un obra misionera es necesaria. Se tiene que crear la OMC: Organización Mundial de la Chingada. México tiene mucho que compartir con el mundo, mucho. La India comparada con México se queda cortita. La humanidad entera tiene que ser despertada a la compasión del mantra ¡A la Chingada! Todos tendrían que practicarlo al menos diez minutos cada día. Y cada año toda la humanidad tendría que dedicar un día a unirse fraternamente para festejar "El día de la Chingada".

¡No es Mi Pedo!
El mantra de la Desidentificación

¡No es Mi Pedo!, también conocido como Mantra del Diamante, es la espada filosa con la cual vamos a cortar definitivamente las neblinas de la inconsciencia, que no nos permiten ver el rostro de Dios en su esplendor.

El filo de esta última arma que empuñaremos contra las tinieblas de la ignorancia es tan fino que unos de ustedes podrían incluso tener dificultad para verlo. De hecho la materia en la que Pancho López nos va a introducir es refinada al punto que su significado podría quedarse oscuro. Si así es, deja momentáneamente el libro y no te preocupes; la práctica de los primeros dos mantras te dará material suficiente para mantenerte entretenido por un rato. Y cuando te sientas listo toma el libro otra vez para intentar hacer tuyo este último extraordinario instrumento de despertar de la conciencia que es el mantra No es Mi Pedo. Y si también en ese entonces no lo entiendes ni madres, regala el libro a alguien a quien quieres hacerle un despecho, o hazte una cura de fósforo, o busca a alguien que te lo explique.

Una vez hecha esta pequeña nota, podemos empezar con ponernos la pregunta que nos abrirá el camino a la suprema comprensión de este misterio glorioso: ¿Qué cosa significa *buscar a Dios*?

¿Quién demonios es Dios?

Si tomamos a la letra la expresión "búsqueda de Dios", es inevitable caer en la trampa que ha determinado problemas muy graves y muchos retrasos en el desarrollo espiritual de la humanidad.

¿Por qué? Porque la idea de "buscar a Dios" te da la impresión de que tú tienes que buscar algo que no eres tú y que está fuera de ti, con la esperanza de que un día finalmente lo vas a encontrar y podrás apretarle la mano diciéndole: "¡Hijo de tu madre! ¿Dónde te habías escondido? Te busqué por todas partes". Por esto te encuentras que a cada rato levantas los ojos al cielo y hablas con Él, esperando una respuesta que, a menos que no estés bajo el efecto de drogas o estés alucinando, nunca llega. Es obvio que Dios no puede estar en un lugar específico y no en todos los demás, y más que todo: ¡¡¡Dios no puede estar fuera de ti!!!, nos está gritando Pancho López.

Vamos, ¿¡cómo podemos no darle la razón!? Si Dios es omnipresente y omnicomprensivo, ¿cómo puede el ser humano ser excluido de su omnicomprensividad? Si el cielo, las plantas, los animales, el agua, la tierra son parte de Dios, obviamente también el ser humano es parte de Dios. Entonces la idea de buscar fuera de ti algo de lo cual tú eres parte es absurda. ¿Por qué alejarse para buscar algo que está dentro de ti?

Hay una historia bonita de la mística sufí Rabya Al Basri.

Un día Rabya iba por la calle mirando al piso como si estuviera buscando algo muy pequeño. Siendo ella una mujer muy respetada y reconocida como maestra, unos conocidos se acercaron para preguntarle qué estaba buscando.

—Perdí una aguja.

En el lapso de poco tiempo un montón de gente estaba agachada buscando la aguja de Rabya. Después de un buen rato alguien le preguntó:

—Rabya, ¿tienes de casualidad una remota idea de dónde puedes haberla perdido?

Rabya inocentemente contestó:

—La perdí en mi casa.

"¿En tu casa? ¡Pinche vieja loca! ¿Y tú haces perder todo este tiempo a toda esta gente que tiene un chingo de cosas importantes que atender, buscando en la calle lo que perdiste en la casa?" Esto es lo que el pobre güey pensó y que no tuvo el valor de decir. Al final tenía mucho respeto para la anciana señora que, además, tenía un carácter impredecible del cual nunca se podían imaginar las reacciones. Por lo tanto, conteniendo la irritación, templó sus palabras y dijo:

—Disculpa, Rabya, ¿si la has perdido en la casa, por qué la estás buscando en la calle?

—Porque en la casa está oscuro y aquí fuera hay un poco de luz.

"¡Oh, Dios mío —pensó el señor—, a la pinche vieja se le fulminó el cerebro!", y un poco menos templado le dijo:

—¡Putísima madre, Rabya! Pero disculpa, ¿si la aguja la perdiste dentro casa, cómo piensas que podemos encontrarla en la calle?

—¡Ah! ¿Esto lo entiendes, cabrón? —le dijo Rabya mirándolo derechito en los ojos de una forma que daba miedo. ¿Y por qué entonces cuando yo te digo que no busques afuera lo que perdiste adentro, tú no entiendes ni madres?

Los místicos no te explican la verdad por conceptos. Al contrario, te indican la verdad creando una situación en la que tú puedas tener una experiencia directa de ella.

Por esto los maestros parecen todos un poco excéntricos, y a veces te ponen en unas situaciones que te dan ganas de matarlos a palazos.

Pero tenemos que entender su dificultad. Ellos saben algo que no te pueden decir directamente, porque las palabras y tu mente lógica no son los instrumentos aptos para tener una experiencia de la verdad. Por esto tienen que inventarse mil y una diabluras.

La verdad no puede ser expresada a través de la lógica, sino a través de la poesía. Ningún tratado ha sido capaz de dar una definición de la verdad, pero muchos místicos, con sus excentricidades, la han transmitido de corazón a corazón a miles de discípulos, y por generaciones.

La lógica funciona perfectamente para lidiar con problemas matemáticos, pero no con la búsqueda de la verdad, no con la búsqueda de Dios. La búsqueda de la verdad tiene mucho más que ver con la poesía que con las matemáticas. La realización de la verdad es el efecto de una imprevista intuición y no el resultado de un proceso lógico. El intelecto sirve para moverse en el territorio de *lo conocido*, la intuición, al contrario, es el instrumento para penetrar el mundo de *lo desconocido.*

La lógica te lleva inevitablemente a identificar la verdad en una "tesis" (lógica) que se contrapone a una "antítesis" (lógica ella también): si la verdad es "blanco", el "negro" no es la verdad. ¿Pero cómo puedes pensar que algo esté excluido de la verdad? ¿Cómo puedes pensar que Dios esté contenido en la "tesis" y excluido de la "antítesis"? ¿Que esté contenido en el blanco y no en el negro?

Desafortunadamente para la gente lógica, Dios no es lógico, es paradójico. La vida no es lógica, es paradójica. Dios, o la vida, según como quieras llamarlo, incluye todo: la "tesis" y la "antítesis", blanco y negro, bien y mal, paraíso e infierno, Tom y Jerry, Viruta y Capulina… Todo está incluido en Dios. ¿Cómo puedes pensar que haya algo que viva fuera de Dios, fuera de la verdad?

La lógica es el lenguaje de los filósofos, de los matemáticos, pero no es el lenguaje de Dios. El lenguaje de Dios es la poesía.

Dios pertenece al misterio, a la incognoscible; y todo lo que pertenece a Él es imposible expresarlo con la lógica. Ésta es la dificultad que tienen Jesús, Buda, Lao Tse y Pancho López...

¿Puedes explicar en prosa lo que es el amor? Imposible. El amor no puede ser explicado, sólo se provoca, porque el amor es una expresión directa del mismo misterio de la vida al cual pertenece Dios. Por esto los que quisieron comunicar algo del amor han escrito poesías, han compuesto música, han pintado cuadros, han creado un Taj Mahal, han danzado, han cantado...

Ningún filósofo ha sido capaz de describir exactamente el amor, pero cualquier hombre o mujer sensible y sin cultura que tuvo el atrevimiento de adentrarse en el territorio inseguro del amor, tuvo la perfecta y absoluta percepción de qué cosa es... aun si no puede explicarlo. Lo puedes percibir por la forma en la que camina, habla, sonríe... pero nada más de esto.

Es el mismo caso con Dios. Dios no puede ser explicado, Dios puede sólo ser provocado. Puedes vivir la experiencia de Dios, pero no puedes conocerlo directamente. La verdad no puede ser escrita en un libro, puede sólo ser intuida a través de una canción.

De hecho ningún maestro ha escrito nada. Jesús no escribió libros, Buda no escribió libros, ni escribieron libros o tratados Bodhidharma, Sócrates, Chuang Tzu, Mahavira y menos que nadie Pancho López, que ni siquiera sabe escribir. Puedes encontrar un San Francisco o un Mahoma que te dejan una poesía, pero no un tratado. El único que ha escrito algo ha sido Lao Tse. Pero él fue forzado a escribir el Tao Te Ching, por orden del emperador, antes que saliera del país llevándose consigo los secretos de la sabiduría que brotaba de todas sus palabras y acciones. Pero el Tao Te Ching empieza diciendo:

El Tao que puede ser dicho
No es el eterno Tao.
El nombre que puede ser nombrado
No es el eterno nombre.

Que significa más o menos: lo que estoy escribiendo no es la verdad, porque la verdad no puede ser dicha así como es y no tiene un nombre.

Dios es una experiencia que puede ser vivida, no entendida. Puede ser provocada, pero no enseñada. Está hecha de poesía y no de prosa, de imágenes y no de conceptos, de metáfora y no de historia, de paradoja y no de lógica. La misma palabra *Dios* es una forma poética para indicar algo que no se puede nombrar.

Entonces dejemos de un lado la expresión "búsqueda de Dios", que arriesga llevarnos al peligroso entendimiento de buscar fuera de nosotros, y escuchemos el consejo de Rabya: miremos adentro. Sustituyamos por un rato la expresión "búsqueda de Dios" con la, un poquito más sofisticada, de "búsqueda de ti mismo". Las dos expresiones son, en sustancia, la misma cosa porque tú eres parte de Él y Él es parte de ti. Por lo tanto si tú sabes quién eres tú, lo habrás conocido a Él también.

¿Quién demonios soy yo?

La pregunta correcta para ponerse en la búsqueda de la verdad es: ¿"Quién soy yo?" Pero si tú eres un verdadero buscador y no un intelectual a la busca de una nueva forma con la cual jugar con el juguete del intelecto, si eres animado por una verdadera pasión religiosa, si sientes todo tu ser comprimido de una pulsión febril hacia la verdad, si tu deseo por Dios es como la desgarradora sed de un explorador perdido en el desierto, la forma correcta de poner esta pregunta es la que nos indica Pancho López en su sanguina pasión: "¿Quién chingados soy yo?"

Esta pregunta es el alfa y omega de la búsqueda espiritual, el principio y el fin de este viaje en el interior de ti mismo, a la búsqueda de tu verdadera esencia.

Ramana Maharshi, otro maestro como Pancho López, sólo que él era hindú e iba con chanclas, basó toda su enseñanza en "torturar" a sus discípulos con esta simple pregunta: "¿Quién soy yo?"

La búsqueda espiritual no es buscar un Dios con unas connotaciones particulares, según los libros que consideras sagrados. Es obvio para cualquier persona inteligente o intelectualmente honesta que cualquier definición de Dios es arbitraria y, las más de las veces, infantil.

Unos te dicen que Dios tiene la barba blanca, otros que tiene gafas y bigotes, unos te dicen que va descalzo y otros le ponen botas, otros te lo pintan como un elefante y otros como un tlacuache plateado… hay quien dice que va a caballo, otros dicen que va en motocicleta, o dicen que vive en el cielo, hay quién lo busca en los bosques, quien en el océano. Es obvio que todas éstas son simplemente proyecciones de fantasías colectivas que gente de diferentes partes del mundo ha creado en función de sus creencias.

La búsqueda espiritual consiste simplemente en descubrir en ti mismo el rostro de Dios; descubrir cuál era el proyecto que la existencia tenía sobre ti, antes que la sociedad te programara a su antojo, y llevarlo a la luz. La espiritualidad no tiene nada que ver con las varias religiones y con ser parte de un rebaño, una vaquería o de otra manada. Al contrario, la espiritualidad es un recorrido individual para bestias solitarias; un recorrido que requiere mucha entrega, responsabilidad, valor y espíritu de aventura; un recorrido que dura hasta que todas las contaminaciones de las ideas heredadas hayan desaparecido, dejándote otra vez limpio, libre e inocente.

"¿Quién soy yo?" es la pregunta fundamental en la búsqueda de tu realización humana, porque ya vimos que, a menos que tú encuentres quién eres, y vivas en función de lo que eres y no de lo que los demás quieren que tú seas, tu vida es simplemente un desperdicio.

¿Pero qué cosa nos impide saber simplemente quiénes somos y vivir tranquilamente nuestra vida?

La trampa más insidiosa en el camino hacia la liberación total son las identificaciones, que en otros términos significa creer en la ilusión de ser alguien que no eres. Esta ilusión, de la cual todos somos víctimas, es muy tramposa y, si no es desvelada, puede hacer que perdamos años o vidas tanteando en la oscuridad.

Por lo tanto, antes de profundizar en la comprensión de la pregunta fundamental "¿Quién soy yo?", tenemos que entender bien qué cosa es la identificación. Sólo entonces podremos practicar con éxito este diamante de la sabiduría mexicana ¡No es Mi Pedo!, y volar hacia las cumbres más inexploradas de la conciencia humana.

¿Boca Juniors o Real Madrid?
El opio de la identificación

El ser humano está siempre identificándose con algo. Cuando alguien te pregunta quién eres, generalmente tú dices: me llamo fulanito de tal, soy mexicano u holandés, soy abogado o empleado del Seguro Social, soy católico o judío, soy del Boca Juniors o del Real Madrid... y otras tonterías de este tipo. Todas estas definiciones no dicen nada de ti porque no nacieron contigo. Esto ya lo vimos. Todas estas etiquetas te las pusieron arbitrariamente los "excelsos" alquimistas "Patas Pa' Arriba", para distraerte de tu verdadero ser... o te las pusiste tú solito en reaccion a la prepotencia de quien quería imponerte ideas que considerabas estúpidas o primitivas. En otras palabras, en lugar de aceptar la etiqueta que querían pegarte en la frente, en cierto punto dijiste: "¿Quieren que sea *blanco*? ¡Chínguense! ¡Yo seré siempre *negro*!" Creyendo ingenuamente que, con esto, conquistabas la libertad. Siento decirles a los que creen ser rebeldes que no es suficiente cambiar una etiqueta por otra para conquistar la libertad.

El problema es que por efecto de tu inconsciencia, normalmente crees verdaderamente ser republicano, panista, rumano, barista, shintoísta... exponiéndote al ridículo frente a los ojos de Dios. Tú eres lo que Dios ha creado, no lo que la sociedad ha hecho de ti. ¿Cómo puedes pensar que Dios sea tan miserable para hacerte hindú, musulmán, católico o judío? Un católico o un hindú son fenómenos limitados, y Dios te hizo como un fenómeno ilimitado. Pero de esto vamos a hablar después... esperando que Pancho López lo recuerde.

Entonces, confiando en que ninguno tenga más dudas del hecho de que tú no eres mexicano, alemán, japonés, cristiano, hindú, musulmán, comunista, milanista o contorsionista… surge siempre la misma pregunta que nos tiene hasta la madre: "entonces ¿quién demonios soy?"

Como ya el maestro Pancho López nos explicó con magistral exposición en un capítulo anterior, tú naces como *tabula rasa* y con el pasar de los años eres programado para pertenecer a unos de estos clubes. Y dado que nuestro sentimiento de pertenecer a una cultura, a una filosofía, a un sistema de creencias, a un equipo de futbol o a un equipo religioso es absolutamente casual y arbitrario, del punto de vista existencial, nadie corresponde a ninguna de las definiciones que normalmente da de sí mismo.

Lo que sigue es que cuando tú dices que eres un canadiense o un católico estás diciendo una pendejada. Tú no eres canadiense o católico. Al contrario, tú *crees* ser canadiense o católico.

Ésta es la primera toma de conciencia necesaria: darse cuenta de todas las cosas que tú piensas ser, pero que no eres. A menos que tomes conciencia que no eres todas las cosas que piensas ser, tu vida está expuesta al peligro de ser sacrificada por ideas que son simplemente ridículas; encontrándote en la tragicómica situación de defender con la espada desnuda el honor de tu patria, de tus ideas y de tu religión, sin darte cuenta que no son ni tu patria, ni tus ideas y ni tu religión.

Hacemos un ejemplo. Tú naces puro e inocente y te hacen creer ser mexicano: te cantan el pacífico himno nacional, te cuentan de Pancho Villa, María Félix y de los Niños Héroes, te dicen que un mexicano es así y asá, que los mexicanos son los más chingones… y tu papá cree ser mexicano, tu mamá cree ser mexicana, y tus abuelos, tus tíos, tus primos… ¡Todos creen ser mexicanos! Es inevitable que tú también, al final, te convenzas de ser mexicano. No sólo mexicano: orgullosamente mexicano.

Y un día mientras te vas pacíficamente caminando por la calle todo feliz con tu nextel en la mano, llega un pinche francés que dice que los mexicanos son todos culeros. Tú justamente sientes hervir la sangre en las venas y estás inmediatamente dispuesto a matar para defender el nombre de los mexicanos: "¡¿Mexicanos culeros?! ¿Pero cómo se permite este francés puto ofendernos de esta forma? ¡Ahora le voy a enseñar yo educación a este hijo de su chingada madre!" Y estás listo para acomodarle una putiza de película, arriesgando tu integridad física, las consecuencias legales o cualquier otra cosa, para defender el honor de tu querido México a toda costa.

Parecería todo normal si no hubiera un pequeño problema: "¡¡¡Tú NO ERES MEXICANO!!! —nos grita otra vez Pancho López arrancándose los bigotes por la desesperación—. ¿Qué te importa que un pinche francés o un puto italiano ofendan los mexicanos? ¡¡¡NO ES TU PEDO!!!" Y efectivamente el *pedo* es de los pobres güeyes que piensan ser mexicanos, franceses o italianos, ¡y se agarran a madrazos sin ninguna razón!

Si tú rezas: ¡No es Mi Pedo! ¡No es Mi Pedo! ¡No es Mi Pedo!, puedes fácilmente lograr la tranquilidad y el desapego de un Buda; tomarte una chelita y disfrutar el espectáculo de mexicanos, franceses, españoles e italianos que se agarran a palazos pensando ser algo que no son. ¡Es tan cómico!

Rezar el mantra ¡No es Mi Pedo! puede ser muy divertido, porque, antes que te ganen la lástima y la compasión, puedes gozar el espectáculo de todos los pobres diablos que destruyen su vida sin ninguna razón.

Es como la historia de alguien que se pelea en la calle con un güey que no le ha cedido el paso en un crucero. Vuelan inmediatamente palabras pesadas, y cuando el güey le insulta la familia y lo llama pendejo, empiezan a agarrarse a madrazos. Llega la policía, los llevan a la delegación, los atiende un médico… y finalmente nuestro héroe, acompañado de un oficial, regresa con la esposa todo sucio, con un ojo morado, la cabeza vendada y una oreja media despegada.

Cuando le cuenta lo que ocurrió, la esposa le pregunta:

—¿Pero por qué te involucraste en todo esto?

—¡Ha insultado el nombre de mi familia! ¡¡¡Y me dijo también pendejo!!! —contesta con el orgullo de quien ha defendido una justa causa.

—¿Te dijo pendejo? ¿Pero, disculpa, cuántos años tienes? ¿Un pendejo cualquiera te llama pendejo, y tú terminas en el hospital? Y además ¿qué sabe él de ti y de tu familia? ¿Cómo puede saber que eres un pendejo? Yo, que soy tu esposa, sé muy bien que eres un pendejo y que perteneces a una familia de pendejos. ¡Pero él no te conoce! ¿Qué sabe él?

Vivimos identificados con cosas como el orgullo del propio nombre, el nombre de la familia, el emblema de armas, la bandera… reduciéndonos a comportamientos infantiles que interpretamos como algo maduro e inteligente. Obviamente, viviendo en un mundo mediocre, nuestros modelos son mediocres, y nosotros también, desafortunadamente, empezamos a portarnos como hombres o mujeres mediocres.

Una vez Buda, pasando por un pueblo, encontró a alguien que empezó a insultarlo de una forma que ni un Buda hubiera tolerado. Pero Buda, que era más Buda que un Buda, se quedó allí a escucharlo: diez minutos, media hora, una hora de feroces improperios que el agresor gargajeaba con la baba en la boca hasta no encontrar más nuevas expresiones para ofenderlo. En cierto momento Buda miró el bonito reloj que un discípulo le había regalado y se dio cuenta que se estaba haciendo muy tarde, y así le dijo:

—Disculpe si lo interrumpo, señor, pero hay gente que me está esperando en el pueblo vecino, y no quisiera retrasarme demasiado. Si no le molesta, tomémonos un descanso, así, cuando regrese, puede continuar con calma insultándome como quiera, y además también tiene el tiempo para preparar formas nuevas de ofenderme a gusto.

¡Ese es un hombre! ¡Ese es un ser humano maduro! A Buda ¡Le Vale Madres! Él sabe que ¡No es Su Pedo! Buda conocía muy bien los mantras mexicanos. Y de hecho los historiadores están buscando esta línea de contacto entre Gautama el Buda y Pancho López.

La práctica del mantra mexicano ¡No es Mi Pedo! lleva a la madurez.

Entonces, cuando dices que eres el ingeniero González, el licenciado Pérez, que eres musulmán o testigo de Jehová, colombiano, republicano, aeroplano, tailandés o ajedrez, das una definición que no explica quién eres, sino al contrario, explica el tipo de condicionamiento del cual has sido víctima; indica con lo que estás identificado, en lo que la sociedad te ha convertido, la función social que tienes en el mundo... para no hacer tanto rodeo, indica la forma en la que te han jodido.

Todas estas definiciones no dicen nada de ti. Tú eres lo que Dios ha creado, no lo que la sociedad ha hecho de ti. Y al ingeniero González no lo ha creado Dios, lo ha creado la sociedad.

Pero, como vimos, tú vives de acuerdo con estas identificaciones arbitrarias, y no de acuerdo a tu naturaleza, a lo que verdaderamente eres. ¿Y cómo puedes encontrar la felicidad si tú vives de acuerdo con algo que no eres?

Karl Marx dijo que *la religión es el opio de los pueblos*, Pancho López dice que *la identificación es el opio del espíritu*. No es exactamente la misma cosa pero, al final, Pancho y Karl no están tan distantes. Entre las tantas identificaciones, la religión es sólo una de las tantas drogas de la conciencia, que te impide ver las cosas así como son.

Entonces, establecido que tú no eres nada de todas las cosas que puedes pensar ser, es absurdo continuar viviendo tu vida adaptándote a lo que tus identificaciones te imponen. Por ejemplo, si tú entiendes que estás identificado con la idea de ser un cristiano o un musulmán, sólo porque heredaste esta religión de tu familia en una edad en la cual no tenías ningún espíritu crítico, conciencia y posibilidad de elegir, ¿qué necesidad tienes de portarte todavía como cristiano o musulmán?

He aquí que este bellísimo mantra puede ayudarte a vivir de forma inteligente y no vivir esclavo de ideas que no son las tuyas.

Todas las veces que te das cuenta de que tu mente, como un disco roto, te induce a repetir robóticamente con su voz monótona lo que tienes que hacer y decir, no la escuches, reza: ¡No es Mi Pedo! ¡No es Mi Pedo! ¡No es Mi Pedo!, y en lugar de decir siempre las mismas cosas, reaccionar siempre de la misma forma y actuar siempre en la misma manera, se abrirá enfrente de ti un horizonte nuevo donde, despacito, las viejas ideas empezarán a desaparecer, para quedarte tú, otra vez fresco, libre e inocente, dueño de tu vida y de tus acciones.

De la misma forma, si fuiste educado como católico y quieres liberarte de la esclavitud de tu mente, que te impone comportamientos según la doctrina católica y no según tu inteligencia, reza: ¡No es Mi Pedo! ¡No es Mi Pedo! ¡No es Mi Pedo! ¡Y que te valgan madres todas las doctrinas! Si el viernes santo te quieres comer un bello corderito de Dios, ¡adelante! ¡Cómetelo hasta crudo, si tienes el valor! ¿Quieres ser mal hablado y grosero? ¡Adelante! ¡Lo peor que te puede pasar es que la gente te evite! ¿Quieres coger como conejo con quien sea? ¡Adelante! ¡Diviértete! Más temprano que tarde te vas a cansar de hacer todas estas operaciones de plomería en la cama. ¿Quieres usar condón? ¡Sí, por favor, úsalo! ¡Úsalo! Con todo el respeto para el Papa, aun si es el representante de Dios en tierra, pero sobre este asunto, con millones de casos de sida en el mundo, se equivoca a lo cabrón… y además, ¿a quién no le vale madres este Papa?

Si te das cuenta que sentirte brasileño o suizo es sólo el resultado de unos condicionamientos que no tienen nada que ver con tu naturaleza, eres libre de soltar los patrones que derivan de estas identificaciones. De esta forma el suizo, si quiere, podrá ponerse un bello pareo y pasar el día bailando la samba descongelando el frío de los Alpes, y el brasileño podrá quitarse el traje de baño, peinarse el pelo, si todavía puede, y volverse ordenado y preciso como un reloj… suizo.

Rezando el liberador mantra mexicano ¡No es Mi Pedo!, finalmente serás libre de tener que adecuarte a las ideas y tradiciones de familia: si te gusta festejar las fiestas las festejas, y si no, reza todo junto: ¡Me Vale Madres! ¡A la Chingada...! y más que todo: ¡No es Mi Pedo! ¡No es Mi Pedo! ¡No es Mi Pedo!, sintiéndote libre de hacer con tu vida lo que quieras, y demostrando ser un verdadero religioso. Si eres comunista en cualquier momento puedes decidir poseer propiedades privadas sin sentirte en culpa, y si eres un capitalista puedes decidir compartir lo que tienes con los demás, probando qué se siente ser un San Francisco. Y si eres monógamo puedes cambiar de idea y tener ocho mujeres (si las aguantas), y si tienes ocho mujeres puedes quedarte sólo con una, o liberarte hasta de ella y fundar una nueva religión... Porque, al final, tú no perteneces a ninguna religión, tú perteneces a Dios y basta. Y Dios no se espera nada de ti, Dios te acepta como eres, adornado con la cresta variopinta que te hace único.

El problema que puedes encontrar en el aprendizaje del mantra ¡No es Mi Pedo! es que la mente está programada para proponerte siempre las mismas ideas, y tú estás tan acostumbrado a creerle que continúas siguiendo reglas y patrones en los cuales no crees más, sin darte ni siquiera cuenta.

Es aquí que el divino Mantra de la Desidentificación hace toda la diferencia entre vivir como un ser humano libre, en acuerdo con la inescrutable voluntad de Dios, y vivir como un pobre diablo víctima de la tiranía de su mente condicionada, acomodando su vida con base en lo que le dicen voces que él cree que son la suya.

Cuando la mente se disfraza de tu mamá y te dice: "Los hombres son todos cabrones", reza: ¡No es Mi Pedo! ¡No es Mi Pedo! ¡No es Mi Pedo!, y la luz de Dios aparecerá para restituirte la confianza y la inteligencia para relacionarte con los hombres, libre de opiniones que no son tuyas y que han creado la realidad al rededor de ti por tanto tiempo. Cuando tu mente se disfraza de tu papá y te tortura diciéndote: "La vida es una cosa dura, es un sacrificio", reza: ¡No es Mi Pedo! ¡No es Mi Pedo! ¡No es Mi Pedo!, y Diosito con su sonrisa pícara te indicará compasivamente el lado divertido y ligero de la vida. Cuando se disfraza de tu abuelita y te dice: "Cuidado, no la sueltes a la primera", reza: ¡No es Mi Pedo! ¡No es Mi Pedo! ¡No es Mi Pedo!, y Diosito aparecerá con sus ojos amorosos y te dirá: "Suéltala cuando te dé la gana... y ¡¡¡usa el condón!!! ¡Chingada madre! ¡No escuches a este alemán!" Si tu mente se disfraza de tus compañeros de secundaria que en los baños de la escuela se burlaron por hallarte mientras dibujabas sobre el muro un corazón con el nombre de una muchachita flaca flaca, con los ojos grandes grandes, de la cual te habías enamorado, reza: ¡No es Mi Pedo! ¡No es Mi Pedo! ¡No es Mi Pedo!, y Dios tocará para ti la fanfarria del amor, para que tú seas capaz otra vez de expresar tus sentimientos y entregarte en alma y cuerpo a quien tiene el honor de conquistar tu corazón. Cuando ves que tu mente levanta el dedo y, como moralista vestido de negro, te dice con voz cavernosa: "No te toques el pipín", en lugar de escucharla, o de pelearte con ella y después sentirte en culpa, simplemente reza: ¡No es Mi Pedo! ¡No es Mi Pedo! ¡No es Mi Pedo!, y Diosito te va a tomar la mano y te la va a poner precisamente allí, diciéndote con su voz amorosa: "Yo te di la mano y yo te di el pipín, tócate hasta que te salgan callos... o te aburras"... y tarde o temprano todo aburre.

El mantra ¡No es Mi Pedo! es también llamado el Luminoso Mantra de la Libertad. Rezándolo con devota constancia, te llevará a un bellísimo espacio de saludable vacío de la mente donde podrás finalmente manifestarte libre de las ideas y de los condicionamientos del pasado, y responder a la realidad de forma inteligente y auténtica. No más como un fenómeno de masa, sino con el orgullo de tu individualidad.

Quítate la camisa y ven a mí

Una vez establecido que cualquier tipo de identificación te impide saber quién eres, analicemos ahora las consecuencias de estar identificado con algo que no eres.

Cuando tú dices soy italiano, evangelista, brasileño o mezcalero, creas una definición de ti mismo, y las definiciones son zarpazos del demonio que confunden las huellas que te llevan a Dios. Tratemos de entender.

El verbo *definir* viene del latín "de-finis": poner fin, poner un límite. En la práctica, definirse significa literalmente ponerse limitaciones a sí mismo o, como elegantemente dice Pancho López: "cortarse los huevos solito".

Cuando estás identificado con algo y te defines como un cristiano, un musulmán o un judío, desde el punto de vista espiritual justamente te estás cortando los huevos. Porque tú naces como un ser ilimitado, como parte del todo y, en lugar de quedarte abierto a la gloria de Dios, disponible a las infinitas facetas que Dios te ofrece, te encierras en el ámbito sofocante de un sistema de creencias, renunciando a la más típica de tus características divinas: la de ser, precisamente, un ser indefinido, y por lo tanto, ilimitado.

Uno nace como pura expresión de la gloria infinita del misterio de la existencia, expandido, completo, sin limitaciones, totalmente libre, y se vuelve un pobre católico, musulmán, calvinista, argentino, comunista, shintoísta, cubista, perfumista... un pobre diablo en otros términos.

Te parecerá raro escuchar esto, porque desde siempre te dijeron que tú tienes que saber quién eres: ¿Eres blanco o eres negro? ¿Conservador o progresista? ¿Ateo o creyente…? Y es obvio que tú no eres nada de eso. Estas definiciones son como una casaca que tú te pones, que sin embargo no dice nada de ti. Y mientras más definiciones asumes, más limitaciones te pones, menos libre eres, más te alejas de Dios y más jodido estás.

Cuando tú te defines como algo, inevitablemente excluyes algo más. Si dices "yo soy amarillo", excluyes a todos los otros colores. Pero tú, como parte de Dios, contienes todos los colores, porque Dios no es tan miserable para crear alguien que sea sólo amarillo, y que no contenga también el verde, el rojo, el morado y el azul. Si tú te defines, excluyes inevitablemente algo, y para encontrar a Dios, o la verdad, tienes que ser un ser humano completo, íntegro y, por lo tanto, sin definiciones.

La palabra inglesa *whole* (entero) tiene la misma raíz de la palabra *holy* (santo). Para encontrar a Dios tienes que ser santo, *holy*, que en otros términos significa que tienes que ser *whole*, entero. ¿Y como puede ser santo, entero, si has elegido una parte y rechazado todas las demás? ¿Si has adoptado unas creencias que te impiden vivir la multidimensionalidad de Dios?

Como ya vimos, Dios es un fenómeno universal que incluye todo: el blanco y el negro, al alto y el bajo, el sagrado y el profano, el bien y el mal, Chaf y Kelly, el gordo y el flaco… todo es divino. ¡Hasta el demonio es divino! Porque no hay nada que esté excluido de la omnicomprensividad de Dios. Si Dios es el creador, también Satán es parte de Él.

Olvídate de encontrar a Dios como hindú, musulmán, budista, oshista, porrista o trapecista, porque éstas son ideas fragmentarias que humillan tu naturaleza divina. Tú puedes encontrar la verdad, o a Dios, sólo si eres tú mismo, inocente, incontaminado de cualquier idea. Tal como dijo el pobre Jesús: *sólo si eres inocente como un niño, podrás entrar en el reino de los cielos.* Y cuidado, Jesús no dijo "sólo si eres cristiano o católico" dijo: *sólo si eres inocente*. ¿Y cómo puedes ser inocente si eres cristiano, hindú, judío, musulmán o alacrán? Por paradoja, como conclusión lógica de este argumento, podríamos decir que cuando bautizas a alguien en una religión, aunque sea la del alacrán, estás ratificando su separación de Dios. Lo estás condenando al conflicto, a la miseria, al dolor, a la separación y a la guerra, que son los aspectos que componen el elemento en el cual la humanidad ha vivido ciegamente hasta ahora, gracias a la educación religiosa que ha sufrido en tantos siglos de historia bárbara. Si la situación en la cual el mundo occidental se encuentra es el resultado de dos mil años de educación católica, un Papa honesto tendría que cerrar el Vaticano y meterle un letrero para los turistas: "cerrado por fracaso". ¿Dos mil años no son bastante como periodo de prueba? ¿Cuántos siglos todavía la humanidad quiere perder atrás de los dogmas polvorientos, las creencias ridículas y la proclamada congénita hipocresía que le ha causado ya tantos daños?

Es posible que estas argumentaciones vayan a ofender a alguien, y que haya unos que añoren los bonitos tiempos de la Santa Inquisición, cuando este libro hubiera desaparecido del planeta quemado en la hoguera purificadora, y yo hubiera terminato en brocheta, rostizado como nuestras abuelitas y los inventores de la ensalada. Pero Pancho López advierte: si lo que digo ofende tu ser católico, judío, italiano, mexicano, internista o comunista, éste es exactamente el momento perfecto para empezar a rezar: ¡No es Mi Pedo! ¡No es Mi Pedo! ¡No es Mi Pedo!, y liberarte de estas incómodas enfermedades. Deja que se ofendan los pobres güeyes que todavía piensan que son cristianos, musulmanes, otomanos, metodistas o telegrafistas. Tú no eres nada de todo esto: no es tu pedo. Rezando ¡No es Mi Pedo! ¡No es Mi Pedo! ¡No es Mi Pedo! de inmediato vas a sentir el efecto benéfico de este mantra sanador: te vas a sentir ligero, libre, de buen humor, y en lugar de pelear por tus ideas, tradiciones y fantasías de otro tipo, vas a sentir ganas de abrazar a quien sea, agradeciendo a Dios por haber sido tan lindo de crear tanta gente diferente de ti, haciendo el mundo tan variado y permitirnos amarnos más allá de lo que hacemos y pensamos... hasta dar la libertad a un loco como yo de contar sus chistes.

¿Quién te dio esta estúpida idea de ser polaco, puertorriqueño, sunita, bautista o fantasista? Y además, ¿qué necesidad tienes de ponerte una etiqueta? ¿No puedes simplemente ser quien eres y basta?

Ponerse una camiseta es una forma de crear divisiones, y Dios no quiere divisiones. Dios no puede preferir a nadie que tenga la camiseta de un color, porque no puede ofender a todos los que tienen camisetas de otros colores... o que no tienen camiseta. Dios no tiene preferencias. Es desde toda la eternidad que Diosito nos está diciendo: "¡Quítense esas pinches camisetas... y quítense también los pantalones y vengan a mí así como los hice yo, a mi club de desnudistas!"

Y si te gusta ponerte una camiseta, y sentir la alegría infantil de ser parte de un club, no tiene nada de malo, siempre hay tiempo para crecer. ¿Pero, por qué pelearse con los que tienen camisetas de otros colores? Al contrario, tendrías que apreciarlos aún más, porque enriquecen al mundo con nuevas intuiciones, con nuevas hipótesis, nuevos colores. Si todos dieran vueltas con la misma camiseta, sería un mundo muy monótono. ¡Si todo el mundo tuviera una sola religión, el mundo sería de un aburrido de tirarse por la ventana! ¡Imagínate un mundo donde todos son como Jesús, llevando la cruz sobre el Gólgota; o un mundo donde son todos pelones y con la panza como Buda! Sería una hueva a la enésima potencia.

Cuando, una vez, a Osho le preguntaron si no sería mejor que todos los humanos tuvieran la misma religión, él contestó diciendo que, al contrario, cada humano tendría que tener su religión individual. ¡Esto sería un mundo verdaderamente rico! Y éste, justamente, es el propósito del mantra mexicano ¡No es Mi Pedo!: encontrar tu propia religión.

Si practicas el mantra cotidianamente, rezando con devoción ¡No es Mi Pedo! ¡No es Mi Pedo! ¡No es Mi Pedo!, día tras día vas a aprender a reconocer los mensajes de tu mente condicionada, y en lugar de ser víctima de una programación que te ha humillado a ser un fenómeno de masa, vas a recuperar la dignidad y el orgullo de ser un individuo y encontrar finalmente tu propia verdad.

Pero para poder sacarle jugo a esta ambrosía de la sabiduría mexicana, tenemos todavía que gastar unas palabras para entender algo que nos puede facilitar mucho la comprensión del críptico mensaje que nuestro infatigable guía, Pancho López, está tratando, de todas formas, de transmitirnos.

¿Vives en el centro o en la periferia?

Hay un centro y hay una periferia. La periferia la puedes ver, el centro no. No me pregunten por qué, porque a veces los maestros como Pancho López son misteriosos en la forma en la que nos transmiten sus gemas de verdad. Por el momento contentémonos de saber que el simple hecho de que podamos percibir una periferia implica la existencia de un centro. Y dado que todo lo que vemos está en la periferia, se deduce que el sujeto que ve está inevitablemente en el centro.

Pero tratemos de entender bien de qué cosa se compone la periferia y de qué cosa se compone el centro.

Todo lo que tú puedes ver, por el simple hecho de que puedes verlo, significa que está en cualquier lugar alrededor de ti; por consecuencia, la conciencia capaz de ver lo que está alrededor (o sea tú) está en el centro, bien separada de lo que ve.

Por lo tanto (disculpen la banalidad del argumento), cuando tú ves el cielo, el sol, los árboles, los animales, los otros seres humano, las casas… en otras palabras el mundo exterior, es obvio que todo lo que ves no eres tú. El simple hecho de verlos demuestra que el que ve no es lo que es visto.

Con la misma lógica, es menos obvio pero entendible, si tú puedes mirar tu cuerpo con tus ojos físicos, o percibir sensaciones internas con tu tercer ojo, que es el ojo virtual a cargo de esta función, significa que tu cuerpo está en la periferia, y quien está observando, o sea tú, está separado de este cuerpo que ves y percibes. Esto significa que tú y tu cuerpo no son la misma cosa, o para decirlo de forma más contundente: tú no eres tu cuerpo. Por el simple hecho de que tú puedes verlo y percibirlo, significa que quien ve y percibe está separado de lo que es visto y percibido.

Pero ahora, atención, porque lo mismo pasa con la mente y sus "importantes" contenidos. Si tú puedes observar tus pensamientos, es evidente que el que observa los pensamientos está separado de ellos. En otros términos, significa que tú eres algo diferente de tus pensamientos. Ellos son independientes de ti.

Y si, andando más a profundidad, puedes ver también tus emociones, quiere decir que ellas tampoco son parte de ti. Al contrario, ¿cómo podrías verlas…? Sé que éste es un pasaje un poco más difícil porque nuestras emociones están tan arraigadas en nuestro cuerpo que parecen ser parte de nuestra carne, pero si reflexionas con atención, te das cuenta que las puedes observar a ellas también. Puedes ver, por ejemplo, que tu coraje monta como una ola roja e impetuosa, y después se va. Tú estabas antes de esta ola y te quedas después, por lo tanto esta ola de coraje no eres tú.

Está la historia de uno de los tantos güeyes de las historias, que va con un maestro a preguntarle qué hacer con su temperamento explosivo.

—Maestro, cuando me encabrono veo rojo y no entiendo nada. Es muy incómodo porque pierdo completamente el control de mí mismo. Mis hijos me tienen miedo y la gente se burla de mí.

El maestro le contestó:

—Muy bien, enséñame este coraje.

—Cómo ¿*enséñame este coraje*? ¿Ahora?

—Ahoritita.

—Pero… ¿Cómo hago? Ahora no me siento enojado.

—Entonces, cuando te enojes, ven acá y enséñamelo.

—¿Pero cómo hago? El coraje me agarra de repente… y tú vives en casa de la chingada… en cuanto llegue aquí ya se me habrá bajado.

—Entonces —le contestó el maestro— si este coraje viene y va significa que no es parte de ti. No Es Tu Pedo.

Si observas atentamente, cuando eres presa de un ataque de coraje u otra emoción, hay una parte de ti que se queda separada de esta emoción y que puede verla. Si pones atención puedes ver fácilmente que tu coraje, tu dolor y cualquier otra emoción están aparte de ti.

De hecho, cuando estás enojado o triste, sería mucho más correcto decir que "hay enojo", y no decir "estoy enojado". Más correcto decir que hay alegría, tristeza, dolor o excitación, que decir que estoy alegre, triste, dolido o excitado. El simple uso de esta forma de hablar te acerca más a la verdad, a este espacio incontaminado al que el Mantra de la Desidentificación ¡No es Mi Pedo! pretende llevarte.

Si tú puedes ver tu coraje o tu tristeza, significa que también tus emociones están en la periferia como tu mente, tu cuerpo, tu refrigerador, tu esposo o cualquier otro aparato doméstico. Por lo tanto, si estás bien atento al momento en el que te estás quemando a la merced de tus emociones, hay un lugar fresco dentro de ti desde el cual puedes observarlas y darte cuenta de que estás separado de ellas.

Entonces, con cualquier cosa que estés identificado, reza: ¡No es Mi Pedo! ¡No es Mi Pedo! ¡No es Mi Pedo! Porque, si la ves, significa que no es parte de ti, entonces, ¿cuál es el pedo? Cualquier interferencia del mundo exterior que pueda sufrir, que venga de tu licuadora o que venga de tu esposa, que venga de tu cuerpo o de tu mente o de tus emociones, reza: ¡No es Mi Pedo! ¡No es Mi Pedo! ¡No es Mi Pedo!

Hay otra consideración importante que tenemos que hacer y que resulta evidente de la simple observación del fenómeno que estamos analizando: la periferia es impermanente, el centro es estable. La periferia cambia continuamente, lo que está un momento después no está más; el centro es siempre el mismo.

Mientras la periferia está sujeta a los continuos cambios determinados por el paso del tiempo, el centro, o sea esta entidad capaz de ser consciente de lo que se mueve en la periferia, es estable, permanente, indiferente al paso del tiempo. Puedes notar que tu cuerpo envejece, pero la conciencia capaz de percibir el envejecimiento de tu cuerpo no envejece', es siempre igual.

Mientras la periferia vive en la dimensión temporal, el centro, o sea tú, vive en la dimensión atemporal que llamamos *eternidad*.

Este centro, si lo piensan bien es exactamente lo que todas las religiones prometen: la famosa *vida eterna*.

Que la vida eterna no es algo de lograr después de la muerte, sino que consiste en el delicioso precipitar en tu centro aquí en este momento, las escuelas esotéricas, de cualquier parte del mundo, lo supieron desde siempre. La búsqueda de la *vida eterna* se refiere a algo que ya está presente en este momento, no a algo que sucede en el futuro. Pero desafortunadamente las religiones organizadas, que están siempre en contra de las escuelas esotéricas, han enseñado a la humanidad a prepararse a una vida eterna que viene después. Esto ha sido determinado de dos factores. Uno es el interés que las religiones constituidas tienen en mantener a sus adeptos en la ignorancia, para que puedan ser utilizados por los aparatos del poder, por los cuales son financiadas para desempeñar justamente este servicio. La segunda razón es que, para entender de qué estamos hablando, se necesita un poco de inteligencia, y los que crean las religiones, generalmente, no son los que brillan más por esta cualidad divina. No se ofendan, por favor, y escuchen la argumentacion de nuesto Pancho López.

La historia de las religiones es que hay un maestro que crea una escuela, y cuando el maestro muere, los alumnos de la escuela, que son los más inteligentes, van por el mundo para que el mensaje del maestro continúe difundiéndose manteniéndose vivo, mientras bedeles y conserjes toman el mando de la escuela y fundan la religión… ¡y no sólo eso! Si uno de los mejores discípulos del maestro regresa, será seguramente marcado con la infamia de la herejía. Ha sido siempre así. Ésta es la desgracia de este planeta: que los que no tuvieron la fortuna de desarrollar las cualidades humanas más elevadas, como el amor, la creatividad, el sentido de lo divino, el sentido de la estética, de la justicia, del valor de ser honestos... no pudiendo gozar de todas las características que hacen feliz a un ser humano, tuvieron que acontentarse del *poder*, intercambiando la astucia por inteligencia. Es así que el mundo terminó por ser gobernado por los hombres de más bajo perfil humano, y los efectos se ven. El mundo no ha sido gobernado por Sócrates, San Francisco, Leonardo da Vinci, Einstein, Martin Luther King, Rabindranat Tagore, Jalil Gibran, Bertrand Russell, Krishnamurti, Newton... el mundo ha estado siempre en las manos de gente como Julio César, Bonifacio VIII, Napoleón, Mussolini, Hitler, Jomeini, Bush, Mao Tse Tung, Stalin, Reagan, Kaddafi, Pol Pot, Videla, Pinochet, Richelieu, Amin Dada... No tengo nada contra estos pobres diablos que han hecho sufrir a la humanidad con su ignorancia, egoísmo y crueldad. Se trata de gente desafortunada que ha usado sus grandes cualidades para destruir el mundo y generar tormento, en lugar de usarlas para generar amor y creatividad. Y, al final, ¿con quién podemos quejarnos? La mayoría de esta gente ha sido querida por el pueblo, demostrando de forma incontrovertible que Winston Churchill tenía razón cuando dijo que *la democracia es un sistema imperfecto, pero es el mejor que conocemos.* Y si estoy de acuerdo con él por el hecho de que *es el mejor que conocemos*, tengo que precisar algo que el gran político inglés no dijo por miedo a ser impopular (miedo que a Pancho López, justamente, *le vale madres*): La democracia es un sistema imperfecto en el que una mayoría de pendejos elige para todos, ésta es la imperfección. Sé que diciendo esto estoy cometiendo el último y más imperdonable sacrilegio, y que los pocos que no había ofendido hasta aquí se van a ofender ahora. Se sabe que la democracia, entre todas las religiones, es una de las más fanáticas y suscetibles. Por lo tanto no me sorprendería si pudiera escapar de la hoguera de los religiosos y terminara sobre la de los democráticos que, viéndome quemar, festejarían alrededor del fuego los principios de libertad en los cuales se inspiran.

Obviamente no tengo nada contra nosotros, pobres pendejos que elegimos a las personas equivocadas, y no tengo nada contra estas personas equivocadas, pero si no cambiamos el sistema educativo desde la raíz, éste es el mundo que nos merecemos. Al final estamos todos afligidos por la misma enfermedad de la ignorancia, de la cual estamos tratando de sanarnos aprovechando la gran sabiduría de Pancho López.

Por lo tanto, regresando a donde estábamos... si somos capaces de recuperar la punta del hilo... decíamos que la periferia cambia continuamente, es impermanente y sujeta a los embates del tiempo, mientras el centro (o sea tú que eres consciente de lo que cambia en la periferia sujeta a las cachetadas del tiempo) es estable, permanente y está fuera de la dimensión temporal. Tú que miras lo que fluye y pasa alrededor de ti, como tus pensamientos, tus emociones y si se enferma o envejece tu cuerpo, no tienes edad, no tienes nacionalidad, no tienes religión, no tienes nombre, no tienes historia y eres siempre nuevo... en otros términos, tú estás fuera de la concepción espaciotemporal con la cual estamos acostumbrados a considerar todo lo que pasa alrededor de nosotros... justamente: en la periferia. Si miramos bien, de todo esto sale que tú (*tú*, no las manifestaciones accidentales de tu ser) no eres en ningún lugar y no estás en ningún tiempo, eres eterno.

El objetivo de la búsqueda espiritual es exactamente encontrar dentro de nosotros mismos esta dimensión de la eternidad que llamamos Dios o verdad... o, justamente, *vida eterna*. Y la única experiencia real que podemos tener de la eternidad, de Dios o de la verdad, es volvernos conscientes de este centro, o sea: tu ser permanentemente capaz de ser consciente de todo lo que cambia alrededor de ti, relajado en un espacio de eterna inmutabilidad. Por esto el mantra ¡No es Mi Pedo! es también llamado La Sagrada Puerta de la Eternidad.

Si se sienten mareados por toda la complicada explicación, mejor paren un momento, hagan una profunda respiración, y tomen un vaso de agua, antes de continuar.

¿Pero cómo se hace para relajarse en este centro?

La clave de bóveda la expresamos ya en el capítulo "El presente: la dimensión de la eternidad". Como el divino mantra Me Vale Madres, también el santo mantra ¡No es Mi Pedo! tiene el poder de arrojarte en el presente. Estas dos fórmulas mágicas te arrancan de las garras de la mente que, entre todas las cosas que transitan en la periferia, es la más transitoria que hay. Si te haces aspirar por la periferia, eres víctima de las leyes del tiempo y del espacio, por lo tanto estás destinado a envejecer y morir; si, al contrario, puedes quedarte en el centro, evades estas leyes y entras en la dimensión del presente, que corresponde, como ya vimos, a la dimensión de la eternidad.

El mantra ¡No es Mi Pedo! tiene el poder de protegerte del riesgo de dejarte tragar por el vértice de la realidad ilusoria que escurre en la periferia, y dejarte en el presente.

En un sentido es muy, muy sencillo lograrlo: basta no involucrarse en todas las cosas transitorias que pasan alrededor de ti, rezando con corazón devoto: ¡No es Mi Pedo! ¡No es Mi Pedo! ¡No es Mi Pedo! ¿Para qué hacer tanto rollo por algo que es transitorio? ¡Ya sabes qué va a pasar! ¿Entonces, cuál es el pedo? ¿Para qué involucrarse con lo que está destinado a pasar en el tiempo de un batido del ala de una mariposa? (Siempre estos mismos malditos animalitos, que Pancho López indica como los responsables de huracanes por todo el mundo.) Ahora lluvia, ¿cuál es el pedo?, en un momento va a aparecer el sol. Algo muere, mientras simultáneamente algo nace. ¿Cuál es el pedo? Y también tu cuerpo: un momento tiene dolor de cabeza y un momento después necesita un sueño regenerador; un momento tiene hambre y un momento después le da comezón. Todo pasa. ¿Cuál es el pedo? Y con las emociones pasa lo mismo. Cuando alguien me dice que está triste, es fácil que le diga: aprovecha a estar triste ahora, porque la tristeza al ratito se va a ir, y la profundidad y la sensibilidad que te da la tristeza no te la da la alegría. Y lo mismo es con las otras emociones. Todo pasa, entonces, ¿cuál es el pedo?

Y por lo que concierne a la mente, podemos decir que es el fenómeno más transitorio que se pueda imaginar; lo que nos pasa por la mente es tan fugaz que no tendríamos ni que tomarlo en cuenta. Si le creemos cada vez que nos sugiere algo, terminamos viviendo como hojas a la merced de los caprichosos vientos que soplan continuamente en la tierra expuesta de nuestra cabeza, en forma de pensamientos. Un momento sopla el pensamiento de que eres un gran chingón y se te infla el pecho, te sientes capaz de grandes empresas y todos los demás te parecen una bola de pendejos, y en este momento lo crees de verdad, estás seguro de que es totalmente cierto. Y un momento después entra dentro de ti la idea de que el pendejo eres tú: tu pecho se desinfla, te sientes inadecuado para cualquier empresa y cualquier don nadie es más sabio y capaz que tú. Y también esta vez lo crees, estás tan convencido que es cierto, que piensas que ya se acabó todo... Pero pasa sólo un momento y recibes una llamada que te dice que tu tal propuesta de trabajo ha sido acceptada, y tu pecho se infla otra vez en la certitumbre de tu grandeza... Y un momento después piensas que tu esposa es una santa digna de las atenciones más cariñosas, y sólo un momento después piensas que es una pinche perra traicionera y la quieres matar a golpes. Y si alguien te dice que estás bonita, la vida se vuelve maravillosa, y si un momento después pasa alguien que no te pela, la vida se vuelve una porquería asquerosa, y si uno te felicita te sientes fuerte, y si inmediatamente después otro te dice que estás pálido piensas que tienes que ir al doctor...

Eso es no tener un centro, esto es vivir en la tierra inhóspita de una mente continuamente batida por los engañosos vientos de tu fantasía... o como más elegantemente dice Pancho López: "Esto es vivir a lo pendejo".

El problema es que esta mente inestable depende de nuestro humor, nuestra forma de movernos, nuestras elecciones, nuestro comportamiento, las palabras que elegimos para relacionarnos... ¿Por qué entonces nos maravillamos si nuestra vida es un desmadre que se va alegremente por el caño?

¿Cuántas veces somos víctimas de un pensamiento que nos tortura? ¿Un pensamiento que sabemos que es idiota o inmaduro, pero del cual no podemos liberarnos? ¿O cuántas veces somos víctimas de un pensamiento que nos parece genial, y que nos lleva a tomar grandes decisiones que se revelan pendejadas que ni un adolescente en estado de euforia se hubiera atrevido ni a pensar? Y después, agarrándonos los pelos, nos decimos: "¿Pero cómo, cómo es posible que mi inteligencia se haya dejado cegar por un pensamiento tan demente?"

La verdad es que nuestra vida está a la merced de lo que accidentalmente nos pasa por la cabeza. No tenemos un centro.

Pero practicando el mantra mexicano y rezando con devoción: ¡No es Mi Pedo! ¡No es Mi Pedo! ¡No es Mi Pedo!, tú también podrás volverte como un Buda sentado en la cima de una montaña, insensible a los seductores llamados de las ilusiones. Rezando ¡No es Mi Pedo! ¡No es Mi Pedo! ¡No es Mi Pedo! tú también podrás finalmente estar sentado en tu centro.

Y no empiecen ahora, por favor, a tratar de buscar este bendito centro donde sentarse imitando a un Buda. Recuerden que el divino mantra no se reza con la idea de encontrar *algo*, porque la realización que conlleva esta joya de la sabiduría mexicana es una revelación, no un logro. Es un "despertar", no es un "encontrar".

Buscar tu centro es tan estúpido como buscar el burro mientras estás sentado encima de él. Porque tú estás ya en el centro, porque tú *eres* el centro, tú eres el burro. ¿Cómo puedes vivir fuera de tu centro? ¿Cómo podrías vivir como parte de la periferia de alguien más? Pero hacemos tantas estupideces que al final es exactametne lo que nos pasa: vivimos como partes accesorias de la vida de alguien más.

Esto nos pasa porque tenemos la idea de que no estamos en nuestro centro. Una idea absurda que tenemos sólo porque estamos continuamente identificados con algo de la periferia que no somos: como nuestro nombre, nuestras ideas, emociones, etc., etc. En otros términos, tú eres alguien que está en el centro y sueña estar en la periferia. No se trata de buscar a Dios, se trata de despertar y verlo.

Es precisamente esto lo que promete el rezo cotidiano del mantra ¡No es Mi Pedo!

Pero, ¡cuidado!, el rezo tiene que ser constante. No se trata de encerrarse una hora entre cojines hindúes e imágenes exóticas a rezar, y después salir de allí a continuar viviendo a lo pendejo como siempre hiciste. Esto sería simplemente absurdo.

Al contrario, es justamente en la vida cotidiana que tienes que estar alerta.

Cuando, por ejemplo, quieres hacer algo y tu mente te dice que eres un perdedor, ¡no te dejes convencer!, reza: ¡No es Mi Pedo! ¡No es Mi Pedo! ¡No es Mi Pedo!, y continúa con lo que estás haciendo, quedándote abierto a la aventura. Cuando tu corazón quiere decir te amo y tu mente argumenta si es el caso de decirlo ahora o mañana en el desayuno, reza: ¡No es Mi Pedo! ¡No es Mi Pedo! ¡No es Mi Pedo!, y sigue a tu corazón, permítele a tu vida convertirse en una atrevida poesía. Y también cuando la mente te dice que eres un chingón, lo mismo, reza: ¡No es Mi Pedo! ¡No es Mi Pedo! ¡No es Mi Pedo!, y te evitarás todos los dolores que sufrimos por las caídas desde el alto pedestal de la arrogancia.

Rezando el Mantra de la Desidentificación en todas las acciones de tu vida las ilusiones de tu mente, tus identificaciones momentáneas con una cosa o con la otra, tu creencia de ser algo que no eres, se disolverán lentamente para dejarte finalmente libre. Allí vas a tener los primeros vislumbres de ti mismo. Allí vas a tener las primeras señales de la deslumbrante luz de Dios.

Un koan zen

Generalmente cuando te haces la pregunta *¿quién soy yo?* empiezas a buscar algo con la idea de que un día puedas decir: "¡Ándale! ¡Por fin lo encontré! ¡Esto soy yo!", y poder finalmente organizar una fiesta con amigos y parientes para celebrar el éxito final de tu viaje espiritual y tu consecuente iluminación.

Lamentablemente las cosas no están así de sencillas. La celebración no acaba de empezar, cuando cualquiera puede llegar con una argumentación que te va a arruinar la fiesta. El argumento es: si tú dices que "esto" eres tú, ¿quién es el güey dentro de ti que está diciendo que "esto" eres tú? Si tú dices "yo soy el azul" significa que el que está diciendo que eres el azul es alguien diferente del azul, porque, si no, ¿cómo podría ver el azul y decir: yo soy esto?

Éste es un argumento suficiente para helar la sonrisa hasta del anfitrión más optimista. Por lo tanto la fiesta temina en tono menor, y mientras recoges vasos de plástico, bocadillos medio mordidos y pateando unos inútiles globos, saludando a los últimos amigos te preguntas: "y entonces, ¿quién chingados soy yo? Por lo tanto empiezas a preguntarte, rascándote la cabeza: "¿Quién es entonces este pinche güey que pensaba ser el *azul*... y que además me ha convencido de organizar esta estúpida fiesta?" Es obvio que este "pinche güey" tienes que ser justamente tú.

Y entonces te encuentras, punto y aparte, con la misma maldita pregunta: "¿Quién chingaos soy yo?"

Y un bonito día, con la ayuda de oraciones y bendiciones, pacientemente encuentras quién es *este pinche güey* que sostenía ser el "azul" y declaras triunfalmente: "¡Finalmente sé quien soy! ¡Yo soy el rojo! El rojo que pensaba ser el azul".

No se necesita organizar otra fiesta para entender que arriesgas que alguien se acerque para hacerte la misma pregunta aguafiestas: ¿Quién es este güey que dice ser el "rojo" que pensaba ser el "azul"?

Si no eres muy inteligente corres con el riesgo de organizar muchas fiestas con final amargo; pero si eres inteligente te paras inmediatamente, porque te das cuenta de que es un mecanismo en cadena que no te lleva a ningún lugar.

Y entonces: ¿Qué hacer? Parece un problema sin solución, y de hecho, en un sentido, lo es. La pregunta "¿quién soy yo?" es un *Koan*, no tiene una respuesta. Y para quien no tiene claro qué cosa es un *Koan Zen* o, como Pancho López, no tiene la menor idea, les reporto la explicación "magistral" que, en mi espectáculo *Rock Pantomime, el lado oscuro de la luz*, el personaje de Arturo Feroz, la bestia del *rock and roll*, da del Koan Zen.

Hablando del famoso Koan: "El ganso está fuera", Arturo ferozmente dice:

El Koan Zen es una de las tantas maneras con las cuales un maestro espiritual se divierte en torturar a sus discípulos. ¿Qué hace él? Te plantea una pregunta a la cual te parece que puedes contestar, pero que en realidad no puedes; y te deja allí hasta 20 años, ¡putísima madre!, ¡a devanarte el cerebro buscando una respuesta que no existe! En este caso, por ejemplo, ¿qué hace él? Mira la perfidia de este pinche güey: él va por un gansito inocente, chiquito, chiquito, que está todo feliz, por su cuenta, en el corral, jugando con sus primos al "gallito" (un juego de moda entre los pollos), y atrayéndolo a sí (ofreciéndole estos famosos dulcesitos que no se tendrían nunca que aceptar) lo agarra a traición y lo pone en una botella. Después empieza cada día a dar de comer al gansito, y cuando el gansito está bien gordito, viene a ti y pretende que le saques el gansito de la botella, sin romper la botella y sin matar al gansito. ¡¡¡Yo mataría al maestro!!! Veinte años me hizo pasar tras del pinche gansito ¡Me vale madres el ganso! ¡Me lo comería al pinche ganso, con todo y la botella y el maestro incluso! ¿Qué me importa el pinche ganso a mí…? Y ahora el ganso está gordo, el maestro está más gordo que el ganso y yo estoy flaco… ¡Como Willy! (para saber quién es Willy tienen que venir a ver el espectáculo).

El pobre Arturo Feroz no conoce los mantras mexicanos, por esto vive en una confusión que lo lleva a ser *Feroz*. La práctica de un Koan Zen no sirve para encontrar una respuesta, sino para cansarte de buscarla. La mente va a trabajar durísimo para buscar la respuesta, porque la mente está hecha para eso, y cuando está hasta el tope, se quiebra y te deja finalmente libre de su tiranía, restituyéndote la inocencia necesaria para ver las cosas tal cual son en su sencillez.

La mente, como ya vimos, es un instrumento fantástico para arreglar la secadora, hacer un plan de negocios o resolver crucigramas; sin embargo es un fracaso en lidiar con el misterio de la vida. La mente simplemente no es la herramienta correcta. Buscar a Dios con la mente es como tratar de comerse una sopa con el tenedor. No es el instrumento adecuado, tenemos que resignarnos.

La mente se adapta para lidiar con lo que conoce, pero es impotente para relacionarse con el misterio. El intelecto es el instrumento para explorar el mundo conocido, pero para explorar el mundo de lo desconocido el instrumento adecuado es la intuición, no la mente.

Desde el punto de vista existencial, nosotros somos simplemente un misterio sumergido en un gran misterio. Es imposible definir a un ser humano, así como es imposible definir el universo.

Obviamente, dado que la única cosa que conocemos y en la cual ponemos toda nuestra seguridad es la mente, cuando llegamos a esta conclusión nos sentimos perdidos. La mente se enloquece cuando no puede definir algo, al punto que está dispuesta a inventarse chorradas de no mames con tal de no quedarse sin una respuesta.

La mente no puede entender que las cosas relevantes de la existencia pertenecen al misterio y no son definibles. El amor pertenece al misterio, la creatividad pertenece al misterio, Dios pertenece al misterio y tú perteneces al misterio. Pero la mente continúa proponiéndonos teorías y argumentos que nos desvían de la simple realización de lo que está enfrente de los ojos de todos, que no tiene un nombre ni una forma, pero que vibra en el corazón de cualquier ser humano. La mente no se rinde, la mente pretende poner las cosas en claro, se desespera por entender las cosas y poderlas clasificar, definir y etiquetar. Y no nos damos cuenta de que aun si esta actitud es sacrosanta en el ámbito de la ciencia, es injustificable en el ámbito de la religión. No entendemos que si pudiéramos entender, calificar, catalogar y etiquetar una cosa como el amor, lo hubiéramos matado. No entendemos que no podemos entender, clasificar, catalogar y etiquetar a Dios y después ponerlo en la arrogante repisa de nuestros conocimientos, ¡porque así lo matamos! Y en realidad es lo que hicimos: lo matamos. Friedrich Nietzsche tenía toda la razón: *¡Dios ha muerto!* Lo matamos nosotros por la cobardía de no tener el valor de salir al descubierto, fuera de la obtusa fortificación de nuestra mente y decir: "no se".

No sé quién soy, mucho gusto

¿Pero cómo puedes pensar en definir a un ser humano? ¿Cómo puedes pensar en definirte a ti mismo?

Cada uno de nosotros es un ser indefinible, no sólo porque, siendo únicos e irrepetibles, no podemos caer en ninguna categoría, sino porque también somos parte de un universo en continua transformación. Y tú eres parte de este universo, también tú te transformas continuamente. ¿Y cómo se puede definir algo que continuamente cambia?

El buen viejo Heráclito, otro de estos ignorantes como Sócrates, lo había dicho hace dos mil quinientos años: *panta rei*, que en griego clásico significa "todo escurre", "todo fluye". Él dice: *no puedes entrar en el mismo río dos veces*, porque obviamente el río nunca es el mismo y tú tampoco eres nunca el mismo. Osho, a quien le gusta siempre exagerar, dice: *no puedes entrar en el mismo río ni una sola vez*, porque apenas acabas de entrar, el río ya cambió y tú con él. Al final es un pinche desmadre que a un Arturo Feroz le vienen ganas de mandar a la chingada a Heráclito, Osho, Pancho López y todos los demás.

Pero es aquí que se ve si eres un verdadero buscador. Es cuando se encuentran los obstáculos que se ve de qué tela estás hecho. Si a las primeras dificultades te retiras en el acogedor microcosmos de la ignorancia o si tienes el valor de continuar en el camino a pesar de las incógnitas de una noche que parece nunca terminar, con la confianza de que, un día o el otro, todo se va a volver claro como estos ilustres maestros aseguran.

Y tampoco podemos enojarnos con los pobres sabios sólo porque nos turban el sueño develándonos la realidad por lo que es. Ya sucedió muchas veces. Cuando llega alguien como Jesucristo o Pancho López, que nos sacude de nuestros sueños, mentiras e ilusiones, nos molestamos muchísimo. "Maldita sea —pensamos—, ¡estábamos tan bien con nuestra conciencia dormida! Tan felices de saber que el paraíso está arriba y el infierno está abajo, que yo soy yo y tú eres tú... ¡Y ahora llega este medio loco desde quién sabe dónde y me revuelve todas las pocas ideas claras que tenía!"

¡La gente se pone furiosa cuando le turban el sueño! Y ya vimos que toman venganza de forma cruel según las diferentes tradiciones culturales: a Jesús lo crucificaron, a Sócrates le dieron la cicuta, Giordano Bruno terminó en la hoguera, a Hal-Hillaj Mansur lo cortaron en pedazos y Pancho López va seguramente a terminar colgado de un cactus... o, si tiene suerte, de un nopal. Pero no importa la pena que te espera: cuando tienes una verdad que compartir, no hay suplicio que te pueda detener... tampoco el suplicio del nopal.

Y al final la culpa no es tampoco de estos santos hombres si las cosas están tan complicadas, la culpa es de este torbellino de Dios. Sí, Dios: este Diosito que nunca está quieto. Si Dios en lugar de ser todo un creativo hubiera sido un corporativo, un contador, un abogado o un ingeniero, el mundo sería mucho más ordenado: el río sería tranquilo siempre lo mismo, el cielo allí inmóvil, los planetas en lugar de moverse estarían en su lugar y tú serías tú y basta... ¡Pero a Él, a Diosito, le gusta crear! ¡Es como un niño que no está un momento quieto! ¡Nos cambia continuamente las cartas en la mesa! Y nosotros estamos condenados a vivir en esta cósmica confusión, donde no puedes estar cierto de nada. ¡Ni de tu nombre puedes estar cierto! Porque incluso cuando te presentas: "mucho gusto, Mario", no puedes estar seguro de que lo que estás diciendo es cierto.

De hecho, la única cosa de la cual puedes estar cierto, es que tú eres todo menos lo que piensas ser.

Tú dices: "yo soy Mario". ¿Estás seguro de lo que dices? Pero piénsalo bien. Tú no naciste como Mario. Mario vino después, como resultado de tu casual historia. Mario es el resultado de todas las cosas que aprendiste y que hiciste. Mario es un contenedor que se ha llenado de todas las ideas que casualmente se han formado en tu cabeza y de las acciones que casualmente te has encontrado a cumplir. *Mario* no dice nada de ti y de tu esencia, no dice nada de quién eres verdaderamente tú.

Si tú escribes un libro, lo puedes publicar usando diferentes tipos de caracteres, como Arial o Helvética, puedes ponerle una cubierta rígida o suave, verde o naranja, puedes utilizar páginas blancas o sepia, papel normal o reciclado, bond o couché, puedes publicarlo en español o en francés… Ahora, si te pido hablarme de tu libro, ¿tú qué haces, me hablas de la cubierta, del tipo de papel y de la tipografía? Obviamente no son éstas las características del libro. La característica del libro es el espíritu del artista que se expresa a través de la tipografía y el papel; no tenemos que confundir el continente con lo contenido.

Es como la historia de una señora a la que mi mamá le prestó un libro que le había gustado, en un intento de seducirla al amor por la lectura; y cuando le preguntó después de unos días a qué punto del libro había llegado, le contestó: a la página veintiocho.

Cuando tú te presentas diciendo: "mucho gusto, soy Mario, soy arquitecto, mexicano, católico y del Chivas", es como si dijeras: "Mucho gusto, helvética, couché, rígido, reciclable, sepia, francés, pagina veintiocho", indicándote a ti mismo como si tú fueras el contenedor y no el contenido.

Tú no eres tu historia, porque tu historia no tiene nada que ver con tu esencia. Tú no eres tu biografía; tu biografía es sólo el resumen de las cosas que hiciste, no de ti.

Si tienes un burro y lo llamas Agustín, le enseñas a ir para arriba y para abajo por la montaña cargado como… como un burro; a veces bajo la lluvia y a veces bajo el sol, y un día está enfermo y otro día rebuzna feliz… ¿Puedes decir que las cargas que ha llevado, los caminos que ha caminado, el sol y la lluvia que ha tomado, sus enfermedades y sus rebuznos de júbilo definan su esencia de burro? Obviamente no. Todos estos acontecimientos son parte de su historia pero no de su esencia, porque si al mismo burro lo hubieras llamado Silvestre, y en lugar de vivir en el monte cargando cosas hubiera sido usado para cargar a los nietos del ranchero los domingos, y en lugar de comer paja hubiera comido forraje, su cara sería diferente, su pelo sería diferente, pero no su esencia. La historia del burro define el tipo de vida que ha hecho, no define quién es.

De la misma forma, tú naciste como un ser misterioso, ilimitado e indefinible; después, a través del nombre que te pusieron, la educación que recibiste, los caminos que caminaste, los niños que cargaste, las experiencias que tuviste y unos rebuznos de felicidad mientras te bañas por la mañana con el agua caliente, te acostumbras a la idea de ser Mario, Lupita, Juan o Pilar.

Entonces, cuando tú te presentas y dices: "yo soy Mario", no estás hablando de ti, sino de todas las cosas que componen este cuadro que tú estás acostumbrado a definir como Mario. No estás diciendo nada de quién eres verdaderamente tú... aun porque las únicas cosas que sabes de ti son justamente tu biografía, tus ideas y tus costumbres, que son todas cosas que has juntado en el camino y que no tienen nada que ver con tu verdadera esencia.

Por lo tanto, todas las veces que te presentas, para ser precisos, estás diciendo una mentira. Y mientras más orgulloso estás de ser Mario, Lupita, Juan o Pilar, más refuerzas tu identificación con algo que no eres, alejándote de esta forma, más y más, de tu verdadero ser, alejándote más y más de Dios.

Me doy cuenta de que desde el punto de vista social es incómodo vivir aceptando la penosa verdad de no saber quién eres... y también parecería absurdo presentarse diciendo: "Hola, no sé quién soy, mucho gusto". "Yo tampoco, encantado." Pero ésta es la única forma de conocerse sin empezar inmediatamente a decir tonterías.

Y si lo piensas bien, si la gente se presentara: "Hola, no sé quién soy, mucho gusto", "yo tampoco, encantado", todos se volverían inmediatamente más humanos, se pondrían a reír y se abrazarían sintiéndose hermanos, parte de este mismo irresoluble misterio. Se volverían todos como Sócrates.

Cuando uno se presenta fingiendo saber quién es, no inspira confianza. Por esto nadie confía en nadie, porque cuando nos conocemos la primera cosa que nos decimos es una mentira. Y más importante es el nombre, más nos cae mal. Si uno se presenta como Juan Pérez, es soportable; pero si uno se presenta Juan Emanuel Álvarez de la Peña de Bernal, o te dan ganas de reír o, después haberlo mirado un momento, de decirle: ¡vete a la chingada!

Al final las mentiras, aun si son socialmente aceptadas, no gustan a nadie. Si desde el punto de vista social este tipo de mentira es un pecado venial, desde el punto de vista espiritual pensar en ser el licenciado García o la licenciada Hernández es un pecado mortal.

No hay nada de malo en presentarte como el licenciado López, pero por favor no lleves al licenciado López a la cama con tu esposa. Nadie quiere ir a la cama con el licenciado López o la licenciada Pérez. No lleves al licenciado López con tus hijos, porque ningún niño quiere como papá al licenciado López. Cualquier mujer, hombre o niño quiere relacionarse con el bellísimo ser que eres y no con tu disfraz de licenciado López o licenciada Pérez. Lo que es aceptable desde el punto de vista de las relaciones sociales, es inaceptable desde el punto de vista del amor, desde el punto de vista de Dios. La sociedad puede aceptar pequeñas mentiras, la existencia no.

¿Empiezan a darse cuenta ahora de la importancia de este Mantra de la Desidentificación? ¿Empiezan a darse cuenta de la responsabilidad que tiene México de compartir este sanalotodo del espíritu con el mundo entero?

Rezando ¡No es Mi Pedo! ¡No es Mi Pedo! ¡No es Mi Pedo! podrás restituir al mundo tu glorioso ser, regalándote a tus amados, a tus hijos y a tus amigos, desprovisto de todas las mentiras y las limitaciones que las identificaciones te imponen. Rezando todos ¡No es Mi Pedo! ¡No es Mi Pedo! ¡No es Mi Pedo! la humanidad se despertará un bonito día en el Jardín del Edén dándose cuenta que nunca había salido de allí.

En este punto ustedes me pueden decir: "¡Maldito Dayal, tú y tu pinche maestro nos están confundiendo las ideas!"

Esta confusión es buena. Hasta la Biblia lo dice: *al principio era el caos*. La confusión es siempre un hecho positivo. Porque de la confusión algo nuevo está destinado a nacer. Del orden nunca nace nada nuevo. Por esto la mayor parte de los adolecentes son patológicamente desordenados: necesitan el desorden para encontrar un orden nuevo y personal que refleje su individualidad, no se contentan con el orden de los padres. El orden es cómodo, pero es de hueva. Y de hecho, gracias a esta confusión, dimos un paso adelante, porque por lo menos sabemos que: no somos nuestra nacionalidad, no somos nuestra religión, no somos nuestras ideas, no somos nuestra historia y no somos ni siquiera nuestro nombre.

Puede ser incómodo reconocerlo, pero si tú te rindes al hecho de que no sabes quién eres, tienes al menos un chance, tarde o temprano, buscando y afinando tu inteligencia, de poder penetrar el misterio de la existencia y descubrir finalmente quién archidemonios eres.

Pero si, al contrario, tú crees firmemente ser algo que en realidad no eres, estás bien jodido. No tienes esperanza. Porque en lugar de buscar quién eres te quedas pegado a una definición ficticia, y sin dedicar ningún tiempo ni energía a la búsqueda de la verdad, tu inteligencia se atrofia en una mentira y desperdicias tu vida viviendo de una forma que no es la tuya. Por esto la gente se siente a disgusto con su propia vida. No porque la vida esté mal, no porque nosotros estemos mal, sino sólo porque vivimos en función de lo que creemos ser y no en función de lo que somos.

Entonces, si estás dispuesto a aceptar definitivamente la embarazosa pero evidente realidad de que no eres lo que siempre pensaste ser, estás finalmente listo para dar el último paso hacia la comprensión definitiva de la magia del mantra ¡No es Mi Pedo! y, descubriendo sus secretos, proceder derechito hacia la iluminación.

Lo que sabes pero que no puedes conocer

Si todavía les caben dudas, es mejor decir las cosas claras, tal como son: no hay forma de contestar a la pregunta "¿quién soy yo?" en la forma clara y directa que nos gustaría hacerlo. Como vimos en el capítulo "Un Koan Zen", el problema con la búsqueda de la verdad (o de Dios o de ti mismo, que son la misma cosa) es que esa verdad no puede excluir nada; todo está incluido en ella, incluso tú que la estás buscando. Si tú dices que la verdad es "esto", se crea el problema de que, si tú puedes ver la "verdad" e indicarla, tú que puedes verla e indicarla te quedas fuera de ella. En otros términos, en la búsqueda de ti mismo, no podemos indicar la verdad directamente, porque cuando tú indicas algo que puedas definir como "tú", se presenta el problema de que la conciencia capaz de decir "esto soy yo" se queda fuera de la experiencia. El problema es que lo que estamos buscando es precisamente esta conciencia que se queda fuera.

Esto es un problema irresoluble, sobre el cual es necesario explayarse un poco más, a costa de repetirnos.

No puedes ver tu misma conciencia, exactamente como no puedes ver tus mismos ojos. Es imposible. A través de tus ojos puedes ver cualquier cosa menos tus ojos mismos. De la misma forma, con tu conciencia puedes ser consciente de cualquier cosa menos de tu misma conciencia, porque, repito otra vez, si dices: "ésta es mi conciencia", ¿quién es esta conciencia que es consciente de tu conciencia? Es como si tú dijeras: éstos son mis ojos. Pero entonces ¿de quién son los ojos que los están viendo?

Sé que alguien puede objetar que los ojos podemos verlos al espejo, pero los ojos que tú ves en el espejo no son exactamente tus ojos, sino un reflejo de ellos. Cuando te miras en el espejo lo que ves en realidad es un vidrio que refleja tus ojos, no tus ojos reales.

Es exactamente lo que pasa cuando estás enfrente de un maestro. El maestro funciona como un espejo. A través de él puedes ver un reflejo de tu conciencia, que no puedes ver directamente. Igual pasa con tus ojos. A través del maestro ves el fenómeno de realización de la conciencia al cual tú también perteneces potencialmente, pero que no puedes directamente ver en ti mismo.

Pero cuidado: cuando encuentras un Lao Tse o un Pancho López, no te olvides de que lo que ves no es la verdad, sino sólo un reflejo de ella. La verdad no tiene que ser vista, o conocida; la verdad tiene que ser encarnada.

Ésta es una trampa en la cual muchos discípulos caen en su apego al maestro, confundiendo el reflejo de la verdad con la verdad.

El maestro no tiene que ser imitado, sino bebido, comido. Esto es el sentido del ritual cristiano de la hostia consagrada y del vino: del cuerpo y de la sangre de Cristo. Es un gesto bellísimo que recuerda el precioso mensaje que Jesús da a sus discípulos: *no escuchen, no se apeguen a mis palabras, sino cómanme, bébanme… nútranse de mí*. Lástima que este bellísimo mensaje haya terminado en las manos de gente disfrazada de forma rara, que ha transformado un mensaje de sabiduría en un ritual vacío del cual nadie entiende el significado. Y de hecho lo que te dicen es exactametne lo contrario de lo que predicaba Jesús; ellos te dicen: escucha lo que te digo pero no me comas y no me bebas, porque te vas a intoxicar. En esto son honestos porque, prueba a tomarte un refresco de cardenal y verás si no terminas en el hospital. Es triste decirlo, pero el mensaje de Jesús se perdió completamente por culpa de la gente que se jacta de custodiarlo.

El maestro es un punto de partida, no un punto de llegada. Con su presencia despierta en ti la conciencia de algo que tú tienes, pero que no puedes ver. Este reflejo de ti mismo que ves en el maestro tendría que hacer que te dieran ganas de meterte a la búsqueda de algo que tienes, porque lo ves reflejado en él; no tendría que inducirte a colgarte de su falda y quedarte toda la vida con el pulgar en la boca... o humillado por la eternidad al rango de oveja. El encuentro con un maestro tendría que hacer que te dieran ganas de llenarte la boca y el corazón de Él, y huir a la búsqueda de Dios.

Pero éste es otro asunto, que no está directamente relacionado con el camino que nos está conduciendo despacito a entender este delicado mecanismo que el mantra ¡No es Mi Pedo! determina. Por lo tanto continuemos.

Entonces, una vez que nos rendimos al hecho de que no es posible ver directamente a la verdad, no es posible verte directamente a ti mismo, podemos cambiar la perspectiva de nuestra observación y, en lugar de poner nuestra atención para conocer directamente lo que "somos", probar a enfocar nuestra atención en lo que "no somos".

Cuidado, porque ésta es la clave que abre el camino a la meta final de este largo viaje en que nuestro maestro Pancho López nos está llevando: si no puedes volverte consciente de lo que eres, puedes al menos volverte consciente de lo que no eres. Si no puedes ver directamente a este alguien, o sea tú mismo (o la verdad o a Dios o como quieras llamarlo), al menos de una cosa puedes estar seguro: que todo lo que ves no es *tú*. En otros términos: si no puedes contestar a la pregunta "¿quién soy yo?", puedes al menos contestar a la pregunta "¿quién no soy yo?"

Quitando de enmedio todo lo que "no eres", lo que se queda eres "tú".

El Mantra de la Desidentificación es un procedimiento por exclusión. Rezando ¡No es Mi Pedo! ¡No es Mi Pedo! ¡No es Mi Pedo! te separas de todo eso con lo que te estás identificado y crees ser, para quedarte desnudo en tu incontaminada pureza.

Como nos enseñó Gautama el Buda, también López el Pancho nos enseña a buscar la verdad usando un proceso al negativo. ¿Pero cuál es el resultado de este proceso?

Buda, para indicarnos la respuesta última a este largo viaje, da el ejemplo de la cebolla. A Pancho López le gustan más las alcachofas, pero por este ejemplo verás que una verdura vale lo mismo que la otra… (aunque si unimos las dos, podríamos echarnos unas comidas riquísimas).

Buda dice que la búsqueda de ti mismo es como pelar una cebolla. Cada hoja que quitas corresponde a algo con lo cual estás identificado, corresponde a algo que no eres.

Por ejemplo, tú le vas al América, y tu equipo pierde cuatro a cero en casa; tú regresas a tu casa y te tomas dos tranquilizantes para no descargar tu frustración sobre la familia. Ahora, a través del rezo del mantra ¡No es Mi Pedo!, tarde o temprano te vas a dar cuenta de que toda esta historia del América, Pumas, Toluca y Pachuca es una mamada, y ¡ahí está! Una hoja de la cebolla cayó y tú estás libre de una identificación. Después te das cuenta de que también esta cosa de ser católicos, hindúes o judíos es otra mamada cósmica. ¡Y ahí está! ¡Otra hoja que se va! Después te das cuenta de que no eres mexicano, italiano, griego o taliandés, y ahí otra hoja cae. Después te das también cuenta de que no eres el esposo o la esposa de nadie, porque aun si tu esposa huye con el famoso africano, o tu esposo con la pendeja de la puerta de lado, tú te quedas tú, sin pareja, pero tú. Otra hoja se fue. Después te das cuenta de que no eres tampoco dueño de la casa que piensas que posees, porque si tu casa se derrumba, tú te quedas lo mismo tú, sin casa, pero tú. Otra hoja. Y también tus hijos no son tus hijos, porque ellos también se van y tú te quedas tú… Y tampoco eres hombre o mujer, porque la cirugía ha demostrado que puedes cambiar de sexo, pero tú te quedas tú, con un cuerpo diferente, pero tú… y así puedes continuar hasta que te canses pelando todas las cebollas y las alcachofas que quieras.

Cuando le has quitado todas las hojas, que corresponden a lo que no eres, lo que se queda eres tú. Y pelando la cebolla sabemos bien que al final nos quedamos con nada en las manos.

Lo mismo pasa rezando el mantra ¡No es Mi Pedo! Es obvio que dado que todo lo que tú ves no eres y por lo tanto no es tu pedo, al final te quedas como Buda con nada en las manos. O por decirlo a la Pancho López: *sin pedo*.

Sé que a este punto alguien puede sentirse mal y decir: "¡Oh que la chingada! ¿Todo este desmadre para descubrir que no soy nada?" Desde el punto de vista del ego, me doy cuenta de que no es una gran satisfacción, pero tienes que considerar con atención esta palabra: "nada".

La "nada" que encuentras al final de este camino no es una negación. Pancho y Buda no nos están diciendo que tú no eres nada. Nos están diciendo que tú no eres "algo" que puedas indicar.

La palabra inglesa *nothing*, que significa en español "nada", da mejor la idea de lo que Pancho y Buda quieren comunicarnos… aun si ninguno de los dos sabe hablar inglés. La palabra *nothing* está compuesta de dos palabras: *no*, que significa "no", y *thing*, que significa "cosa". Cuando decimos que al final de este camino encuentras una incontaminada "nada", *nothing*, no queremos decir que eres nada, sino que eres un *no-thing*, eres un "no-cosa". Eres, sin ser "algo". ERES y basta. ERES simplemente, en tu inconcebible pureza.

Y si tú ERES a pesar de no ser ninguna cosa que puedas decir: "esto soy yo", por paradoja significa que tú eres todas las cosas. Significa que no hay distinción entre tú y el todo, que eres partícipe de la omnicomprensividad de Dios, que eres el "Todo".

Y en esta vivencia en la cual la "Nada" se vuelve el "Todo", en la cual el objeto de la experiencia y el sujeto que la tiene se funden para volverse uno, está la estremecedora realización de Dios.

Cómo se reza el mantra

El mantra ¡No es Mi Pedo! se reza con una actitud de absoluto desapego. No hay ningún logro. Tú sólo tienes que ser consciente de lo que pasa en tu mente, y a cualquier pendejada que te proponga, reza: ¡No es Mi Pedo! ¡No es Mi Pedo! ¡No es Mi Pedo!, y continúa con tu andar, esto es todo.

Pero atención: no hay logro. No pienses que practicando el mantra ¡No es Mi Pedo! vas a lograr la paz interior. Porque cualquier logro es parte de la mente, y todo lo que estamos tratando de hacer es desidentificarnos de ella. Si tú rezas el santo mantra con la idea de obtener algo, otra vez estás siendo manejado por tu mente.

Recuerda que la mente funciona siempre en términos de resultados. Está hecha con este propósito. Por lo tanto te puedes encontrar pensando: "¡Chido!, ahora me pongo a rezar el mantra, a toda madre, así me voy a iluminar antes y me voy a quitar este rompimiento de huevos lo más pronto posible. Si en lugar de rezar una hora al día rezo dos horas al día, me voy a iluminar en la mitad del tiempo… ¡Y me voy a chingar a todos los demás!" Y así te encuentras rezando ¡No es Mi Pedo! ¡No es Mi Pedo! ¡No es Mi Pedo! gritándolo con el fanatismo de un loco y espantando a los niños.

Al contrario, si te das cuenta de que tu mente te induce a rezar el mantra para alcanzar la iluminación y volverte más chingón que los demás, ¿qué haces? ¿Continúas rezando importándote un carajo que estás nutriendo tu codicia y tu ego exactamente como cuando se persigue dinero y poder? Noooo… ¿Empiezas a criticarte maldiciéndote por no poder evitar ser siempre el mismo miserable en busca de algo que le falta? Noooo… Simplemente toma una profunda respiración y como si nada fuera, reza: ¡No es Mi Pedo! ¡No es Mi Pedo! ¡No es Mi Pedo!, y que te valga madres.

La cuestión no es rezar bien, sino darte cuenta cuando rezas mal. Esto es todo. Que la mente te critique porque lo estás haciendo mal, o que se felicite porque lo estás haciendo bien, no es tu pedo. ¡Nunca se te olvide el mantra! Que la mente te diga que nunca te vas a iluminar o que te diga que la iluminacion está a la vuelta, no la peles, ignórala, ni la mires y continúa rezando: ¡No es Mi Pedo! ¡No es Mi Pedo! ¡No es Mi Pedo! Ya dijimos que cualquier cosa que te proponga la mente es absolutamente irrelevante, porque pertenece a idea que viene de tu pasado, por lo tanto, muerta. ¿Y por qué vivir rodeado de fantasmas cuando puedes flotar en la pacífica laguna de la beatitud? Reza: ¡No es Mi Pedo! ¡No es Mi Pedo! ¡No es Mi Pedo!, y todos los fantasmas se pondrán fofos, derrotados por el poder exorcístico del Mantra de la Desidentificación.

Reza por el gusto de rezar, sin objetivo, con la misma actitud con la cual un niño juega y no con la cual un adulto trabaja, con la actitud de quien canta una canción bajo la regadera y no como quien canta en un restaurante para ganarse cuatro pesos, con la actitud de quien ofrece con júbilo su cuerpo al amado y no con la de una prostituta. Recuerda que no hay nada que realizar, todo está ya presente en ti desde siempre, tienes sólo que llevarlo a la luz. No es la realización de algo, es una revelación pura y sencilla.

Si no te das cuenta de este solapado mecanismo de la mente, otra vez "la sacas por la puerta y ella regresa por la ventana", corres a la mente que toda tu vida se ha dedicado a torturarte para conquistar cosas mundanas y triviales (o por no haber sido capaz de conquistarlas), y ella regresa por la ventana disfrazada de meditador, con un turbante en la cabeza, sentada en posicion de flor de loto, con raros collares al cuello e intoxicada de inciensos. Antes, como perro famélico, buscabas dinero, poder, sexo, éxito, reconocimiento… y ahora, con la misma baba en la boca, buscas paz, amor, relajación, liberación, iluminación, nirvana, Dios, verdad…

Antes querías ser el *más* poderoso, y ahora quieres ser el *más* humilde. ¿Se dan cuenta de la estupidez?

El mantra ¡No es Mi Pedo! es para inteligencias muy refinadas. Es un arte tan sutil que hasta rozándolo puedes destruirlo; imaginémonos si lo aferras con los dientes voraces de tus deseos o con las garras afiladas de tus ambiciones.

Éste es el primer gran peligro con el que todos los iniciados en los mantras mexicanos tienen que tener cuidado, porque lo que puede pasar es que, mientras tú piensas estar procediendo por el camino de la verdad, en realidad estás nutriendo tu mente con otra nueva identificación, y tu ego con un nuevo resultado qué lograr. Antes eras el licenciado García, y ahora eres el meditador. Antes eras un devoto de Jesús y Moisés, y ahora te disfrazas de hindú, te sientas en posición de loto y te parece que estás haciendo algo espiritual.

La cuestión no es cambiar ideas pinches por ideas menos pinches… o más pinches. La cuestión es no dejarse condicionar por ninguna idea; por fea o bonita que sea. De esta forma te quedas finalmente inocente, listo para ver las cosas con tus propios ojos, respondiendo a la realidad de forma original.

Inteligencia no es saber muchas cosas, sino es actuar libre de tus condicionamientos, tus ideas, tus patrones y tus costumbres, respondiendo a la realidad como si la vieras por primera vez, de forma creativa.

Por esto el mantra mexicano ¡No es Mi Pedo! es también llamado el "Mantra de la Divina Inteligencia". Porque gracias a él Diosito tiene el chance de manifestarse una y otra vez en ti.

La segunda cosa muy importante a la que tenerle cuidado está muy conectada a la primera. Dado que tú quieres lograr la paz interior, este espacio donde tú eres completamente limpio, pacífico y más allá del bien y del mal, puedes caer en la tentación de pelear con tu mente, tratando de callar los pensamientos que atentan continuamente contra esta tan codiciada paz. Esto es absurdo porque: ¿Cómo puedes crear silencio gritando: "¡Silencio!"?

No puedes pedir a tu mente callarse. No puedes pedir a tu mente no pensar.

Hay otra historia, de otro güey, en la India, que estaba obsesionado con la idea de aprender a hacer milagros. Y por eso descargaba su obsesión sobre un pobre maestro que, según él, le podría enseñar este noble arte. El maestro un día, para quitárselo de encima, le dijo:

—Mira, Ponchito, hacer los milagros es una cosa bastante sencilla, tienes sólo que conocer una maña.

—¿Qué maña, qué maña? —preguntó ávido Ponchito.

—Para cumplir milagros, la única cosa que tienes que hacer es "no pensar en los monos".

—¡¿Esto es todo?! —dijo el aprendiz con incredulidad.

—Esto es todo.

—¿¿¿Los monos??? Mira, en esta cabeza ha pasado de todo, pero de monos nunca se vio ni siquiera la sombra.

—Si así es —dijo el maestro riéndose por adentro—, no hay problema, felicidades. Regresas a tu casa y puedes empezar en seguida a hacer milagros.

Ponchito se despidió con lágrimas de gratitud en los ojos, y lleno de esperanza se fue hacia su casa.

Pero, mientras caminaba, para su enorme sorpresa, empezó a pensar en los monos. ¡No podía creerlo! Nunca le había ocurrido pensar en los monos y ¡¿justamente ahora, que estaba listo para hacer milagros, se presentaban estos pinches monos?! Entonces intentó sacarlos de su cabeza, pero cuanto más trataba, más monos llegaban. ¡No era posible! Empezó a sacudir la cabeza, se paró en una fuente para mojarse la cara, se agarró a cachetadas suscitando la lástima de los marchantes… ¡Pero nada! Más intentos hacía, más monos llegaban: en grupos, en fila, en formacion de diamante, en cuadrados, en triángulos, a horcajadas, caminando al revés, de cabeza, en cuatro, sobre una mano, en fila de dos, de cuatro, de seis, en fila india…

Cuando llegó a casa y la esposa lo vio en este evidente estado de agitación, preocupada, le preguntó:

—¿Qué pasó, Ponchito? ¿Te chingaron otra vez en el videopoker?

—No, no… ¡pero qué videopoker!

—¡¿Te chingaron en el mercado?!

—…¡pero qué mercado!

—¡¿Se burlaron otra vez de ti en la oficina?!

—…no… no…

—¿Olvidaste otra vez el paraaguas en el camión?

—…no… no… ¡no!

—¡¿Te sentaste otra vez sobre una mierda?!

—¡No! ¡No! ¡¡¡No!!…! ¡¿Quieres callarte, o no?!

—¿Y tú, quieres decirme qué pendejada hiciste hoy, o no?

—Escúchame bien: no tengo ganas de hablar. ¡Déjame en paz! Ahora me voy a meditar y no quiero que nadie me moleste.

Así, se encerró en su salita de meditación. Se sentó sobre su cojín dorado sobre el cual había bordado la imagen de Ganesh, el dios elefante (que en verdad no estaba muy contento de que se le sentara sobre la cara), con el propósito de no pensar en los monos… pero también de no pensar a la esposa. Cerró los ojos y… monos, monos por todas partes: monos que reían… con la esposa; monos que bailaban… con la esposa; monos que cantaban canciones obscenas… con la esposa; monos que jugaban al escondite… con la esposa… ¡¡¡Cosas de volverse loco!!!

Entonces decidió echarse un baño ritual de purificación.

Y mientras la esposa le preparaba la tina continuaba preguntándole: "¿te fregaron dándote mal el cambio?"… "¿te comiste otra vez un chile relleno con todo y palillo?"… "¿te cagaste encima?"… un par de monos blancos se divertían quitándole la camisa, los zapatos y los pantalones… hasta que pudo finalmente acostarse en el agua caliente. Pero para su gran sorpresa allí también había monos. Había grupos de monos en traje de baño, con máscara y aletas, que nadaban tirando agua por todas partes, los más chiquitos hacían castillos de arena, otros jugaban haciendo bolas de jabón, se restregaban la espalda mutuamente con su esponja, se hacían el champú, se metían su acondicionador por la caída del pelo que había pagado el doble de lo que costaba… (pero por favor no se lo digan a la esposa)…

—¡Malditos pinches monos! ¿¡Me van a dejar en paz!? —empezó a gritar.

Y la esposa, desde fuera:

—¿Qué pasó? ¿Qué pasó? ¿Te entró jabón en los ojos? ¿Abriste por equivocación la llave del agua fría? ¿Bebiste el agua sucia? ¿Te lavaste otra vez los dientes con mi crema depilatoria?

—¡No, no, noooo! ¡Déjame en paz por favor!

Ponchito estaba definitivamente a la merced de los monos... y de la esposa. Salió del agua con resignación, ayudado por dos elegantísimos monos perfumados con su Agua de Gio de Giorgio Armani, que había comprado en un tianguis a buen precio sin darse cuenta de que atrás estaba escrito *Made in Tepito* (pero, por favor, tampoco esto se lo digan a la esposa)... y mientras un monote totalmente negro le masajeaba la cabeza con los movimientos enérgicos que había aprendido mirando el programa de tele *El perro, el mejor amigo del hombre*, otro grupito de monos de menores dimensiones, mirándose en el espejo, se peinaban, se rasuraban, se depilaban las piernas una con la otra, se secaban el pelo con su secadora...

Al final, todo limpiecito y peinadito regresó sin mucha convicción a su salita de meditación. Lo que vio fue demasiado: monos que brincaban de una parte a la otra, monos que se perseguían, monos colgados en las cortinas que hacían acrobacias en el estilo del Cirque du Soleil, monos que se peleaban con sus plumas de pavo real, monos que jugaban al póker, que fumaban cigarros, monos que cogían, uno que se masturbaba en un rincón... y en su lugar, sentado sobre la cara del dios elefante, un monote negro, el mismo del *masaje de perro*, en posición de flor de loto que, con una sonrisa encantadora, lo miraba y rezaba: ¡No es Mi Pedo! ¡No es Mi Pedo! ¡No es Mi Pedo!

No puedes pedirle a tu mente que haga lo que tú quieres. No puedes pedir a tus pensamientos que se paren. El sagrado mantra ¡No es Mi Pedo! no trabaja a través del conflicto, sino a través de la toma de conciencia.

¿Los pensamientos están allí? No es tu pedo. ¿Piensas que nunca te vas a iluminar con todos estos pinches pensamientos que hasta te hacen olvidar que estás rezando? No es tu pedo. ¿Sientes que estás hasta la madre de ti mismo? No es tu pedo. No te dejes involucrar y continúa rezando: ¡No es Mi Pedo! ¡No es Mi Pedo! ¡No es Mi Pedo!

Ignorando con infinita paciencia tus pensamientos, despacito, serás invadido por una paz que nunca has conocido antes.

Cuando rezas ¡No es Mi Pedo! ¡No es Mi Pedo! ¡No es Mi Pedo! simplemente ignora los pensamientos. Por muy seductores que puedan ser, simplemente ignóralos; por muy molestos que puedan ser, no te enganches, ignóralos. Sé como un elefante pasando por un pueblo hindú.

Osho cuenta que cuando un elefante pasa por un pueblo, cosa que todavía en la India puede ocurrir con frecuencia, los perros del pueblo se ponen completamente locos: ladran, ladran… le ladran de una parte… y se dan la vuelta y le ladran de la otra… y le ladran de atrás y le ladran de enfrente y le ladran de los techos de las casas… En todo este desmadre el elefante, como si estuviera solo en el desierto, tranquilo e impasible, continúa su andar sin dignarse a prestarles la mínima atención, como si no existieran, creando en los perros una desesperante frustración que termina con un patético desinflarse de su orgullo canino.

Rezando el mantra ¡No es Mi Pedo! sé como un elefante pasando por un pueblo hindú. Ignora los pensamientos que te insidian. ¡No son tu pedo! Los pensamientos son simplemente perros ladrando, ¿cuál es el pedo? ¡Tú eres un elefante! ¿Qué pueden hacer cuatro pinches perros contra ti? Si tú los ignoras, tus pensamientos tarde o temprano se van a desinflar como los endemoniados perros del pueblo hindú. Si al contrario empiezas a pelear con ellos estás destinado a perder. Sería como si el elefante empezara a reaccionar a los perros agarrando uno con la trompa y arrojándolo contra una pared; pateando otro, machucando otro, y volteándose una y otra vez para tratar de agarrar uno y otro… ¿piensas que resolvería algo? ¡Ni madres! El relajo aumentaría, otros perros llegarían hasta de los pueblos vecinos, para divertirse a las espaldas del pobre elefante todo sudado que se voltea de un lado y del otro tratando de agarrarlos. Y el inevitable final de esta triste historia sería la imagen mortificante de un elefante que, perdida toda su imponencia y todo su carisma, acelera el paso para salir de este maldito pueblo, antes de que la mancha de la humillación y de la deshonra sea demasiado vistosa.

No pelees con tu mente. Quédate majestuoso como un elefante.

Tus pensamientos se nutren de tu energía y hay dos formas para dar energía a tu mente. Una es colaborar con ella, creyendo en las cosas que te dice, y siguiéndola de un lado a otro hasta que te tomas un sonnífero y te vas a dormir. La otra es pelearse con ella, tratando de hacerle pensar lo que tú quieres y no lo que quiere ella, terminando como el pobre Ponchito y sus monos.

El refinadísimo mantra mexicano ¡No es Mi Pedo! nos enseña la tercera vía, la vía del elefante: ignorarla. Ignora la mente. Ante cualquier intento que haga de jalarte y empujarte, levantarte y bajarte, llevarte al paraíso o al infierno, reza: ¡No es Mi Pedo! ¡No es Mi Pedo! ¡No es Mi Pedo!, y tus pensamientos, como perros hindúes, sin recibir ninguna atención de tu parte, regresarán a sus escondites, esperando que tú le des el permiso de salir.

Obviamente, al principio te vas a olvidar del místico mantra, seducido por los encantos fantasiosos de la mente, o dejándote espantar de sus cuentos de miedo. Y por esto, rezando, mil y una veces te vas a encontrar siguiendo una inconsistente cadena de pensamientos.

Pasa exactamente como vimos que pasa en un sueño. Mientras tú estás raptado en tu entusiasmo religioso rezando ¡No es Mi Pedo! ¡No es Mi Pedo! ¡No es Mi Pedo!, empiezas a pensar: "¡Qué chido este mantra! ¡Me gustaría conocer a Pancho López! ¡Pero quién sabe si verdaderamente ha existido o es una invención como Santa Claus! Yo, cuando era niña, creí en Santa Claus hasta los nueve años. Era muy ingenua… ¡¿Pero qué ingenua?! ¡Era una pendeja! ¡Y todavía soy una pendeja! ¡Hasta los veinte años he creído que el sexo oral es el que se hace por teléfono…! Es culpa de mis padres que me escondieron siempre la realidad haciéndome creer que los niños salen por el trasero como los pedos. Es claro que al final se te confunden las ideas. Pero cuando tenga un hijo no le voy a contar esta clase de estupideces… ¿Pero cuándo voy a tener un hijo? Ya tengo treinta y cuatro años y soy todavía virgen. Si no lo hago ahora, ¿cuándo lo hago?

"¡Tengo que hacer algo! ¿Lo hago con el cartero…? ¿con el lechero…? ¿con el plomero…? no, no… éstas son cosas que salen bien sólo en las películas. ¿Con quién lo hago? ¿Lo adopto? No, no… ningún niño merece tener una madre virgen; ya pasó una vez y al pobre niño le trajo una suerte de la chingada. Una cosa es cierta: no voy a esperar a cumplir cuarenta y cinco años como mi cuñada, que con tal de tener un hijo se casó con aquel pendejo de mi hermano…", e imprevistamente te despiertas de este sueño a ojos abiertos, toda angustiada, y te acuerdas de que estabas rezando el mantra ¡No es Mi Pedo!

¡Atención! Éste es un momento muy importante. Tienes tres posibilidades. La primera es la de salir de casa buscando al del puesto de periódicos para resolver el asunto de una vez, pensando: "no va a ser difícil convencerlo, este güey se ve que está siempre en calor como un perro… ¿O mejor ir con el carnicero? Él también está siempre en calor como un perro… ¿o con el verdulero? ¡Oh, madre de Dios, él también está como un perro! ¡¿Pero qué mundo de la chingada es este!?", …continuando tu sueño a ojos abiertos sin fin. La segunda es decirte: "¡putísima madre! No puedo detenerme de pensar en tonterías, y no puedo rezar ni tres segundos sin distraerme. De esta forma nunca me voy a conquistar el reino de los cielos que Pancho López promete… pero es desde niña que soy distraída. La maestra… ¿cómo se llamaba…? ¡Ah! ¡Beatriz Brea…! BB como Brigitte Bardot… sólo que ella era fea como pegarle a Dios, y de hecho era solterona como yo…", empezando otro sueño a ojos abiertos sin fin. La tercera es simplemente rezar: ¡No es Mi Pedo! ¡No es Mi Pedo! ¡No es Mi Pedo!, y dejar desvanecerse a Santa Claus, Pancho López, el cartero, el plomero el carnicero y Brigitte Bardot, y resolver las ilusiones de pasado y futuro, para ahondar en la mística dimensión del presente, permitiendo a la luz de la conciencia despertarte de las sombras del sueño.

¡No es Mi Pedo!:
La clave última de acceso al nirvana

Entonces, concluyendo, podemos decir que rezando con devoción religiosa ¡No es Mi Pedo! ¡No es Mi Pedo! ¡No es Mi Pedo! todas las identificaciones empezarán a caer, todas las mentiras se revelarán, y tú empezarás a percibir la aparición de tu verdadero ser.

A este punto ruego a Diosito que no haya ninguno de ustedes que cultive todavía la inocente ilusión de que un día llegue el momento en el cual pueda decir: "esto soy yo", porque si así fuera pensaría seriamente en correr a Pancho López y cambiar de trabajo. Espero que sobre este asunto no haya más dudas.

Como ya más de una vez dijimos, rezando el mantra ¡No es Mi Pedo! no vas a ver directamente quién eres, pero vas a sentir qué ERES. Eres algo que, a pesar de que no puede ser definido, ES.

Es como caminar sobre una cuerda floja. Caminando sobre una cuerda floja, aun si estás en equilibrio, nunca puedes decir que lo encontraste, porque el equilibrio no es un fenómeno estático del que se pueda decir: esto es. El equilibrio es un proceso dinámico que se verifica en un continuo balancearte entre derecha e izquierda. Lo único que puedes decir del equilibrio es que no es ni derecha ni izquierda. Exactamente de la misma forma, la única cosa que puedes decir de ti mismo es que no eres ni esto ni lo otro. En un eterno balancearse entre esto y lo otro encuentras tu misteriosa e indefinible presencia. Tú no eres un fenómeno estático: tú, como el equilibrio, eres un proceso dinámico. Como puedes estar en equilibrio sobre una cuerda floja sin nunca poder decir: esto es el equilibrio, de la misma forma puedes ser quien eres sin nunca poder decir: esto soy yo. *Panta rei*, todo fluye.

El mantra ¡No es Mi Pedo!, como ya vimos, es un proceso al negativo. Puedes ver lo que "no eres" y no puedes ver lo que "eres". Lo que indica Pancho López es el mismo camino que indica Buda para llegar a la realización de ti mismo, a la Iluminación, al Nirvana. Y como al final del camino de Buda hay un puro e incontaminado vacío, también siguiendo el camino de los mantras mexicanos al final vas a encontrar un puro e incontaminado vacío, una pura e incontaminada "nada".

Como en el ejemplo de la cebolla de Buda realizas el Nirvana, la Liberación, el Moksha, sólo cuando descartando todas las identificaciones el sujeto y el objeto desaparecen, de la misma forma, rezando todos los días con devoción ¡No es Mi Pedo! ¡No es Mi Pedo! ¡No es Mi Pedo!, con absoluta certeza llegará el día glorioso en el que todas las identificaciones desaparecerán y en el horizonte de un nuevo amanecer resplandecerá en su deslumbrante contundencia la realización de la Ley Universal: No Hay Pedo.

No hay Pedo: la Ley Universal

Antes que llegaras tú a este planeta, la existencia fluía tranquila, todo era en armonía, todo era paz... Aunque había huracanes e inundaciones ellos también eran pacíficos en su tremenda potencia. Todo era relajado y no había ningún problema: la Tierra giraba alrededor del Sol, la Luna alrededor de la Tierra, los ríos escurrían hacia el mar, los árboles amigablemente ofrecían sus ramas a los pájaros, los pájaros construían sus nidos, las flores florecían, los frutos maduraban... todo fluía tranquilo y relajado.

Después llegaste tú y creaste todo este desmadre empezando a empujar la vida de un lado, a jalarla del otro, a quejarte, a pelearte, arrepentirte, desear, ahorrar, guardar, proyectar, organizar, hacer, deshacer, comparar, vender, juzgar, romper, arreglar, controlar, juntar, separar, cambiar, preferir, condenar, aceptar, destruir, desterrar...

Después, un día, te vas a ir de este planeta... y la existencia va a continuar tranquila, relajada, pacífica: los ríos escurriendo, los pájaros cantando, las flores floreciendo y los frutos madurando.

Ahora, no te parece natural decir: "¿Pero por qué no puedo yo también estar tranquilo, relajado y en paz con la existencia? ¿Es posible que un pinche pajarito o una mandarina sean más inteligentes que yo?"

La existencia funciona de acuerdo con la Ley Universal. Basta mirar la naturaleza en su eterna rutina para darse cuenta que No Hay Pedo.

¿Pero por qué precisamente los humanos viven fuera de la Ley Universal? ¿Cuál es el pedo?

El pedo es que el ser humano, por su característica de ser consciente, es capaz de crear la ilusión de ser separado del *todo*.

¡Pero es obvio que no eres separado del *todo*! Tu vida está completamente interconectada a todos los elementos que componen la existencia: el sol, la tierra, el agua, las plantas, los animales... todo es funcional en la vida de este planeta y, en consecuencia, en la tuya. Pensar en ser aislado, pensar que tú estás en un lado y los demás están en el otro es una ilusión. El ego es una ilusión. Una peligrosísima ilusión que te lleva a vivir atrincherado detrás de sus barricadas, creando la sensación de estar constantemente rodeado de potenciales enemigos.

En consecuencia, vives tu vida siempre en la defensiva. Nunca puedes relajarte, ni con tu pareja, ni con tus hijos.

¿Tienes miedo de terminar en el infierno? ¡Tú vives ya en el infierno! O mejor dicho: tú creaste ese infierno, lo creaste con el poder de tu imaginación. Es un infierno ilusorio, como era ilusoria la pesadilla del delfín con las plumas, como era ilusorio el sueño a ojos abiertos del rancho en Chiapas, como es ilusoria la realidad que creas con tu mente a través de las interpretaciones que haces de la realidad.

Por esto la importancia de estos mantras mexicanos. México tendría que estar orgulloso por la contribución que está dando al desarrollo de la conciencia en el mundo. El Tíbet se queda corto comparado con México.

De hecho, yo estoy enseñando los mantras mexicanos a los tibetanos.

El otro día estaba caminando por la Condesa, y encontré tres monjes tibetanos amigos míos, que moviendo en sus manos estas cositas de cobre que usan para rezar, balanceando ligeramente sus cabecitas rezaban: ¡No es Mi Pedo! ¡No es Mi Pedo! ¡No es Mi Pedo! Los paré, curioso, para preguntarles a dónde iban, y ellos:

—Aeroméxico —contestaron en coro.

—¿Aeroméxico? ¿Para qué?

—Vamos a Tíbet —continuaron en coro.

—¿Por qué? ¿Se cansaron de estar aquí?

—No, aquí encontrarnos muy bien, pero sentimos deber moral de ir ayudar nuestros hermanos tibetanos.

—Ah, entiendo: la situación económica…

—No, no, no…

—…¿la situación política…?

—No, no, no… vamos para enseñar los mantras mexicanos.

—¿Los mantras mexicanos? ¿Pero cómo? Con todos estos bellísimos mantras que tienen ustedes…

—¡A la Chingada! ¡Me Vale Madres! —rezaron en coro.

—¡¿Pero cómo…?! Om Mani Padme Hum…

—¡A la Chingada!

—…Om Tare Tuttare Ture Soha…

—…¡A la Chingada!

—¿Y si el Dalai Lama se enoja?

—¡Me Vale Madres…! ¡A la Chingada…! ¡No es Mi Pedo…! —continuaron en coro— y más que todo: no es TU pedo.

—*Sicuro che non ci sono poblemi?*

—No hay pedo.

Se veían tan felices que no pude más que sentirme feliz yo también.

—…Me da gusto, amigos… me da mucho gusto que lleven a su país estas perlas de sabiduría mexicana…

—A nosotros también. Estamos muy felices de esta novedad. ¡Estábamos hasta la madre de estos viejos mantras que nadie sabe qué cosa significan!

—Cómo, ¿nadie sabe qué cosa significan?

—¡Nadie, nadie! ¡Tampoco el Dalai Lama!

—¡No es cierto!

—¡Es cierto! ¡Tampoco él! Ya le escribimos y está contento como enano. No puede esperar más para aprender los mantras mexicanos. Y lo imaginamos todo feliz de mandar a la chingada a todos.

—¡Pero no! ¡Pero no! —dije preocupado—. Los mantras mexicanos sirven para liberarse de las ataduras del mundo interior, ¡no de las del mundo exterior!

—¡¡¡Mevalemadres!!! —gritaron en coro—. ¡Ya basta! Son siglos que todos se aprovechan de nosotros por culpa de esta maldita compasión que no sirve de nada. ¡S'acabó! Ahora con estos mantras nos vamos a chingar a todos. A los rusos, a los chinos, a los hindúes... y a ti también, si no te quitas de allí y nos dejas pasar.

—*Ok, Ok*... pero quíteme una última curiosidad —dije, notando que el más chiquito de los tres arrastraba una maletota con evidente fatiga—: ¿Qué llevan allí dentro?

—*Souvenirs*.

—Ah... ¿cosas de artesanías...?

—¡No, no, no! Cerveza Corona y pan Bimbo!

Y sin tampoco saludarme se fueron todos felices agitando sus cositas de cobre y rezando: ¡A la Chingada! ¡A la Chingada! ¡A la Chingada...!

Lo que los chinos no pudieron hacer con las armas y las persecuciones, lo están haciendo los mexicanos, sin saberlo tampoco. México está colonizando el Tíbet con la Corona, el pan Bimbo y los mantras mexicanos.

Cuando vives en la ilusión de estar separado de los demás, has sembrado la semilla de la discordia. Cuando piensas que tu interés está separado del interés de los demás, estás condenado a manipular, mentir, engañar, agredir... y a sufrir la manipulación, las mentiras, los engaños y las agresiones de los demás. Es obvio que tienes un chingo de problemas, pero son, todos, el resultado de la gran ilusión que es el ego.

Una vez he escuchado a Osho decir que miles y miles de personas, en su vida, lo habían visitado para hablarle de sus problemas, y él nunca en toda su vida había visto a nadie que tuviera un problema. Es así que también Osho realizó la Ley Universal. Y un histórico día (que todavía no se encuentra mencionado en Wikipedia) Osho llamó por teléfono a Pancho López y le dijo: "Tenías razón, compadre: no hay pedo".

Los problemas son el resultado de una mente en tensión. Y la mente es tensa por definición. Es tensa porque siempre está ocupada en la realización de todo lo que nuestro ego necesita para ser fuerte, grande y seguro. No importa si el precio que tenemos que pagar es nuestra misma vida. El sueño de nuestra mente crea una historia que no existe, y el ego es el protagonista imaginario de esta historia que existe sólo en tu mente. Nuestra forma de vivir no es tan distinta de la del loco que, a pesar de ser güerito, cree ser el presidente Obama, y cada dos semanas va a la Casa Blanca a exigir la quincena.

Si tu vida es el resultado de lo que tu mente te dice, la consecuencia natural es vivir en una fantasía llena de problemas. Pero es obvio que son problemas tan ilusorios como los que encuentras cuando en la noche te atascas de frijoles y vas a dormir. Es claro que tienes muchos pedos... y no eches la culpa a los inocentes frijolitos. La culpa es de tu inconsciencia, la culpa es del estado de sonambulismo en el cual vivimos.

La realidad es que: No hay pedo. Relájate.

El rezo de estos preciocísimos mantras mexicanos te llevará despacito a relajarte en el presente, y es en el presente que la Ley Universal se impone con toda su prepotencia. Es obvio que en el momento presente No Hay Pedo.

Los problemas están siempre coligados a un pasado o a un futuro que, como vimos, no existen sino en nuestra mente. Y nos dañamos el alma por cosas que suceden en dos dimensiones de la vida que no son parte de la realidad, sino que son como fantasmas: el pasado ha pasado, entonces está muerto, y el futuro es sólo una hipótesis, una proyección que nunca se presenta así como la habías pensado.

Por lo tanto, si tú vives creyendo en estas ilusiones que crea la mente, estás inevitablemente condenado a arruinarte la vida para cosas que no están ni en el cielo ni en la tierra, sino en tu mente fantasiosa.

Cuando te enganchas con el pasado, te torturas quejándote porque naciste en una familia que no tiene bastante dinero (cosa que no puedes cambiar), añorando los tiempos bonitos de tu juventud (que no pueden regresar), reprochándote por haber estudiado administración en lugar de artes figurativas (cosa que no tiene remedio)… Y cuando te enganchas con el futuro haces algo hasta más peligroso: sacrificas el presente para prepararte para un mañana que nunca llega. Porque el mañana se presenta siempre como hoy. Ayer renunciaste a vivir para prepararte para hoy, y hoy te sacrificas para prepararte para mañana. Y un bonito día llega la muerte y te das cuenta que no hay mañana, no hay más tiempo para hacer nada, y te vas al otro mundo con la triste expresión de estupor de quien se da cuenta demasiado tarde de haber tirado su vida.

Los mantras mexicanos tienen el poder de arrojarte en el presente, y en el presente vas a ser cegado por la luz de la Ley Universal: No Hay Pedo. En el presente nunca hay pedo.

Si tienes un mínimo de madurez sabes que la vida es lo que es. También frente a la muerte No Hay Pedo. Hay pedo sólo si te preocupas de lo que va a pasar después (continuar viviendo en la dimensión ilusoria del futuro), o si te arrepientes de haber perdido ocasiones de vivir y de amar (continuar viviendo en la ilusoria dimensión del pasado).

Pero si tú estás relajado en este momento, ¿cuál es el pedo? La muerte está allí y tú estás aquí, ¿y?, ¿cuál es el pedo? La muerte va a rozar tu cara con inexorable voluptuosidad, ¿y?, ¿cuál es el pedo? Y al final la muerte te besa y tú te vuelves uno con ella, ¿y? Sabemos que un día va a suceder. ¿Cuál es el pedo?

El problema surge cuando caes en la ilusión de poseer algo. La idea de que tú posees algo es ilusoria como cualquier sueño. Tú no posees nada, puedes sólo tener la *ilusión* de que algo sea tuyo. ¡Tampoco tu cuerpo es tuyo…! de hecho puede decidir de detenerse de funcionar en cualquier momento sin ni siquiera darte una notificación. Lo único que puedes hacer es protegerlo, tratarlo bien, respetarlo, seducirlo para que no te traicione… justamente como podrías hacer con alguien sobre quien no tienes ningún control. ¿Cómo puedes pensar que tu cuerpo sea tuyo? Tu cuerpo es de Dios. Él te lo presta para que tú lo uses, esto es todo. Todo no es de nadie, todo es de Dios.

¿Tú piensas que tu esposo es tu esposo? Deja que llegue una pinche escuincla con minifalda, que le chupe el cerebro, y vas a ver si no se vuelve el esposo de alguien más. Si tú crees de verdad que las cosas que posees son tuyas, estás en un pedo. Porque obviamente vives siempre en el miedo de perderlas. "Tu" negocio fracasa, y tú estas al borde del suicidio, "tu" casa se derrumba y la vida acaba...

Tú llegaste a este mundo sin nada y de la misma forma te vas a ir; exactamente como Alejandro Magno. Todo lo que tienes en la vida es un préstamo gentil con el que la existencia te favorece. Entonces, si un día "tu" esposa huye con un africano (Abdul, siempre él), en lugar de tirarte al piso arrancándote los pelos o contratar un sicario para matarla con su amante de color, híncate con los brazos al cielo y, con lágrimas de gratitud, agradece a la existencia de haberte dado el honor de haber gozado por tanto tiempo de sus sonrisas, sus caricias, de su pecho suave donde descansar y de sus palabras de amor... y agradece al africano también que te la ha quitado de los huevos, para dejarte un poco en paz y dar la posibilidad a la existencia de sorprenderte con nuevos regalos... que sean en forma de deliciosa soledad o una deliciosa libertad, u otra mujer que tener caliente para el próximo africano... o una dama de compañía para ancianos o un instituto donde esperar la muerte con otros simpáticos viejitos. ¡No tengas dudas! La idea de la vejez es triste, pero todo depende mucho de ti: es claro que si fuiste miserable de joven, cuando tenías fuerza y salud, ¿cómo puedes pretender que la vejez sea mejor? Pero si de joven pudiste vivir en la beatitud de Dios, probablemente serás capaz de enfrentar con dignidad la vejez, la enfermedad y la muerte.

Si tú crees que tus hijos son tus hijos, estás en un pedo, igual que cuando crees ser mexicano, católico o judío. Es inevitable tener problemas con los hijos, pero sólo porque tú caes en la ilusión de que son "tuyos". Los hijos no son tuyos, vienen a través de ti, tú eres sólo un canal que tiene la tarea de criarlos y enseñarles a volar por su cuenta como cualquier ignorante pajarito es capaz de hacer. Pero si tú crees que tus hijos son tuyos, empiezas a considerarlos como una inversión para tu futuro o un instrumento de rescate de tus frustraciones. Y allí estás verdaderamente en un pedo. Porque o vas a ser fuertemente desilusionado, porque tus hijos van a hacer justamente lo que quieren ellos y no lo que quieres tú, o, si logras doblarlos a tus expectativas o necesidades, tus hijos te van a odiar hasta su lecho de muerte. Los hijos no tienen propiedad, ellos también son de Dios. Tú tienes sólo el honor de recibir su purísimo amor y sus tiernas caricias. Esto es todo.

Pero nosotros estamos obsesionados con la idea de que esto es mío y esto es tuyo, y en esta visión miope e ilusoria vivimos una vida miserable, donde el protagonista de esta ficción creada por nuestra mente se encierra en la dorada prisión de sus arbitrarias fantasías y sus frágiles propiedades. El ego es un héroe infantil que vive siempre en vilo entre la "gloria" de luchar, defender, engañar, lograr, robar o hasta matar por sus intereses privados, y el deshonor de llorar como niño, golpear el piso con los pies, jalarse el pelo o hasta suicidarse cuando fracasa. El ego no conoce la Ley Universal. El ego conoce sólo los problemas: es un creador de problemas. Y estos problemas son sólo parte de una pesadilla: la misma pesadilla de la cual nuestro ego es parte y protagonista.

Hay caminos espirituales que buscan destruir el ego, sin darse cuenta que no se puede destruir algo que no existe. Pelear con el ego es como litigar en el sueño con cualquier personaje de tus pesadillas; no hay forma de ganar porque la persona con quien estás peleando no existe. De la misma forma no hay manera de ganar contra el ego, la solución es despertarse y darse cuenta que este ego, esta idea de ti mismo, no existe para nada, sino que es una fantasía como lo es un personaje de tus sueños. El ego tiene que ser ignorado. Exactamente como la mente. Pelear con el ego es estúpido, como aquel elefante que se olvida de ser un elefante y empieza a pelear con los perros. Ego y mente son la misma cosa. El ego y la mente son las dos ilusiones que crean todas las separaciones y que nos condenan a vivir en un mundo irreal... este *valle de lágrimas* de que los cristianos hablan.

Es por culpa de estos sueños que el ser humano vive en conflicto con la Ley Universal. Es por culpa del ego que tienes muchos pedos.

Cuando tú sientes que eres separado del todo, empiezas a tener metas privadas, objetivos, deseos, expectativas. Y cualquier meta que tú tengas, que no sea en armonía con toda la existencia, está destinada a crearte problemas a ti y a los demás; porque en lugar de fluir relajado y consciente en la divina corriente de Dios, empiezas a jalar y empujar, para forzar a Dios a ir donde tú quieres. Y la cosa más ridícula es que piensas poderlo lograr. Piensas verdaderamente poder ganar contra Dios, ganar contra el todo.

¿Cómo puedes imaginar que la vida responda a tus expectativas? ¿Cómo puedes pretender que la existencia se doble a tus deseos?

Obviamente está el vecino que tiene deseos y expectativas diferentes de las tuyas, y por lo tanto va a tratar de convencer a Diosito de contentarlo a él y no a ti. Y está el vecino del vecino que jala a Dios por la chamarra del otro lado porque él quiere cosas diferentes que tú y que tu vecino... Y unos lo jalan para la derecha, y unos lo jalan para ir a la izquierda, y unos quieren ir abajo, y unos arriba, y otros no se quieren mover... al final Diosito manda a todos a la chingada, se echa una chelita y nos deja sobre la tierra a atormentarnos con nuestros problemas y peleándonos entre nosotros... en este *valle de lágrimas*.

Cualquier ser humano maduro sabe que la vida es lo que es. No puedes pretender que la vida sea como te gustaría a ti.

No estoy diciendo que seamos fatalistas y nos dejemos ir a peso muerto a la merced de las olas del destino. Estoy diciendo que no tiene sentido pelear. Cuando tú te rindes ante la corriente de la vida, te vuelves uno con ella. Entonces tu inteligencia también se vuelve parte de ella. Pero, al ser parte de ella, ya no es una inteligencia egoísta y conflictiva, sino una inteligencia armónica y colaborativa. No es más una inteligencia infantil, dedicada a la egoísta satisfacción de tus necesidades en perjuicio de los demás; sino una inteligencia madura que colabora con la vida y el bienestar de este grande organismo que es el planeta tierra, con toda su humanidad. Esto significa volverse religioso.

Fiat voluntas tue (que, recordamos otra vez, no tiene nada que ver con un coche italiano) no significa humillarse sufriendo la voluntad de un Dios caprichoso que hace contigo lo que quiere. "Hágase tu voluntad" significa volverse parte de la inteligencia de Dios, o sea: Dios te usa para expresar su inteligencia.

Para volverte un instrumento en las manos de Dios tienes que volverte vacío, inocente, puro. Sólo en ese entonces vas a terminar este eterno conflicto con la vida y, en lugar de luchar inútilmente, vas a empezar a bailar con ella. Y exactamente como pasa cuando bailas con alguien, no eres tú quien baila con el otro o el otro quien baila contigo, sino que cada uno se funde en el baile del otro. Es lo mismo que pasa cuando aprendes a bailar con la existencia: en la fusión de ella contigo, nace algo de único e irrepetible, una creación perfecta e incomparable: tu vida. Una creación que se revela momento por momento enfrente de tus ojos, una aventura que te deja lleno de emoción en espera del siguiente paso, cuando tu inteligencia y tu corazón, fundidos con la inteligencia y el corazón de Dios, regalarán sus frutos.

Los ángeles y los arcángeles tocarán sus trompetas y sus violines, mientras tú te relajarás más y más en los brazos del "todo". Tu corazón se expandirá más allá de cualquier imaginación, todo lo que mirarás y tocarás se transformará en amor sin limitaciones, por tu simple presencia, y toda la riqueza, todos los regalos y todas las bendiciones de la existencia llegarán a ti, como cálidos rayos de sol en un día de invierno o como ráfagas de viento fresco en el ardor de un día de verano. Y lágrimas de conmoción mojarán tus mejillas, mientras sentirás, lentamente, la deliciosa sensación de desaparecer en el todo, acompañado de un coro celestial: ¡No Hay Pedo…! ¡No Hay Pedo…! ¡No Hay Pedo…! ¡No Hay Pedo…! ¡No Hay Pedo…!

Índice

Primera Parte
LA GÉNESIS

Segunda Parte

QUÉ COSA ES LA MENTE

Tercera Parte

LOS MANTRAS MEXICANOS

Mantras mexicanos, de Prem Dayal
se terminó de imprimir en Abril de 2013
en Quad/Graphics Querétaro, S. A. de C. V.,
Fracc. Agro Industrial La Cruz El Marqués
Querétaro, México.